"十二五"国家重点图书出版规划项目

会计经典

现代会计学：原理与问题

Modern Accounting:
Its Principles and Problems

［美］亨利·兰德·哈特菲尔德 著

舒利敏 等译

立信会计出版社
LIXIN ACCOUNTING PUBLISHING HOUSE

图书在版编目(CIP)数据

现代会计学:原理与问题/(美)亨利·兰德·哈特菲尔德著;舒利敏等译. —上海:立信会计出版社,2017.9

ISBN 978-7-5429-5238-7

Ⅰ.①现… Ⅱ.①亨… ②舒… Ⅲ.①会计学 Ⅳ.①F230

中国版本图书馆 CIP 数据核字(2016)第 244876 号

策划编辑　　黄成艮
责任编辑　　黄成艮
封面设计　　南房间

现代会计学:原理与问题

出版发行	立信会计出版社			
地　　址	上海市中山西路 2230 号	邮政编码	200235	
电　　话	(021)64411389	传　　真	(021)64411325	
网　　址	www.lixinaph.com	电子邮箱	lxaph@sh163.net	
网上书店	www.shlx.net	电　　话	(021)64411071	
经　　销	各地新华书店			
印　　刷	上海中华印刷有限公司			
开　　本	670 毫米×965 毫米	1/16		
印　　张	17.25	插　　页	4	
字　　数	240 千字			
版　　次	2017 年 9 月第 1 版			
印　　次	2017 年 9 月第 1 次			
印　　数	1—1 500			
书　　号	ISBN 978-7-5429-5238-7/F			
定　　价	59.00 元			

如有印订差错,请与本社联系调换

译者序言

19 世纪末 20 世纪初,美国通过科技革命实现了经济崛起,工业总产量跃居世界第一位。然而,这一时期美国的会计理论和实践尚处于初创阶段,会计理论与实务上主要是学习和引进英国和德国的成果。在会计实务方面,由于缺乏会计理论的指导和影响,公认的会计标准尚未形成,这一时期的会计实务尚处于自由放任的阶段,会计人员在选择会计程序和方法方面具有相当大的自由,执业会计师们往往按照惯例和传统来解释会计实务,缺乏理论指导和依据①。正如本书作者在序言中所描述的:"国内对原理问题的关注太少……美国公司账户充满了可疑的做法,其经常在原则上是恶意的,并在结果上具有误导性。"②为了解决这一问题,一些会计学者开始在自己喜欢的领域对会计实务进行系统的理论探索。1897 年,亨利·兰德·哈特菲尔德(Henry Rand Hatfield,位列美国会计名人堂第 5 位)在芝加哥大学获得哲学博士学位,并于 1898 年加入芝加哥大学。1900 年,学校派遣他出访德国考查其商业教育系统,以为芝加哥大学筹建商业管理学院做前期准备。在他频繁的访问英国和欧洲大陆期间,发现了许多与前述会计问题相关的历史文件和专题著作,这为《现代会计学:原理与问题》(Modern Accounting:Its Principles and Problems)一书的写作提供了广阔的视野和丰富的素材。这就是《现代会计学:原理与问题》一书的写作

---

① 许家林:《会计理论发展通论(上册)》,经济科学出版社,2010 年 1 版,第 128 页。
② 见本书作者序言。

背景。

在本书前言的开篇,作者开宗明义地指出,会计的本质首先是正确反映企业在特定时刻的财务状况,其次是反映特定期间所取得的成果……正确地反映企业的财务状况及过去的利润涉及很多具有理论价值和实际意义的观点。这一关于会计本质的观点现在虽已为会计人所普遍接受,但在会计发展尚处于由簿记向会计转变的 20 世纪初,这一观点的提出尤其具有理论价值。《现代会计学:原理与问题》一书由 19 章构成,以作者前言开篇所提及的会计本质为宗旨,以资产负债表和利润表为主线,对与资产负债表相关的复式簿记原理(第 1、第 2 章)、资产负债表(第 3 章)、资产计量相关问题(第 4 至第 7 章)、股本(第 8、第 9 章)、负债(第 10 章),以及利润表(第 11、第 12 章)、盈余和准备金(第 13 章)、偿债基金(第 14 章)、交易账户、生产账户和收益账户(第 15 章)等涉及的实务中的问题与理论层面的原理进行了论述,同时还对成本账户(第 16 章)、合伙企业账户(第 17 章)、清算式资产负债和清算损失表(第 18 章)以及会计实务的技术进步(第 19 章)等进行了分析。该书以实务中的会计问题为出发点,通过全面综合地透视国内外与所述会计问题相关的法律案例,分析和归纳美国、英国、德国、法国及澳大利亚等国法律、公司实务、教科书、权威机构及人士对同类问题在处理原则上的差异及其矛盾之处,并揭示其背后所蕴含的原理。这部著作的贡献在于,立足于当时会计环境的变化(比如,所有权与经营权分离的股份公司成为一种普遍的企业形式以及资本市场的发展,产生了对会计信息的新需求,促使簿记向会计转变),将复式簿记的理论体系和方法体系置于新的会计环境之下开展研究,在吸收前人研究成果的基础上,对新会计环境下的会计本质及财务状况和经营成果呈报所涉及的具体问题进行了进一步研究和发展,科学处理了继承与发展的关系,奠定了美国现代会计理论的基础。同时,本书引用了详尽的法律案例,并广泛参考大西洋两岸的法学家、经济学家和会计学作者的观点,深入比较和讨论了不同国家账务处理规则之间的差别,开阔了人们的视野。

1909 年,《现代会计学:原理与问题》在纽约出版问世后,旋即在美国会计界产生了极大震动。该书于 1919 年重印,1927 年修订后以《会计学:原理和问题》(Accounting:Its Principles and Problems)为题再版,除了在顶尖会计学和经济学杂志上赢得评论家的一致好评外,本书还赢得了厌恶教条主义的会计实务人员的尊重。1928 年,该书获得"对会计学作品最具贡献"的奖项。在后来的 30 年中,该书多次再版。1971 年,该书再版时,史蒂芬·泽夫(Stephen A. Zeff,位列美国会计名人堂第 70 位)教授倾情为其撰写再版前言,堪萨斯大学的罗伯特·R·斯特林(Robert R. Sterling,位列美国会计名人堂第 80 位)教授为其再版撰写编者前言,认为哈特菲尔德的这部书"在会计理论的发展中占据着特殊的位置"[1],是美国会计理论建设的奠基之作。

会计实务发展到今天,已经形成了以会计准则和会计制度规范会计实务的格局,全球会计准则体系也几经变迁。然而,一定时期的知识存量决定了相应的制度变迁,会计准则和会计制度的总体水平取决于相应的会计理论研究水平[2]。目前,我国正处在经济体制转型时期,会计实务领域各种亟待规范的新问题不断涌现,会计准则和会计制度建设仍处在不断完善的变迁过程中,这都需要健全的会计理论做支撑。同时,会计工作者也需要内在一致的会计理论解释和指导会计实务中面临的新问题。《现代会计学:原理与问题》无疑是美国会计理论的经典之作,是美国从"最初只接受和学会欧洲记账技术一跃成为全球会计科学的理论与实务旗手"[3]历史中的奠基之作。这部会计理论的早期经典著作,为研究和了解美国经济崛起过程中会计实务所面临的问题、欧美各国对类似问题的处理方法,以及其背后的理论原理提供了广阔的视角、详尽的法律案例、不同领域人士的观

---

① 见该书 1971 年再版的编者前言。
② 刘峰、李少波:《会计理论研究对我国会计准则制订的影响》,《当代财经》,2000 年第 6 期,第 70-72 页。
③ 葛家澍:《美国会计史》序言,中国人民大学出版社,2006 年版,第 3 页。

点以及深刻的理论剖析,对目前我国经济转型和崛起时期会计理论构建和会计准则与会计制度的完善具有重要的启示和借鉴意义。

此外,在研究方法上,本书主要通过对现存会计实务和惯例的归纳,形成描述性的会计理论,是使用古典归纳法的代表性著作。其中详尽的法律案例,很多在今天仍有学习价值。尽管目前国内研究中,实证(经验)研究盛行,但本书展示了多样化的会计研究方法。

本译著由许家林教授进行前期策划和统筹,由舒利敏主译,其中:序言、第1~9章以及第19章由舒利敏翻译,第10、第11章由舒利敏和李烨翻译,第12章由舒利敏和李加利翻译,第13章由舒利敏和李亮平翻译,第14章由高媚翻译,第15章由舒利敏和童群翻译,第16章由舒利敏和谢春苗翻译,第17章由赵丽娜翻译,第18章由岳霞翻译。最后,由舒利敏进行全书的总校、修改和定稿。在翻译过程中,中南财经政法大学2008级硕士生袁田、鲁露、吴文黎、闫瑶、夏文茵、郑明娟、耿阳阳、简鸿鹏、张葵、王乐琪等同学做了大量有益的工作。

在翻译过程中,虽然我们尽力做到"信""达""雅",但由于译者水平有限,译著难免存在疏漏之处,期待广大读者批评指正! 您的宝贵意见请反馈至邮箱:shuliminw@foxmail. com。

感谢立信会计出版社的领导和黄成良编辑所给予的支持与指导! 同时,感谢本书的原作者为我们提供了这本具有重要参考价值的经典之作!

舒利敏

2017 年 4 月 16 日于广州

著 者 前 言

本书试图呈现会计学的原理。在这种情况下，技术性的细节尽管重要，但会被忽略或很少提及。在作者看来，会计的本质首先是正确反映企业在特定时刻的财务状况，其次是反映企业在特定期间所取得的成果。第一点体现在资产负债表中，第二点体现在利润表或损益表中。

实际上，会计人员辛苦的日常工作具有另一个功能，即记录财产和要求权，以防止企业因健忘、粗心或欺诈而遭受损失。在这个阶段，会计学在政府会计领域达到其顶峰，因为政府会计最重要的事情是妥当处理巨款。但是，这看起来是一个没什么科学价值的问题，本书不予讨论。

一般而言，处理方法要考虑特定交易应如何处理并在资产负债表上体现会计人员脑海中的目标。专门记录记在日记账中或不包括原始记录的其他账簿中的记载。因为记录方式会随经济需求的变化而变化，更因为它们仅仅是形成资产负债表的手段，所以，账簿记录并没有如此重要。我们应时刻记住账簿记录用来说明所记录的每一笔交易的逻辑意义。账簿记录清晰是很显然的事情。

正确地反映企业的财务状况及过去的利润涉及很多具有理论价值和实际意义的观点。为了清楚地介绍一个观点，有必要非常明确地界定专业术语，以便所使用的具有专门意义的术语的特定内涵能被准确理解。不幸的是，尽管会计实务取得了进步，但在专业术语方面仍然存在最令人尴尬的混淆，以致于人们从来都无法确定特定账户的确切意思。安培和欧姆、英寸、英尺、磅，都有不会引起误解的确切意思。但是，会计专业术语，如收入、折旧基金、制造成本，甚至利润，都被随意地、偏离原意地使用。更严重的是，在很多案例中所采用的原则的不确定性，如固定资产估价及其估计折旧的方法。

在某些情况下，区分一些方法的特定用途是可能的。但是，这样做并不总是正确的，且当存在疑问时，并不存在权威的最终裁决者。因此，在这种困境中，反映现存差异而不是试图制定死板的规则好像更明智。也许，会计实务的比较研究将会比教条的著作更能服务于会计科学。因此，有必要时应常参考可能反映了（某些方法）当前用法的已公布公司账目和前沿的英国和美国教科书。但是，除此之外，还不得不在相当大程度上依赖其他更不明显的信息来源，包括英国和美国法院的判决，德国、法国和奥地利商法典，以及这些国家引领前沿的法学家的评论。当然，大陆国家的法律条文并不适用于美国实务。但是，在探讨会计原理时，这些法律条文仍然相当重要，因为其中包含了专家关于很多困难问题的详细观点表述。

这种对国外权威的关注是更为必要的事情，因为国内对原理问题的关注太少。美国会计因其走捷径和实际效率而闻名。同时，一直到最近几年，美国公司账户中充满了可疑的做法，其经常在原则上是恶意的，并在结果上具有误导性。

尽管插入一个关于复式记账理论的导言部分是明智的，但是本书主要讨论会计实务中的问题。对那些熟悉该学科文献的人，不需要告知他们作者对雪尔（J. F. Schaer）的亏欠，雪尔清晰的文字在将复式簿记置于理性基础之上方面做了大量工作。

在此采用的二分类账户本质上不同于美国教科书中的惯常处理。将账户传统地划分为实账户、拟人化账户和虚账户的做法，如琼斯（Jones）在1841年所指出的那样："提供了所有推理的不可能性，切断了通向该学科一般原理的每一条道路，而账目分析却如此直接地依赖于一般原理。"因此，在对待专业术语"借"和"贷"方面也存在明显的差异，普遍应用的经验法则被抛弃，因为希望本书不仅更具理性，而且对正面临处理初级簿记问题的学生有更大的实用价值。

亨利·兰德·哈特菲尔德
1908 年 10 月

目　　录

第1章 复式簿记原理

复式簿记,是整个现代会计学的基础,其最早为世人所认识是在1494年出版的卢卡·帕乔利(Luca Pacioli)的数学专著《算术、几何、比及比例概要》中。这部著作不仅是最早的关于簿记的专著,也包含了欧洲最早的关于代数学的论述。

与复式簿记早期源于代数学相适应,复式簿记也始于一个等式。对所有随后发生的经济业务的记录会改变这个等式的形式,但不会影响等式两边的恒等性。这个原始等式,或正如簿记员的专业术语中所称的平衡,被简化为最简形式时就表现为如下形式:

$$某人所拥有的各种财产的价值 = 其所值价值的总额$$

或者使用更简单的形式:

$$财产 = 所有者权益①$$

这里所说的财产,在技术经济意义上,指任何有价值的事物,如材料或其他有价值的事物。因此,等式的左边代表了所有有价值财产的完整清单或详细目录。等式右边表示总的所有者权益,也就是所有者的资本或净现值。

当某人首次建立一套账簿时,这个最初的等式就会出现。以一个新成立的企业为例,如果所有者用手中的5 000美元现金作为初始投资,那么

---

① 所有者权益是所有表示"某物所值价值总额"含义的账户的一个集合名词,它在C·E·斯普拉格(Chales E. Sprague)的最有价值的《账户的哲学》一书中首次被采用。这个名词比其他已经使用过的表达方式更好,因为它避免了技术上的含糊不清。

会计等式就是:

$$现金\ \$5\,000 = 所有者权益\ \$5\,000$$

现在,假定所欠的债务可以延期,同时所有者在所有经济交易中支付现金而不借入任何资金。在这些限制条件下,所有的经济交易,或者说所有可能的业务,如购买或销售,费用的支付,租金或利息的收入,因火灾或盗窃导致的财产损失,所有者的盈利所得,对初始资本增加投入或撤回,等等,不管是何种形式,在会计人员的认识中都能被简化如下:

(a) 拥有的某种形式的财产通过交换转换为另一种等价财产的业务;

(b) 财产的总额(价值)增加或者减少的业务。

此外,还应注意到某项经济业务可能包含上述两种变化,因此有了第三类业务:

(c) 拥有的财产类别改变的同时拥有的总额(价值)增加或减少的业务。

这三种业务可以分别被称为(a)交换或纯交换业务,(b)影响所有者权益(或利润和亏损)的业务和(c)混合业务。

明显地,交换业务不改变原始等式的任何一边的价值。如果所有者用2 500美元的现金购买了25匹马,他的账簿中将不再显示为:

$$现金\ \$5\,000 = 所有者权益\ \$5\,000$$

而应该是:

$$现金\ \$2\,500 + 马\ \$2\,500 = 所有者权益\ \$5\,000$$

因此,随着等价财产交换业务的发生,等式的总价值显然未发生变化。

这可以用代数方法来说明:如果相同的价值在等式的一边同时增加和减少,等式的价值不会被改变。这种情况下,原等式将以如下形式表示:

$$现金\ \$5\,000 + 马\ \$2\,500 - 现金\ \$2\,500 = 所有者权益\ \$5\,000$$

纯交换业务发生在商品购进或者按成本价格销售时,至于现金被存入银行或被用于投资的业务以及负债业务等以后再作考虑。

而任何 b 类业务发生时,所拥有财产的价值总额会改变,同时也必然伴随着等式另一边相等价值的改变。比如,在上文提到(购进 25 匹马)的情况下,如果所有者因马的死亡而损失了 10 匹马,那么将不再有如下等式:

$$现金\ \$2\,500 + 马\ \$2\,500 = 所有者权益\ \$5\,000$$

因为现在拥有的财产是现金 2 500 美元和马 1 500 美元,并不等于最初的所有者权益 5 000 美元。

因此,为了重新表达因马的损失而造成的真实现状,必须在代表所有者权益的一边作出相等的改变。

失去了 10 匹马的同时,所有者权益的价值也相应地减少。可以通过以下做法来实现,即从原始等式中减去另外一个代表马的损失的等式。于是有:

$$现金\ \$2\,500 + 马\ \$2\,500 = 所有者权益\ \$5\,000$$
$$马\ \$1\,000 = 所有者权益\ \$1\,000$$
$$\overline{}$$
$$现金\ \$2\,500 + 马\ \$1\,500 = 所有者权益\ \$4\,000$$

同时,如果所有者出租马因而收到 100 美元现金,那么他的报表中将显示现金 2 600 美元及价值 2 500 美元的马匹。此时,正确的表示是,另一个代表因出租事项而引起变化的等式被加到原等式中,于是有:

$$现金\ \$2\,500 + 马\ \$2\,500 = 所有者权益\ \$5\,000$$
$$现金\ \$100 \qquad\qquad\qquad = 所有者权益\ \$100$$
$$\overline{}$$
$$现金\ \$2\,600 + 马\ \$2\,500 = 所有者权益\ \$5\,100$$

以下这些业务发生时,会影响所拥有财产的总价值,也必然导致所有者权益发生变化:

(1) 财产已交付而没有收到任何等价交换的物品。这会发生在费用支付时(不同于购进商品),也发生在产生损失,或在所有者撤回现金或其他财产时。

(2) 相反的情况,获得额外的财产但没有付出相应的等价交换物品。比如,获得明确的利润或所有者①进一步追加出资。

在一套极其简单的账户体系中,所有复式簿记的原则都能被遵循。这可以以一套只对财产进行了最简单的分类的账户体系来进行解释:这套账户中现金被放在一个单独的账户中,以区别于那些包含在另外一个账户中的所有其他财产。在这一体系中,如果一个商人:①用 5 000 美元现金创办了一个企业。②用 2 500 美元购买了 25 匹马并且用 2 000 美元购买了一个农场。③因马的死亡而损失了 5 匹马。④出租马得到 100 美元,⑤卖出剩下的 20 匹马得到 3 000 美元。那么,他的会计处理如表 1 所示。

表 1   **会 计 处 理**

业务	现金账户	各种各样的资产账户	所有者权益账户
以现金创办企业	＋$5 000		＝＋$5 000
用现金购买马匹和农场	－$4 500	＋$2 500(马) ＋$2 000(农场)	＝ 0
5 匹马死亡		－ $500(马)	＝－ $500
出租马获得租金	＋ $100		＝＋ $100
出售 20 匹马	＋$3 000	－ $2 000(马)	＝＋$1 000
结账情况	$3 600	$2 000	＝＋$5 600

在这里,对现金和其他财产作出区分是很重要的,因为从许多方面来看,现金是最重要的财产形式,如果现金没有仔细核算的话,最容易被偷窃。但在任何一套实际的账簿中,当然会对财产进行更进一步的分类。

在销售业务不全是以现金结算的情况下,比现金账户更重要的也许是表示顾客应付款项的账户。在账单仅仅是记在顾客的账户上的情况下,设置这种账户就显得尤为必要,没有什么比商人账簿更能提供(顾客的)债务证据。这种账户的最初形式是刻在石板上的,乡村酒保将经常光顾的顾客的所有消费以"P 的和 Q 的"这样的形式记录在石板上面。但是,在任何系

---

① 赊购商品并不包含在这一分类之中,而是作为一种交换业务。偿付负债的义务,对销售方而言,是交换其交付的商品。但是现在只考虑现金的交易,负债业务以后再作讨论。

统化的业务中,账户必须用于反映所有类别的要求权,不仅包括费用账户,也包括那些能由顾客提供的票据所证明的账户。后者又可分为可靠的和不可靠的,国外的和国内的,定期的和即期的,或根据经济业务的特征分成其他类别。因此,分类继续进行,不动产从个人财产中被分离出来,商品区别于设备,而且可以更进一步地划分成不同的类别,如纺织品和食品,再进一步分类,还可以分为丝绸类商品、麻制品、小商品、面粉、茶叶、咖啡和糖。因而,可以无限制地按业务的性质、所有者的喜好以及设置该账户的特殊目的进行分类。对于分类的标准并没有一定的规则,因为每一种进一步的细分都能在企业经营方面给予所有者更多有价值的信息。唯一的限制在于,随着具体经济业务的变化,获得额外信息需要更多的账簿和更多的工作人员,在某一时刻,其成本大于因获得这些信息而产生的价值时,在此之前应该停止这项分类工作。

在某些不完整的账户体系中,不仅对特别的资产进行了区分,而且这些资产也被单独予以考虑,而其他所有财产则都被排除在账簿之外。因此在家庭的支出账簿里,正如通常所记录的那样,现金实际上是唯一被考虑的资产。对于现金的减少没有进行区分,其代表的是实际损失,如在街上丢失,或作为慈善捐赠,或交纳税款,还是代表一种交易,如用于购买永久性资产(比如,钻石)等。现金是唯一被考虑的账户,其他资产在账簿中并不存在。账簿的另一个发展阶段通常是小商品交易者记录的所谓的单式簿记阶段,其中,反映的资产仅有现金和对买者的要求权,其他的资产完全被排除在账簿之外。但在系统化的会计账目中,资产可以被细分到任意程度,所有拥有的资产都必须在账簿中展示,而且必须与这些项目代表的所有者权益相等。

财产账户的分类如图 1 所示。

这种方案仅仅只有解释性,并不具有普遍的适用性。不仅不同的企业如银行和铁路部门需要不同的分类系统,而且在某一行业中的不同公司,如两个干货商店,同样也需要它们的账簿系统与其特殊的组织结构和经营方式相适应。为了保持完整性,上述方案将财产分为正财产和负财产两类,后一个项目在本节中还没有提及,但这一问题在第 11 页中将有详细的讨论。

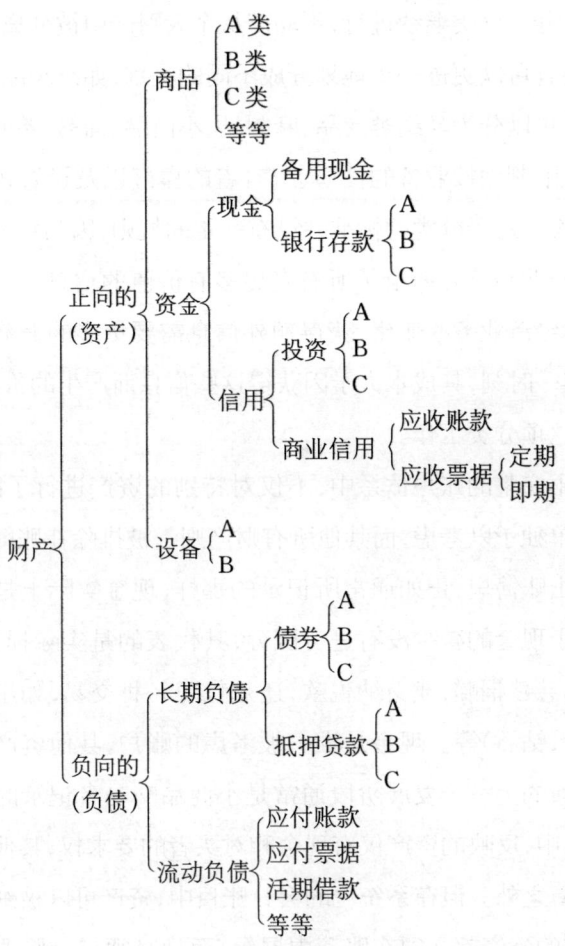

图 1 财产账户的分类

还有一个类似的对所有者权益账户的分类,第一个最明显的分类是分为初始资本和随后的增加或减少,或者说是分为资本和利润及亏损。这一分类很重要,因为它表明了企业成功的程度。由于对成功的衡量是以百分数来表示的,即用一年所获得盈利除以初始资本,所以利润和损失账户通常是一个暂时性账户。在每个会计期末,它(损益)被加入主要的所有者权益账户中,或相反地被从上述账户中扣除。在会计期间内,利润和损失账户又可被进一步细分为代表净财富减少事项的账户和代表净财富增加事项的账户,也就是说,利润和损失账户分为反映费用或损失的账户和反映盈利的账户。

因此,存在一个一般费用账户,这个账户又可以被分为工资、租金、利息、电、燃料等。其中每一项又可根据经济业务的分类而更进一步地细分。同时利润也可以分成不同的项目,如利息、销售纺织品所得的利润、销售食品所得的利润等。这种对基本的所有者权益账户的分类可以用图 2 来表示。

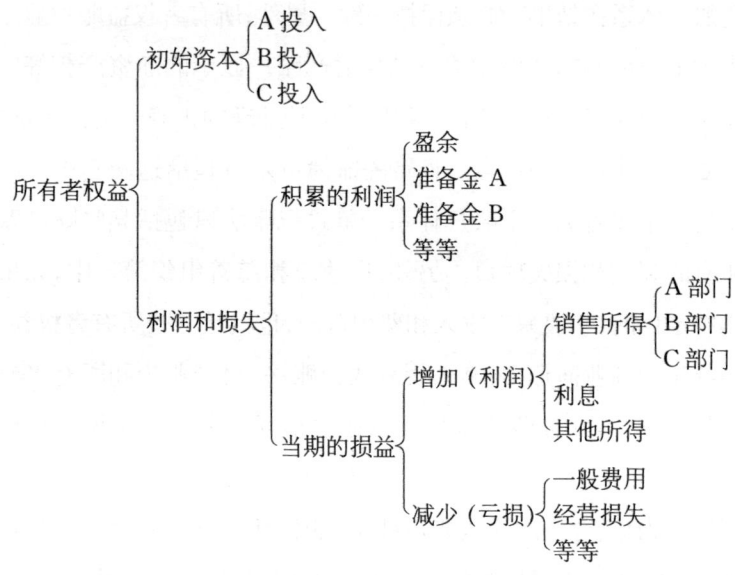

图 2　对基本的所有者权益账户的分类

应该注意到,对账户的分类有两种不同的方法。一种是把它分成数个相互协调的组,如一个商品账户被分类为食品、纺织品、硬件等。另一种是将所有的负项目归集到一个账户,同时将所有的正项目归集到另一个账户。这种方法的具体应用是总利润和损失账户被暂时分为两个账户,一个列示损失而另一个列示收益。

　　将账户分类为两个不同的组，一个代表财产，另一个代表所有者权益，这构成了复式记账的本质。然而，直到1830年美国会计师汤姆·琼斯在纽约发表的演讲上阐述了该本质，这一原理才算是得到了清楚的说明。他清楚地展示了两套账户体系，并且指出它们在内容和目的上的区别。财产账户记录了各种各样的正财产项目和负财产项目，展示了所有资产和负债的详细情况。但是由原始的所有者权益和利润及亏损账户构成的另一个体系，则用于表示期初投入资本的金额和在此期间发生的盈利和损失。通过各种各样的分类方式，正如图2所示，第二个账户体系不仅仅显示了总的净损益，而且展示了各种盈利的来源和不同费用支出方式。然而这两套不同的账户体系在结果上必须保持一致。显然，所有者权益账户显示的原始资本加上净利润的结果必须总是与财产账户显示的净资产相等。所有者权益账户与财产账户的这种一致性为会计处理的正确性提供了证据，也构成了复式记账特有的优点。设置的账簿可以只包括这两套相反的账户体系中的一个或者另一个账户体系。单式记账法只包括某些财产账户但忽略所有的利润和损失项目。另外，在政府和慈善组织簿记中，如果不是为了其特定目的，一般只有收入和费用账户，也就是一些所有者权益账户。但在系统化的商业簿记中，常采用复式记账法，财产账户和所有者权益账户都完整地存在，并且两个账户体系通过相互平衡来证实核算结果的准确性。

　　到目前为止，介绍的这些账户都是纯财产账户或纯所有者权益账户，每个账户反映的或者是纯粹的资产或者是纯粹的所有者权益。但是，在实际的经济业务中，很多交易属于可归为第2页的(c)类业务的混合业务，既有财产交换又有利润要素。例如，购买商品是纯粹的交换业务，因为商品的价值一律被看做与支付的现金，比如100美元，是等价的。收到利息是一项纯利润业务，因为借出方仍然享有对价值未减少的本金的所有权，并收到额外的财产，也就是作为利息支付给他的10美元。但是商品的销售应当是一种混合交易,因为商人交换商品的成本仅有100美元,而现金收入总数却达到110美元①。

通过使用第4页中的纯粹账户,混合交易可以被准确地描述。在这里,收到的3 000美元现金事实上被分成了两个组成部分:作为归还马的成本的2 000美元以及作为利润收到的额外的1 000美元现金。因此"各种各样的资产"账户中显示马的价值减少了2 000美元,同时现金账户显示收到3 000美元,所有者权益账户也立刻被贷记1 000美元的利润。因此,保持财产账户的纯粹性在商业惯例中有逐渐上升的趋势,但它一点也不普遍,甚至不占优势。因为,商品销售以后通常不可能,也很难确定所卖出商品的成本是多少以及销售价格中有多少代表利润。通过销售清单,销售人员当然知道价格,但通常需要通过很多复杂的估计来确定已出售的各种不同种类商品的实际成本。

因此,一般商业企业的习惯是把这种混合业务看做是纯交换业务,并且在账户中将交付的商品看做与收到的现金具有相同的价值,同时既不反映利润也不反映亏损。所以,假如一个拥有2 500美元资本的商人将资本全部投资于商品,并出售了成本为100美元的商品,收到110美元现金,如果他的账户是纯粹的,那么将显示如表2。

表 2   **账 户 记 录**

交　易	商　品	现　金	资　本	利　润
初始业务	＋＄2 500		＝＋＄2 500	
销售商品获得利润	－ ＄100	＋＄110	＝	＋＄10
结账情况	＋＄2400	＋＄110	＝＋＄2 500	＋＄10

但一般在实务中,账户会表示如表3。

---

① 理论上可以认为,利润事项优先于交换业务,在销售之前商品被抬高了10美元的价值,商品价值的增加必须与确认的利润相等,在此之后就有了纯交换:价值110美元的商品与相等价值的现金相互交换。但这样的想法与一般的经济意义不一致,而且与会计实务所强调的准则完全相反(尽管那并不是一个会计理论原则),即确认所有者手中商品价值的增加是很危险的。

表3		账 户 记 录		
交　易	商　品	现　金	资　本	利　润
初始业务	＋$2 500		＝　＋$2 500	
销售商品获得利润	－　$110	＋$110		0
最终情况	＋$2 390	＋$110	＝　＋$2 500	0

资本账户保持2 500美元未改变,并且在利润账户中未作记录。正确的等式是:

$$商品\ \$2\,400＋现金\ \$110＝资本\ \$2\,500＋利润\ \$10$$

账簿中反映的等式是:

$$商品\ \$2\,390＋现金\ \$110＝资本\ \$2\,500＋利润\ 0$$

这个等式事实上在两个细节上都是错误的。它显示的商品价值是2 390美元而不是2 400美元,而且总的所有者权益,也就是资本加上利润的结果是2 500美元而不是2 510美元。

这些企业仅仅是为了核算方便的原因才使用这一确定无疑的错误等式,因此,有必要在后期改正这些错误。这种改正通常是通过"盘存"来实现的,也就是确定库存商品的实际数量和价值,并在账簿中作出记录,以改正商品账户中的错误。当然,为保持等式的正确性以及账户的平衡,有必要同时在利润类账户中作出相应的记录。在上例中,检查现金抽屉显示有110美元现金,与现金账户的记录一样。但是,货架上的商品盘存结果显示所有存货的总成本是2 400美元。但是账簿中商品账户显示的却是2 390美元,这一错误的表述必须通过将总额增加10美元来更正。这里资产的账面价值增加了10美元。显然没有交换也没有其他的减少。如果还要保持等式成立,那么所有资产账户总账面价值的增加必须同时伴随所有者权益账户价值相应地增加,在这一例子中,很明显应该增加利润账户的价值。这种依靠盘存来确保结果正确的做法在簿记中非常重要,采用这种盘存方法的原理将在第4章中有更详细的讨论。

目前为止,所有的讨论都建立在假定商人开展经营活动完全使用自己的资本,没有借用任何资金,也没有任何其他应付债务的基础之上。在实际经营中,这种情况很少发生,因此有必要讨论所有者的负债在会计中是如何被处理的。如果一个人手中有价值 10 000 美元的库存商品,其中一半是通过支付现金取得的,而另一半是通过赊账购得的,则以下等式不能成立:

库存商品 $10 000 = 所有者权益 $5 000

但是,做如下表示就是完全正确的:

总库存商品 $10 000 - 应付债权人的金额 $5 000 = 所有者权益 $5 000

所有者权益代表净财产,而不是所有者的总资产。从法律的角度来看,通过赊账或贷款购买的商品也是购买者的财产,且绝对地归他所有。但从经济意义角度来看,存在可分割的所有权,且信贷工具仅仅是未分割的那一半有价值商品所有权的一种形式。因此,负债——也就是任何债务——可以被看做是负财产,资产则是正财产。当所有者持有并合法地享有价值 10 000 美元的资产时,他也有价值 5 000 美元的负财产必须从正财产中扣除,以确定净所有者权益。但是,正如在代数学中等式一边的一个负数可以被移到另外一边因而成为一个正数一样,在会计等式中的形式通常是:

商品 $10 000 = 所有者权益 $5 000 + 负债 $5 000

这一简单的负项目的概念对簿记来说是非常重要的,不仅应用于债务关系,也应用于其他为了技术目的而采用的减法中。在会计学中,当一个数额从等式一边的总额中被扣除时,将其替换为一个正的项目放在等式另一边的做法也是合理的。即不管是写作 $a - b = c$ 还是写作 $a = b + c$ 都是完全不重要的。

复式簿记的完整结构存在于这些为数不多的原则之中,总结如下:

(1) 原始等式存在于拥有的财产和所有者权益之间。

(2) 等式任何一边都可以为满足具体企业的需要而进行无限分类。

(3) 负项目出现时,不是立即扣除,可以作为一个正项目放在等式的另一边。因此,代表负财产或负债的项目不是从正财产(资产)中扣除,而是被转移至等式另外一边,并与所有者权益项目相加。

(4) 在所有随后发生的业务中,有必要按如下方式维持等式的平衡:

a. 一项财产账户的增加可以与另一项财产账户的减少相互抵销。

b. 一项财产账户的增加或减少可以与所有者权益账户相同的增加或减少相互抵销。

c. 这里使用的增加和减少是代数学意义上的,一个负账户的减少相当于相等数额的增加。

第 2 章　复式簿记原理(续)

到目前为止,本书的讨论仍限于最一般的术语,没有涉及簿记技术的细节。这种做法是经过考虑的,目的是使前述原理陈述与约定俗成的惯例无关。至于等式以什么形式来描述,账簿怎么划线和转下页,各个项目怎么集合汇总,专栏是采用水平的还是垂直的,项目是否直接记入一个特定账簿或者从另一个更为原始的项目转入,所有这些和其他一些细节在确保有效记账方面都是重要的。这些细节可能会影响企业经营记录和转账的便利性,或影响从账簿检查中确定某些事实的迅速性,它们也可能有助于防止错误和发现舞弊行为。但是所有这些都是技术层面上的问题而不是原理问题。任何形式的复式簿记的本质都是账簿中一些项目代表所谓的财产账户,而另一套项目则代表所谓的所有者权益账户。这些财产项目(同时考虑负财产或负债)的总额必定等于所有者权益项目的代数和。

尽管传统簿记中被更多人所普遍接受的观点不应该被忽视,但是必须谨记的是,即使在簿记中最根深蒂固的惯例也可能被彻底违背而丝毫不影响簿记体系的本质。

无论第一笔业务以什么形式记录,习惯上都会把具有类似特点的项目集中在账簿的某一页(这个账簿可能被松散的绑在一起,或者由未装订的账页或卡片组成),这个账簿称为分类账。尽管在法律上分类账被看成是次级账簿,它在法庭上的有效性也小于那些分类账记录通常由其转录的(原始)账簿。但是,正如其用德语、法语和西班牙语等各种语言表达的名称"总账"所暗示的那样,在簿记方面,分类账是最重要的、必不可少的账簿。这使只使用分类账成为可能。这也是早期威尼斯会计师的一种习惯,即使在今天也偶尔使用这种方法来进行简单的账户记录并保持其结果的正确性。

但是在一个大型企业只使用分类账是不行的,虽然在小型企业有可能只使用分类账,但是这并不令人满意,主要的问题是难以发现错误。因此,要对业务进行序时记录,并与进行分类记录的分类账进行对比,这种多重记录确实更经济。在(序时)账簿中进行原始记录更容易,并且这些记录不容易发生错误,一旦错误发生也更容易被发现。

在每一个分类账户中,有些项目需要增加,而另一些项目需要减少。在早期的簿记中,这些项目都被列在一个专栏中,即增加和减少都包含在同一栏里面。这是到目前为止本书中仍使用的一种记录形式,在某些情况下,这种记录形式还在现代簿记实务中使用,将抵减项目用不同颜色的墨水记录,以示区别。

但是,很明显,只用一个专栏进行记录是很容易出错的,记账员可能犯这样的错误,在应该加的地方使用了减法,而在应该减的地方使用了加法。因此,将加项和减项分开尽管是一个简单的方法,却非常有价值。相应地,第 4 页现金账户的形式如表 4 所示。

表4	现 金 账 户
企业开始经营时的金额	＋$5 000
买马	－$2 500
买农场	－$2 000
收到租金	＋$100
收到卖马的现金	＋$3 000
手头现金余额	＋$3 600

上述现金账户正项目(加项)和负项目(减项)分开后的表达形式如表 5 所示。

表5		现 金 账 户	
+		—	
企业开始经营时的金额	$5 000	买马	$2 500
收到租金	$100	买农场	$2 000
收到卖马的现金	$3 000		$4 500
		余额	$3 600
合计	$8 100		$8 100
余额	$3 600		

  "余额"这个词在此仅仅反映了正项目与负项目总额之间的差额,或是所有项目的代数和。在左右两边数额更小的那边增加"余额"这个条目以使每一栏底部产生同样的总额并不是必须的,只是一种习惯。这种做法比先前的做法更加灵活,因为在分类账中,特定的栏目规则(详见第19章)为账户提供了形式上的平衡。

  因此,某些用双栏记录的账户将代表正财产或资产。把代表库存财产或随后取得(增加)的财产列示在第一栏或左栏,而财产的减项则列在第二栏或右栏,这是一种几乎未被破坏过的惯例,尽管违背此惯例也绝不影响复式簿记的结果。因此,在所有的资产账户中左边栏是正数栏(增加),右边栏相当于负记录(减少)。

  因此,称所有账户的左栏为"借"方,同时左边栏的记录称为借方分录是一种应用习惯。做借方分录被称为记一个账户的借方。而右边栏被称为"贷"方,其中的记录被称为贷方分录,做这样一个分录的行为被称为记一个账户的贷方。

  此外,所有资产账户在正常情况下都应该是正数,也就是说,有借方余额。资产,作为一个人拥有的财物显然应该是正数。一个人也许失去他所有的东西,或者将其全部支付出去,但是正常情况下,其下限为零。大火也许烧掉所有的东西但是烧掉的不会多于他所拥有的商品;一个人也许支付掉了其所有的库存现金,但是想要他支付比他所拥有的现金更多的款项是不可能的。因此,尽管在簿记理论上一个资产账户可能有贷方余额,但这种情况是不正常的,通常需要对这种情况加以解释①。

账户的另一个类别是所有者权益账户,这类账户也被分成两栏。在第7页呈现的所有者权益账户如表6所示。

表6	所有者权益账户
原始资本	＋$5 000
马匹死亡损失	－$500
租金收入	＋$100
销售收入	＋$1 000
净所有者权益	＋$5 600

变为如表7所示的形式。

表7 　　　　　　　　　　　　所有者权益账户

借(－)		贷(＋)	
马匹死亡损失	$500	原始资本	$5 000
余额	$5 600	租金收入	$100
		销售收入	$1 000
总计	$6 100	总计	$6 100
		余额	$5 600

应该注意的是资产账户和所有者权益账户之间形成的鲜明对比。在资产账户中正项目记录在左栏因而称为借方,而所有者权益账户中正项目记录在右栏并因而称为贷方。也就是说,在一类账户中借方代表正数(增加)而另一类账户中借方却代表负数(减少)。这种借和贷的使用曾经是会计实务中最容易混淆的一块。

毫无疑问,在严格意义上,这两个术语起初用于指"债务人"和"债权人",在账户中它们用来表达上文所述关系,但仍保留了其原始意义的影响。如果预付100美元给A,这100美元使他(A)成为一个债务人,并被记录在其账户的借方,这项记录按惯例记录在左栏中。如果A偿还了100

---

① 一个好的例子是现金账户不仅仅记录钱柜里的现金,而且还记录银行存款。现在,尽管钱柜里的现金没有余额,但是,有时有可能使用超过存款金额的支票支付。在这种情况下,现金账户可能会有负的余额出现,其正常情况下则是最典型的纯粹的正资产账户。

美元而抵销了先前(收取)的费用,这 100 美元将记入右栏中。如果 A 反过来偿还的现金超过了 100 美元,就使他从债务人变成了债权人。因此,借方在左边,贷方在右边并不奇怪。虽然借和贷的这种原始意义仍然保留在个人账户中,但借和贷在其他类别账户中的应用更难以解释。

要求商人习惯于将资产中最重要的类别、对顾客的要求权作为借项列示,其他资产也以同样的方式处理也许是不合理的。大多数学者试着进一步解释并且假定在所有账户中不管借和贷代表债务关系还是代表其他资产甚至所有者权益,其都显示了一种债权人和债务人关系。这伴随产生了一个拟人化的强制系统。例如,现金或商品账户因而被拟人化为一个出纳员或一个商品保管员,他依次因所有流入其手中的价值而对企业负债。与法律事实相反,所有者被假定为企业的债权人。这也许并不算太糟糕,但是当同样的拟人化理论被用于像费用、利润和损失等账户时,就变得很难应用。正如本书所写的,更好的理论拒绝这种拟人化,且把两套账户看做其代表的两种不同的观念,每一套账户都有其自己的价值和意义,两套账户中的借和贷通常用来表示不同的含义。

托马斯·琼斯在 70 年以前曾说过:"所有的借方不是应付给我们的总额,所有的贷方也不是我们应付的总额。一些借方项目是应付给我们的,其他借方项目(如股票)是被我们撤回的总额,一些项目(如商品采购)是支付的总额,另一些项目(如现金)是收到的总额;同时贷方项目也代表不同的事实。从上面可以看出,这些术语被随意地使用于任何想用统一的债务关系表示它们(借方和贷方)的尝试,或者迫使我们使用模棱两可的语言,或者诉诸不仅不存在而且对我们最终达成目标没有明显影响的拟人化的东西。但是,作为能使我们对所指或所谈到的任何账户的任何一边命名的名称,它们(借方和贷方)满足我们的要求。因此,如果惯例允许其使用,术语'蓝栏'和'红栏'也具有同等的作用。在个人账户中,它们承载了字面上的意义;而且,依此类推,它们已经延伸到了所有其他账户,但是组成这些类比的关系太晦涩以致不能用于指导学生,并且蓄意让这些项目变得难以解释。"①

卡尼尔·查尔斯·E·斯普拉格(Colonel Charles E. Sprague)在他的《账户的哲学》一书中说,那些将业务拟人化的人已经被记账员的懒惰习惯所误导,他们将所有贷方余额账户命名为负债,尽管他们知道这些余额中有些不是负债。(他们)甚至承认有一个不欠真正的所有者任何东西的虚构的主体存在。

尽管大多数受到影响的学者仍毫无疑问地表达了这个幼稚的理论,但是值得注意的是,琼斯是第一个质疑"拟人化"的学者,斯普拉格是最现代且最有洞察力的美国会计理论作家,他们的观点因此达成一致。许多领先的欧洲权威是赞同他们的理论的,这其中包括胡戈利(Hugli)和雪尔(Schaer)。

还涉及一些造成混淆的混合账户,比如说,账户中利润要素的记录没有与交易要素分开。当花 100 美元买商品时,应借记商品账户(Merchandise)。如果一半的商品被卖了 75 美元通常是在贷方记入总额,而不是贷记商品账户 50 美元和利润与损失账户 25 美元。这导致商品账户的余额并没有显示未售出存货的价值,但是贷方总额减少了所卖商品的利润。混合账户的定期清理通过贷记剩下的库存存货的价值,使存货账户(Inventory)的借方总发生额和贷方总发生额产生一个差额,该差额相当于已实现的利润。买来的存货作为新的商品账户(Merchandise)的余额,并作为一个纯粹的财产账户再次开始。

这可以用代数等式说明如下:

$$商品的成本价(C) = 已售商品的成本(S1) + 存货(I)$$
$$销售收入(S) = 已售商品成本(S1) + 利润(P)$$

因此有 $C - S = I - P$。但是 $C - S$ 代表的是存货(Inventory)引入前的商品账户(Merchandise)的余额(B)。因此 $I - B = P$。贷记存货账户等于减

① 《簿记原则和实务》,第 21 页。

去前述未实现的余额(B),因此,其差额暗示了利润的数额。

在簿记技术中,两类账户(资产账户和权益账户)中记增加的那边的冲销相当重要。很明显,贯穿会计的基本等式是资产等于权益(忽略负债)。但是,资产按惯例列示在左边栏,因此显示为借方余额。权益按惯例列示在右边栏,因而是贷方余额。因此,基本的等式是:

$$资产(借方) = 权益(贷方)$$

不仅仅资产和权益相等,借方和贷方之间也相等。这个相等的深刻意义将在下面讨论。

除了刚才提及的两类账户之外——也就是说正常情况下资产账户有借方余额,权益账户有贷方余额,其他两组账户的结构参考第 11 页。应付账款账户也许被看成负财产账户的典型,而负权益账户的典型则是费用账户。首先考虑负财产账户,它们是逻辑上可能记入资产账户贷方的项目。例如,如果用 20 000 美元购买了一块不动产,其中的 15 000 美元用现金支付,剩下的则作为应付债务,这项交易如表 8 的记录就不合理(在实务中遭到了会计师们的谴责,甚至认为这样表达是错误的):

表8 **不 动 产**

借(+)		贷(-)	
土地和建筑物........................	$ 20 000	应付购买价款........................	$ 5 000

在这里负债作为工厂设备总价值的间接减项。但是为了清晰地表示确切的状况,最好是把这两个项目分开列示,如表 9、表 10 所示。

表9 **不 动 产**

借(+)		贷(-)	
土地和建筑物........................	$ 20 000		

表10 **应 付 债 务**

借(+)		贷(-)	
		应付不动产........................	$ 5 000

这不仅更清楚地反映了目前的情况,也提供了更多具体的细节,因为

不动产账户的贷方栏现在能反映其他原因而不是由于未付购买款而引起的不动产的减少。因此，如果火灾损坏建筑的损失程度是 1 000 美元，那么不动产账户将如表 11 所示。

表 11   **不 动 产**

借（＋）		贷（－）	
土地和建筑物	$ 20 000	火灾毁损	$ 1 000

应付债务账户的借方栏目用于反映账户的支付情况如表 12 所示。

表 12   **应 付 账 款**

借（＋）		贷（－）	
支付账款	$ 1 000	应付不动产	$ 5 000

这种表达比把所有四个项目归并在一起明晰得多，如表 13 所示。

表 13   **不 动 产**

借（＋）		贷（－）	
土地和建筑物	$ 20 000	应付购买价款	$ 5 000
支付账款	$ 1 000	火灾毁损	$ 1 000

尽管在这两种方法下净资产都是 15 000 美元。

迄今为止，负债都被看成资产的减项，它们必须出现在贷方栏，因为在贷方栏才出现资产的减项。但是，分裂发生了，出现了一个单独的账户代表负债。在表 8 中的应付购买价款不再出现在不动产账户的贷方，而是单独列示在应付债务的贷方。每当有新的负债发生或是每一个未偿还的负债出现时，都应填列在相同的栏目里面，然而当负债被偿付或是被取消时应记入借方，因为在会计中任何账户的两方是相反的，且一方往往抵销另一方。例如，财产账户表达如下：

$$不动产 \$20\,000 + (- 负债 \$5\,000) = \$15\,000$$

根据最简单的代数原则，加上一个负数和减去一个正数具有相同的影响。

但是减法充其量是一个笨拙的过程，并且根据普通的代数原则，人们习惯把所有的减项改变符号转移到等式的其他构件中去,因此等式变成表14。

表14

不动产			所有者权益			应付债务	
借(+)	贷(−)	=	借(−)	贷(+)	+	借(−)	贷(+)
$20 000				$15 000			$5 000

因此,在所有账户中,正常情况下负债的余额在贷方。同时,负债账户的贷方项目意味着所有者总资产的减少,然而负债账户本身则意味着增加。即,发生负债时记在负债账户的贷方,负债减少时记在负债账户的借方。因此,一般情况下,借款或负债账户与所有者权益账户的余额在贷方。与所有者权益账户一致,负债账户不同于余额在借方的资产账户。尽管这对学生初次理解来说有点困难,但是这种方法与代数原则完全一致,并且不会产生永久性的困难。

借和贷在不同类别账户中的使用可以用如下形式系统地表述:

	资产	所有者权益	负债
借方	+	−	−
贷方	−	+	+

关于负财产账户的论述到此为止,作适当变通后,负所有者权益账户的典型例子是费用账户。如果费用作为一项财产支出(如现金)而没有收到其他等价的财产①,这可能意味总所有者权益的减少。业主资本账户的减少应该记入资本账户的借方,如表15所示。

表15 　　　　　　　　　　　　　　　　 所 有 者 资 本

借(−)		贷(+)
已付费用 $500	原始资本	$15 000

① 从经济学的观点看,费用包括其转化的等价物,但这仅仅是为了方便起见,并没有考虑到会计人员。例如,付给守门人的工资被看成是一种费用,这是对他所提供服务的一种报酬,而不是被看成一种商品被记入账户。甚至一个有形的物品被作为报酬支付出去时也作为费用看待。再如,重新粉刷房子的成本被看成是一项费用,尽管其中的一部分钱已经转化为了相等价值的等价物。

但是,更加令人满意的是暂时将这种费用项目分离,把它们记入到一个单独的账户,这个账户在正常情况下有借方余额,并将该账户余额结转到等式的左边。在这里,费用账户可以方便地添加到同样有借方余额的资产账户中。因此,所有的所有者权益账户的抵销账户、费用账户、利润和损失账户(在有损失的情况下)和其他相似的账户都有借方余额。在这方面,它们与资产账户类似,与资本账户和负债账户相反。

会计等式首先被表述为:

$$资产账户(借方) = 所有者权益账户(贷方)$$

然后变为:

资产账户(借方) − 负债账户(贷方)

= 资本账户(贷方) + 利润账户(贷方) − 所有者权益账户的抵销账户(借方)

又被转化为:

资产账户(借方) + 所有者权益账户的抵销账户(借方)

= 资本账户(贷方) + 利润账户(贷方) + 负债账户(贷方)

最后,随着价值通过数字被表达出来,纵向相加比横向相加更方便,此时,等式变为表16。

表16   **会 计 等 式**

借   贷

资产 费用 损失等	资本 利润 负债等
借方合计 =	贷方合计

因此,在任何账簿体系中,借方合计应该总是和贷方合计相等,并且无论是将所有借方发生额合计与所有贷方发生额合计比较,还是将借方余额合计与贷方余额合计比较,两者都相等。在日常簿记中这大有用处,它提供了最常用的标准去判断记账的正确性。如果不进一步地探究账户的性质,或是各种未完成(未兑付)余额的意义,记账员就不得不定期或频繁地

检查分类账的贷方和借方是否相等。如果分类账是平衡的,由于有这个平衡作为证据,一般情况下可能得出这样的结论:记账员的工作是没有错误的。

当然,只要借贷不平衡,分类账就一定是错误的,但是借贷平衡的证据并不完全令人信服。这种平衡关系表明每个贷方必定对应于一个借方,但是这并不表明应该被记录的一项交易的借方记录和贷方记录是否一起被忽略了,这既不表明发生了移项,也不显示过账时借方和贷方发生了相同金额的错误。这也不显示本来应该记入不动产账户的项目记入了存货账户,而这将错误地显示企业所拥有的资产类别。更糟糕的是,这不能反映应该计入费用的项目是否被计入了不动产的成本,这会导致更重大的双重错误,即错误地表达财产总价值和净资产。

在那些相似的项目被归类和分组且借方和贷方总是相等的账户系统中,包含了复式簿记的所有正常要求。为了记录这些账户,有必要清楚地理解每项交易的实质。如果这项业务是真实的商业交易而不仅仅是一个分类行为,它就必定会影响财产账户中的某一个账户,或者是资产账户或者是负债账户。如果总的财产增加或减少,所有者权益账户中的某个账户也必定受到相同的影响。如果总财产没有变化,财产账户中某一个账户的变化必定被另一个财产账户的相反变化平衡掉。如果任何一项资产增加,必定记入借方,相应地也必然会记入其他某个账户的贷方。通过掌握账户系统的这种属性并试图正确地描述净资产和所有者权益之间的等式关系,记录任何交易将不存在困难。

在 500 年前已被整个商业界所普遍认可的复式簿记系统被视为对商业最重要的辅助手段。也许正如歌德(Goethe)所断言的,"它(复式簿记系统)是人类最伟大的发明之一"。然而,歌德对复式簿记的断言有时有点夸张,尤其是将复式簿记与更缺乏系统形式的单式簿记相比较时,经常有这样的表述:复式簿记在任何时候都有如下优势,不仅反映经常账户的到期货币金额,也反映企业的现状,如企业的利润和损失情况。这个系统确实尝试着去反映企业的现状,但有一点,即诸如商品账户这样的混合账户被保留下来了。当购买方以成本借记该账户的借方时,销售方以销售价格记贷方,在任何情况下账户的余额代表库存商品价值减去已出售商品的利润或加上已出售商品的损失。从某种程度上来说,出现在这个系统中的账户并不能自给自足,必需的要素有时要通过簿记自身之外的过程提供,即检查商品并编制存货盘点清单,或者是把该存货盘点清单看成复式簿记系统的一部分,但是账簿仍然无法反映企业在任何给定时刻的现状。此时需要实时编制新的盘点清单。

同时,任何一套已发明的账簿,即使增加了存货盘点清单,认为其能完美准确反映企业现状的观点也是不正确的。在最好的情况下,存货盘点清单也只是一个估计数,且关于存货的计价原则中最权威的原则仍然有争议。准确确定一项经济业务的属性并确保其在账簿中被准确记录也是不可能的。例如,一条铁路取代了一座旧的木桥,该木桥在 5 年前建造时花了 500 美元,新的钢架结构花了 2 500 美元。显然,所花费的 2 500 美元中一部分作为费用处理(也就是说,记入某个所有者权益账户),另一部分则是交易(即,用现金资产交换另一项资产:钢架结构)。但是,绝对没有办法去精确认定不同账户中这两个部分的比例。事实上,每条铁路可能采取一个被忠实遵循的经验原则,有时这些原则也被认为是会计原则。但是所有人都承认它仍然是一个近似值,而且,事实上,铁路会计是企业会计中最详细的系统,主管们不时地更改着分录中的巨额数字,这意味着账户本质上在更正前或者更正后是错误的,且这个系统在事实上被破坏了①。

此外,复式簿记如实务中表现的那样,甚至没有意图反映企业的实际情况,因为它在很大程度上忽略了或有负债。即使法律对这类负债的报告

---

① 这一程序的典型例子是 C. & N. W. R. 公司 1898 年 9 月的年度报告从道路成本中减去了 5 000 000 美元,并记了相同的金额到收入账户。然而,这一保守的行为却受到了财务评论家的高度赞扬。必须承认这种做法也是对簿记原则的直接违背,或者说,即使在管理最好的公路中,会计系统也受到破坏并不得不进行弥补。

作出了规定,如在英国公司中,需要注意的是,或有负债的陈述仅仅附在资产负债表上,且根本不是资产负债表的组成部分①——也就是说,或有负债并不是公司簿记系统的组成部分。偶尔一些特定的或有负债被记录。例如,美国一些国家银行的报表中的"票据再贴现"业务。但是,在任何复杂的会计系统中,反映全部或有负债将能更加真实全面地反映企业的情况。因此,复式簿记系统并不是一个自给自足的系统,其处理问题近似而非确定,其表达的仅仅是它所试图记录的事实的局部视角,并不是像范德林德(Van de Lindle)所宣称的那样:"簿记本身是一门完美的科学。"正确得多的是雷姆(Rehm)的陈述:"会计中的真实性原则是相对的和有限的。"

第1～2章参考文献

Carlill J A. Principles of Bookkeeping. London, 1896.

Cayley A. The Principles of Bookkeeping. Cambridge, 1894.

Dyer S A Common Sense Method of Double Entry Bookkeeping on First Principles as Suggested by De Morgan. Part I. Theoretical. London, 1897.

Foster B F. Double Entry Elucidated. Boston, 1852.

Hugli F. Buchhaltungsstudien. Bern, 1900.

Jones Thomas. The Principles and Practice of Bookkeeping. New York, 1841.

Lisle George. Accounting in Theory and Practice. Edinburgh, 1906. (这也许是用英语探讨整个学科的最优秀的单册)

Schaer J F. Versuch einer wissenschaftlichen Behandlung der Buchhaltung. Basel, 1890. (第一章以该著作介绍的簿记理论为基础)

Sprague C E. The Philosophy of Accounts. New York, 1908. (英语文献中最重要的理论著作)

Tipson F S. The Theory of Accounts. New York, 1902. (包含了对纽约注册会计师考

———————————

① 见第50页标准格式。

试中出现的账户理论问题的回答)

以下参考著作也很有价值：

The American Business and Accounting Encyclopedia. Detroit. Third Edition, 1901.
（一部具有某种混合性的全面著作）

Dawson S S. Accountant's Compendium. Third Edition. London, 1908. (一部有价值
的词典形式的参考著作)

Encyclopedia of Accounting. Edited by George Lisle. 8 vols. Edinburgh,1903-8. (一部
具有最高科学标准的最有价值的著作)

Stern R. Buchhaltungs Lexikon. Wien, 1904. (代表性的德国著作,但不够全面)

有用的簿记教科书：

Bogle A M. Comprehensive Bookkeeping. New York, 1905(一本很好的提供练习而又
避免了过多数学细节的小册子)

Dicksee L R. Bookkeeping for Accounting Students. Fifth Edition. London, 1906—
Advanced Accounting. Third Edition London, 1908.

(以上两部著作形成了一个全面的论述。后者包括对簿记问题的可贵收集)

关于簿记历史,有广泛的参考书目,见：

Brown R. A History of Accounting and Accountants. Edinburgh, 1905.

第 3 章　资产负债表

根据复式簿记原理记账的分类账在任何时候应该都能反映不同账户各种各样的借方项目和贷方项目。将每个账户中的借方或者贷方项目列示并加总就得到试算平衡表的结算总额(发生额),如表 17 栏(b)所示。

表 17　　　　　　　　　　**试算平衡表结算总额**

(a) 账户名称	(b)结算总额(发生额)		(c)余额	
	借方	贷方	借方	贷方
现金............	$9 000	$8 000	$1 000	
商品............	22 000	21 000	1 000	
应收账款........	15 000	3 000	12 000	
应付账款........	2 000	7 000		$5 000
租金............	150		150	
管理费用........	1 500	100	1 400	
佣金............	10	110		100
所有者权益......	550	11 000		10 450
	$50 210	$50 210	$15 550	$15 550

这里的特征是所有的借方发生额之和等于所有的贷方发生额之和。这种发生额平衡的主要作用是提供了尽管不够确凿但仍强有力的证据,证明分录被正确地过账。作为对企业现状的反映,如果列示一方超过另一方的余额而非总发生额就更清晰易懂,并因而形成余额试算平衡表,如栏(c)在某种程度上大致可称为余额试算平衡表。在这个平衡关系中,借方余额总数也必然与贷方余额总数相等,因为每一对(发生额)数据中更小的那个数已经从另一栏中被减掉,且总额 $34 660 从(发生额)等量中同时减掉,剩下相等的余额。

这样一个平衡在没有错误的账簿中任何时候都存在。但是,随着账簿记录的进行,虽然账簿记录在任何时候必须保持平衡,但是根据试算平衡表编制的财务报表通常在实质上是错误的,且在形式上是不完整的。实质上的错误是因为存在混合账户,如商品账户存在贷方超过借方的余额,但是其既没有反映库存商品的价值,也没有反映已售货物的利润。假设在此案例中,存货盘点清单显示商品价值为 $4 000,就有一项 $3 000 的错误必须同时在商品账户和某个所有者权益账户中调整,所有者权益账户中通常是通过贷记利润和损失账户调整的。也可能还有另外的错误,因为其他账户只显示所支付的费用或所收到的利润金额而不是已发生或应计总额。因而,账簿中的利息额或租金额并不表明这些费用是实际发生在账户所覆盖的会计期间,仅仅表明已经支付的金额,其既可能大于也可能小于实际应计入损益的金额。在这个案例中,假设租金项目中的 $150 是 6 个月的租金,但是在试算平衡时,3 个多月已经过去,在此期间租金已发生但未支付,因此共有 $225 租金应计入当期损益。当然,对这个简单的例子可以进行更宽广的延伸,在大企业中,未调整账户经常具有明显的重要性。

试算平衡表在形式上不完整是因为它通过几个项目来反映损益,且这些项目并没有合并到一个单独的账户中去,以便以一种易于理解的方式来表达事实。试算平衡表往往不能够集中那些反映所有者权益变化的各种临时的明细分类账户。这通常需要通过将这些账户结转到利润和损失账户来实现,利润和损失账户如表 18 所示。

表 18   **利润和损失账户**

借方		贷方	
一般营业费用	$1 400	商品销售收入	$3 000
租金	225	佣金	100
余额	1 475		——
	$3 100		$3 100
		余额	$1 475

如果这些变化反映在分类账簿中,将会产生一张真实的资产负债表,

形式如表19所示。

表 19 资 产 负 债 表

借方			贷方
现金	$1 000	应付账款	$5 000
商品	4 000	应付租金	75
应收账款	12 000	业主账户	$11 925
	$17 000		$17 000

资产负债表不同于纯粹的试算平衡表,因为前者通过存货账户(存货盘点清单)和明细分类账引进准确数据,临时账户被集合在一起并与更具永久性的所有者权益账户合并。在上述举例中,所有临时性账户都被合并到一个业主账户中,在私人交易者的账户中,这是惯例。在公司中,净利润是不加进资本账户中的,但是可能在利润和损失账户的贷方单独记一笔,或者贷记盈余公积等,盈余公积详见后面章节。

集合净财富的所有变化并将其浓缩到一个账户中,这可能发生在分类账本身以及资产负债表中。这个过程通过转移费用账户的借方余额到利润和损失账户来实现,即借记利润和损失账户,同时贷记费用账户。其他相关账户的处理是一样的,最后利润和损失账户的余额通过类似过程转移到业主账户。当完成这些程序后,从分类账得到的试算平衡表与上述资产负债表恰好一致。再也不存在任何代表临时账户的余额,也不再存在任何因混合账户而产生的错误余额。但是这种情况只是暂时的,而且一旦新的交易被记录,试算平衡表立马不再代表正确和浓缩的陈述。当然,也可能根据分类账数据编制资产负债表,并补充存货盘点清单或其他估计价值,而分类账则没有变化。

上述资产负债表所反映的浓缩和合并仅仅适用于所有者权益账户。为了资产负债表显得更具洞察力,需要对财产账户(包括正财产和负财产)进行分类。因此,账簿中可能包含大量的以个人作为债务人的账户。尽管在分类账上每个债务人都有一个单独的账户,但是把所有这些个人账户都分别列示在资产负债表中是愚蠢的,因此它们被归入应收账款。同样,对于银行而言,尽管其账簿明确地区分了各存款数额对应的存款人,而在资产负债表里不仅合并了这些金额,还将它们在单独的"库存现金和存款"科目下记为实际库存现金。这样,资产负债表不仅是一张浓缩分类账簿的报表,还会在浓缩过程中进一步将分类账中独立的账户合并在一起。

总结:每日记录的分类账簿反映了临时性账户和永久性账户所有借方和贷方信息,且包含了混合账户中的错误金额,以及诸如"应付利息"这样的未调整账户。一张关于这些发生额或余额的试算平衡表将表明账簿整体是否平衡,但是其对企业状况的反映却很粗糙。为了更清晰地反映企业状况,应该对账户进行合并,通过引入存货盘点清单对混合账户进行更正,调整应计费用和收入,并将辅助账户结转到利润和损失账户。完成这个过程之后,分类账余额列表即为资产负债表。但是,按照规定的形式,通过把类似的项目归为一类,并将某些可以抵销的正负项目抵销,资产负债表可以更简化,这些过程甚至并没有在分类账中执行。

前面的章节简述了账户体系的发展过程,从一套理想、简单但无用的三个账户开始,通过将不同的类别分类和再分类,并将每个账户的借方和贷方分离使之成为独立的账户,最终发展为可以获得大量必要细节以全面理解企业经营状况的账户体系。资产负债表的格式则是相反的过程。在大量的细节信息中,只见树木不见森林,通过综合和简化编制而成的资产负债表,以简洁和易理解的方式列示了主要事实。分化和整合的过程并无固定的限制,只要经济上有道理即可进行。编制资产负债表时涉及的相反的处理过程同样没有任何限制。以银行为例,就其日常例行程序而言,需要有账户显示应付给每个个人的金额;就其他目的而言,它可能希望单独反映其"储蓄存款""定期存单",以及"支票账户"等,甚至可能一个单独项目"应付存款人金额"就足够了。编制资产负债表的目的决定了其将达到的简略程度,以及其呈现的格式。

资产负债表的优点是显而易见的,但是奇怪的是其用途却迟迟不被重视。在最早的论著中,甚至连发生额试算平衡表都不被建议作为检验过账正确性的手段,而是通过仔细检查每一笔借方记录及其对应的贷方记录,逐一检查无误后分类账簿即被认为是正确的。分类账簿也不是每隔一段时间定期进行试算平衡。现存的早期账簿有一本9年都没有进行试算平衡,另一本直到27年后都没有进行试算平衡。早期的交易大部分都具有风险独立的特征,如运送一辆蓬顶大车到某个地方或者将一艘轮船运送到另一个地方,利润是在这种风险行为结束之后再单独确定的。但是那些没有完成的交易,如船仍未到达,被排除在账户之外。因此,并没有需要将分类账作为一个整体进行试算平衡,帕乔利所推荐的试算平衡的做法,只有当一个新的账簿开始使用时,那些商贸公司才会这么做。英国的东印度公司曾在1665年编制了一份平衡表,但是直到1685年才编制第二份。尽管如此,法国1673年的特别法典要求每两年编制一份存货盘点清单以及资产负债表,舒尔茨(Schurtz)在1695年的著作中极力主张按季度进行分类账试算平衡。

在近代,每年编制资产负债表是很普遍的。它是英国、法国、德国以及其他国家的公司法所要求的。在美国,关于账户的形式几乎没有法律要求,然而,某些类别的公司是受法律监管的,如银行、保险公司和公用事业公司通常被要求呈报包括资产负债表在内的报表给州或者联邦官员。按照1906年的修正法案,州际商务委员会目前正在规划其监管之下的所有铁路都必须遵循的资产负债表。这种资产负债表的试用格式在43页给出。1903年的马萨诸塞州商业公司法同样提供了一份该州范围内所有公司按年编制的资产负债表的格式。

作为分类账簿的总结,资产负债表必须包含两组数据,分别显示借方余额和贷方余额。通常,这两组数据被分配在平行的两列里面,类似于分类账中的一般安排。确实,在更早的年代,甚至在今天的大陆国家,资产负债表实际上就是一个分类账账户,所有的账户实际上被结清,然后它们的余额转移到一个"余额账户"即资产负债表中。这样做了之后,分类账实际上已经结账,任何账户不再显示借方或者贷方余额。很久以前,英美的簿记员们很厌烦这种毫无用处的实际上将分类账账户结账,并迫使他们在新账户中把这些项目立即再次记录的做法。现在,资产负债表编制被看做是分类账的对外摘要而非一个事实上的分类账户。

尽管如此,一些混淆产生于实践中的分歧,即关于"资产"项目和"资本和负债"项目的专栏各自的相对位置存在分歧。世界上的一般惯例是把资产项目放在左边栏。但是在英国,相反的做法才是惯例,资产项目出现在右边栏。围绕这一点产生了许多讨论。针对英国惯例的主要的观点是,英国的做法与世界上其他的国家的惯例不符,即使苏格兰的会计人员都不遵循英国的模式,而且其看上去也不符合常识,即分类账簿的概括与其在账户中的位置相反。同时,支持英国惯例的人极力主张资产负债表本身不是分类账簿的概括,而是一个由公司或者董事提交给股东的账户而已,资产负债表实际上是为此目的而编制。如此看来,将提供给公司的资本和其他资金记在董事账上,并将手头资产记贷方是符合逻辑的,该资产在报告时提交给股东以作为对该账户的赔偿。

关于这个话题的延续争论看起来大体上是玩弄辞藻的争论,毫无疑问,没有人被实践中的这些分歧误导。然而,统一总是令人期待的,即使是在英国,会计人员中仍有很多人反对这种国家惯例。莱尔(Lisle)说,"通过议会法案,主要是 1862 年公司法提出的资产负债表格式的影响,传统风俗似又抬头了,该(资产负债表)格式必定是由那些不熟悉账户理论的人所编制。利润和损失账户来自分类账,(资产负债表)左右两边没有调换位置,而且也没有合理的理由解释当某些(账户)余额已经被转入利润和损失账户之后,资产负债表中的项目被认为是分类账的余额时,为什么资产负债表应该左右互换……当然,最理想的是,以正确的原则为依据,将资产放在左边的资产负债表格式会变得很普遍,并与最好的传统和世界上其他国家公认的惯例相符"。

这种差异在技术上表现为,英国资产负债表是期初余额账户,而世界上其他国家采用的是"期末余额"账户。如上所述,试算平衡的规范方法是,所有账户(余额)结转到一个平衡账户的借方,以反映不同分类账账户的借方余额。但是,在这个体系中,会计人员需要马上重新开立账户,这也通过平衡账户的"期初余额"来完成。新的资产账户,如"现金""商品"等,借记未清余额,在平衡账户中则相应地记贷方,这显然与"期末余额"账户是一样的,只是方向相反而已。但是很难找到逻辑证据(解释人们)偏好反映新一年期初余额的账户胜过反映顷刻之前的上年期末余额的账户。

进一步的争议是关于资产负债表两边的名称的,包含资产的那边通常被冠以"资产"或者"资源",而另一边常常被冠以"负债"。关于这点,很多批评认为资本或者所有者权益账户,严格来说并非公司的负债,更不用说个体所有者了。为了避免这种麻烦,通常使用"资本和负债"的名称。

其他会计人员喜欢把(资产负债表)两边命名为借方和贷方,就像普通的分类账账户命名一样。但是当采用英国模式的资产负债表时,术语"借"和"贷"的应用产生了一种新的麻烦。左边为"借"是一种几乎不可侵犯的复式簿记惯例——但是如很多作者所宣称的那样,其仅仅是惯例而非原则。但是另一个神圣的惯例是资产在"借方",当会计人员发现资产出现在右边栏时,他实际上是困惑的。右边栏是应该因为其位置被叫做贷方呢还是应该因为其内容被叫做借方?这个问题和会计上的其他问题一样,没有绝对的权威,实务中的做法各不相同。因此这个最重要的会计报表中两栏的标题以及位置表现为以下不同的种类,且都用得很好:

资产	负债
资源	负债
负债	资源
负债	资产
借方(资产)	贷方(负债)
借方(负债)	贷方(资产)
贷方(负债)	借方(资产)
积极的	消极的

因此看起来不仅仅是资产项目的位置在使用上有分歧,而且这些资

产有时候叫做借项,而有时候叫做贷项,如法国银行的资产负债表中资产就叫做贷项,有时候报表的第一列不仅包含了负债,而且还被标为贷方。

对标题"积极的"和"消极的"值得做进一步的说明。除了英国,它们几乎被世界上所有其他国家的人们用来表示资产负债表的两边。除惯例之外,它们胜过其他简单的描述性名称的原因是资产负债表的一边有时候包含并非资产或资源的项目,同时另一边也常常包含了并不是负债的项目,且经常包含了既不是负债又不是资本的项目。从技术上来讲,借和贷的提法都太不理想了,但是这并不重要。尽管如此,英国和美国的会计人员并不愿意接受这种更好的名称。斯普拉格(Sprague)在其论著《会计投资学》中曾建议这种做法,但是其几乎未在美国资产负债表上存在过。

上述给出的格式中,在使用短语"资本和负债"替代单词"负债"命名资产负债表的一边时,存在细微的差别。对于许多会计人员来说,这是重大的进展。它明显的优势在于更完整地表述了这一列的内容,而且消除了把所有者的资本也认为是一项负债的疑惑,尽管在法律上确实是这样。

由于资产负债表的设计目的是提供一个容易理解的关于企业的概要,其明显优势在于,不仅将具有同样特征的分类账户浓缩到一个单独的集合账户中,如应收不同客户的总额被归入"应收账款"账户中;而且集合了不同的项目,这些项目不同到足以保持独立的同时又具有一些类似的特征。因此,当应付账款和应付票据在资产负债表上分别列示时,将它们列示在资产负债表上相互靠近的地方会增加资产负债表的清晰度。

副标题经常用于资产负债表以使项目分类更清晰。于是,所使用的特殊术语因会计师的品位以及公司特征的不同而各异。一类使用相当多的标题是:资本资产、流动资产和递延资产,以及对负债的类似分类。资本资产在这里的意思是公司永久性的工厂假定由资本性负债——即,股票和债券购买而来。流动资产是指现金、可变现证券和支票、存货或易消耗的材料。同时,流动负债是指那些并非永久性的项目。递延资产一般代表提前支付的费用将其列入资产中,这在第5章讨论。这种分类被芝加哥和奥尔顿铁路公司所采用。

把相似的项目集合在一起导致需要把整张表按照系统的顺序编组,特别是对于资产项目,通常使用的系统顺序是按照其转换为现金的容易程度排序,或者说,资产是按照流动性排序的。在资产顶端的是现金,它的流动性是完美的。而在资产的底端,是那些根本不可能变现但企业仍继续持有的资产,如铁路的路基或者工厂的商誉。但是关于适当的顺序到底是从流动资产到固定资产还是从固定资产到流动资产存在着分歧。具体来说,问题就是资产的列示是应该从现金开始,还是应该到现金结束。

支持将现金列示在资产第一项的观点或许有点强迫的意味,因为它建立在一种错误的假设上,即现金在任何情况下都是最重要的项目。这种观点在某些情况下是正确的。例如,一家商业银行,其库存现金是最重要的资产,显示了一个银行应对突然挤兑的能力。甚至认为现金比同类的任何其他项目都重要也是对的,但是在一家铁路公司,认为相对小额的现金比大额的固定资产更重要显然是一种曲解。甚至一家保险公司上百万的投资必定比其现金更重要,因为,与银行不一样,保险公司的需求是给予时间将资产变现。国外会计实务认识到了现金在不同情况下其重要性的差异。因此在奥地利和德国,银行的资产负债表一般都把现金列为资产的第一项,而工业企业则将现金列在表中更靠下的位置。在英美则相反,很少见到将现金列为资产第一个项目的银行或者其他公司。

严格的一致性使负债也要进行类似于资产的编组。为方便检阅,当然需要类似的资产和负债列示在彼此相对的位置。现金自然与需要马上支付的负债比较。然而,奇怪的是,一些把现金放在资产的第一位的会计师并没有改变资产负债表另一边(右边)项目的传统顺序,反而把永久性的资本项目列在开头。这导致了现金和股本的并排列示,而这两个项目在一个成长中的企业却最不可能相互联系。或者可以不坚持把现金放在第一位。即使在银行报表中,也有人习惯于将资产列的最后一项看做是最重要的。但是确定的是,都强烈反对把资产负债表的两边按照不同的顺序排列。有时候这方面的一致性也出现在资产负债表中。例如,美国新泽西地区电报公司,它的资产负债表中资产按照从现金到固定资产的顺序列示,而负债则从应付票据开始到资本及盈余结束。

资产负债表格式的另一种差异是英格兰规定属于其国会的公司使用所谓的双账户资产负债表。举例如表 20 所示。

表 20

资 本 账 户

借方		贷方	
厂房成本	£195 000	股本	£100 000
余额	5 000	公司债券	100 000
	£200 000		£200 000

总资产负债表

负债		资产	
资本账户,余额	£5 000	材料等	4 000
应付票据	10 000	现金	6 000
利润和损失	3 000	应收账款	8 000
	£18 000		£18 000

值得注意的是,资产负债表严格意义上并不包括所有未缴资本,而是仅仅包含收到的那部分资本,包括从长期负债中收到但并没有用于取得公司厂房的资本收入。资产负债表本身也不包含资产列中的厂房。这类信息通常从作为补充的资本账户中获得,其(资本账户)余额作为一项负债被带到一般资产负债表中。

这种特殊的安排源于法律要求这类公司提供其资本账户所收到的资金——即,是来自股东的认购额还是出售债券等——这些资金可能被单独用于投资公司厂房,而复式账户资产负债表就是为了显示这一要求在多大程度上得到了满足。这种格式(资产负债表)在美国的会计实务中很少使用,但是艾奇逊-托皮卡-圣菲铁路公司的报告中实际上使用过这种格式,该报告见第44页。

该报告列示的资产负债表如果以普通的英国形式列示,则如表21所示。

表21   资产负债表

资本和负债		资产	
股本	£100 000	厂房成本	£195 000
公司债券	100 000	材料,等	4 000
应付票据	10 000	应收账款	8 000
利润和损失	3 000	现金	6 000
	£213 000		£213 000

讨论厂房价值缩水导致利润受影响的话题时,这一点就会显示出来,即双账户形式的资产负债表可能对账户的法律解释产生相当大的不利影响。有观点认为,将资本放在一个独立账户中,涉及一项原则,即其(资本账户)中的变化不影响资产负债表上的利润和损失账户。当这种推论的合法性可能被质疑时,以下观点就是正确的,即资本账户将"资本资产"和"资本负债"分离容易被(人们)认为两者事实上是孤立的,并导致一些影响深远但在另外情况下绝不可能发生的结论。

另外一个关于资产负债表格式的问题是,某些项目是作为(资产负债表)一边的增加项列示更好,还是作为另一边的减少项列示更好,这在实践中非常重要。这个问题最好在讨论资产负债表两边不同类别账户的特点之后再考虑。

借方有如下项目:

(1) 资产。它是指任何类别的资产,包括资产的任何分类,如资本资产、流动资产、无形资产等。

(2) 损失。它是指公司出现净亏损。

(3) 估价账户的借项。

贷方有如下项目:

（4）资本。严格意义上讲，是指股东或所有者的出资额。

（5）利润。广义上是指原始资本的累计或增值，可被分为不同的分目，如盈余、公积金、未分配利润等。

（6）负债。严格意义上是指公司应付的债务。

（7）估价账户贷项。

在以上分类中，（1）和（6）比较容易被确认为"财产"账户，分别是财产的正项目和负项目；而（4）（5）和（2）是所有者权益账户，最后一个是负项目，其他都是正项目。

这些大家都已经比较熟悉，但是剩下的两组（3）和（7）需要进一步地描述，这些账户可以被称作估价账户，采用的是德国术语，因为英国术语没有得到确认。它们可以定义为为技术目的而引入，以表明一定金额将从某个其他账户中减去而设定的账户。在代数学上，它们相当于一个负项目，通过一个转换符号转移到等式的另一边。因而，在等式：$4x - 2x = 5y - 4y$ 中，项目 $2x$，$4y$ 显然将分别从 $4x$，$5y$ 中被减去。但是如果表达成下面的形式，等式仍然成立：$4x + 4y = 5y + 2x$，这个等式中的 $4y$ 和 $2x$ 分别相当于估价账户的借项和贷项。因此，它们并不代表独立的价值，仅仅代表将从等式另一边被故意高估的项目中减掉的金额。

这和已经解释过的实践非常一致。可见，费用在逻辑上最终是所有者的资本账户的减项，或者从利润和损失账户中直接减掉。但是并非每一项费用都是立即记入利润和损失账户的借方，而是被临时放在特定的费用账户中。但是这些负的所有者权益类账户一般是临时的。在编制最终的资产负债表之前，这些项目与其他项目一起通过转入利润和损失账户而消失。只要费用账户借方有一个余额，就说明在某种程度上，利润和损失账户或所有者权益账户显示的金额是错误的，因为还没有减去这个必须扣除的项目。不同的估价账户在来源和目的上类似但在永久性特征方面又不同。

最简单和最典型的估价账户是折旧账户。企业年初购买一台价值

$10 000 的机器,它通常被借记到机器账户,并被列在资产项目中。但是机器价值在当年会因为磨损和消耗而下降,机器并非如账户上所显示那样值 $10 000,而是只值 $9 000。正确的会计处理需要将这一变化列示为就像从 $10 000 的现金余额中支付了 $1 000 一样。反映该(机器)价值下降的最简单、最直接,但不一定最好的方法是将 $1 000 的折旧额记到机器账户的贷方,从而将有效余额减至 $9 000。但是,也可以这样处理费用项目——即不直接把这个必须减除的数额从被减账户中减去,而是建立一个独立的账户,专门记录这些减数。如果这样的话,替代账户如表 22 所示。

表 22　　　　　　　　　　　**机 器 账 户**

借方		贷方	
成本	$ 10 000	折旧	$ 1 000
	——	余额	9 000
	$ 10 000		$ 10 000
余额减少至	$ 9 000		

分类账显示如表 23 和表 23-1 所示的两个账户。

表 23　　　　　　　　　　　**机 器 账 户**

借方		贷方
成本	$ 10 000	

表 23-1　　　　　　　　　　　**折旧账户**

借方	贷方	
	机器	$ 1 000

这些账户与费用及负所有者权益账户的相似性是明显的。但是,当费用账户在年末从分类账中消失,转入利润和损失账户时,估价账户超过分类账结转期限却仍然存在。它(估价账户)好几年甚至从来都不可能结转入其被减账户。因此,当编制正式的资产负债表时,估价账户必须看做分类账余额。所有估价账户的借项在特征上是类似的,其反映了将从资产负债表负债那一边的某个项目减掉的金额。代表没有发行的股票或债券的

项目,或者反映股本发行折扣的项目,就是这方面的例子。

以上提到的格式问题涉及这些估价账户的处理。问题的关键是估价账户是否应该作为独立项目出现在资产负债表上,或者它们(估价账户)所代表的抵减项是否应该被更清晰地反应。在前述案例中,分类账包含两个账户,而不是将机器折旧直接记入机器账户的贷方,这种做法是令人满意的。但是这并不决定资产负债表将采用哪种格式,所以对于表24、表25两种格式的选择仍然是有争议的。

表 24　　　　　　　　　　　**资 产 负 债 表**

借方		贷方	
机器	$ 10 000	股本	$ 19 000
其他资产	10 000	折旧	1 000
	$ 20 000		$ 20 000

表 25　　　　　　　　　　　**资 产 负 债 表**

借方			贷方	
机器			股本	$ 19 000
成本	$ 10 000			
减:折旧	1 000	9 000		
其他资产		10 000		——
		$ 19 000		$ 19 000

虽然实务无法统一,但是在一个账户明显地具有估价账户特点的情况下,允许抵减项在某种程度上以其所暗示的方式出现在资产负债表中的做法更好。这避免了将估价账户误认为其他类别账户的风险,这种误解可能导致对企业现状的彻底误解。折旧和股本折扣账户在这里作为典型的估价账户被引证,不过,还有很多其他账户也可以归为此类。

资产负债表的目的是双重的。它主要反映企业的财务状况,提供有关其偿债能力的信息,以及在某种程度上反应企业已经创造的利润。第一个目的是最显而易见的。资产负债表反映了企业的某个横切面,其代表特定时点的现状;它表面上反映资产和负债,而非收入与费用。但是资产负债表在反映利润方面并非没有价值。资产负债表通常按年度编制,通过比较,其至少可用来反映当期的收益流以及编制时点的财务状况。实际上,一些会计学者,如雷姆(Rehm),认为资产负债表的首要功能是反映年度利润,并且作为股利发放的依据。它甚至呈现出这样一种格式,不仅反映去年的利润,而且反映利润的分配。这可以通过 50 页德国资产负债表的方法做到。某种程度上,相似的处理存在于很多英国公司的资产负债表中,如 J & P 制衣有限公司。

不管资产负债表因何种用途而设计,有一点很明显,那就是它应当尽可能正确地反映事实。相关法规在这方面制定了很高的标准。因此,英国公司法规定编制资产负债表是为了真实、准确地反映公司事务的状况;德国的商业法规对于编制不真实、不清晰的资产负债表制定了严厉的惩罚措施。然而,会计人员通常质疑资产负债表绝对准确的可能性。因此,迪克西(Dicksee)说:"资产负债表与其说是客观事实的陈述,倒不如说是主观意愿的表达。"另一位会计学者也说:"不超过百分之十的资产负债表项目经得起或可能经得起绝对严格的检验。"

不清晰和随之而来的对于资产负债表的误解可能源于很多原因,主要原因如下:①会计本身即是建立在估计的基础之上,因此不可能完全避免错误。②虽然被广泛使用,但是专业术语仍具有模糊性,技术词汇仍然有被误解的倾向;③董事或者高级职员对于公司状况有目的地误报。

(1) 会计的不确定性不可能完全避免。这主要与资产估价有关。很多情况下,没有外部的价值标准,也无法防止错误的估价。这个主题将在资产及其量原则一章讨论。

(2) 术语的模糊性增加了清晰呈报的难度。一些专业术语,如准备金、库存股、调整账户,以及其他专业术语被不同的公司以完全不同的含义使用,并且被法院和不同的教科书作者赋予分歧极大的定义。不幸的是,目前还没有可接受的权威可以解决此类申诉。

性质上差异巨大的项目在资产负债表中被列示在一起,增加了资产负债表被严重误解的可能性。代表损失或者费用的借方项目可能与资产混淆。同时,贷方栏包含了完全相反的项目,如收益和折旧——显示资产价值增加的项目和表明资产价值下降的项目。完全一样的术语可能用来表达这两类项目,因为两者通常都涉及所谓的准备金账户。州际商务委员会对于铁路会计统一的规定将会带来很多好处。采取更大范围的行动确保会计专业术语明确、统一,对国家公共会计人员是有益的。

(3) 资产负债表中的故意误报一部分是通过有意利用刚才提到的固有困难而实现的,一部分是通过更明显的虚构实现的。后者不言而喻。如果有一家公司只有 1 万美元现金而谎称有 10 万美元,不了解会计原理也可以揭露其真相。更隐晦的是那些不明显的误报。有时故意将特定项目组合在一起就可以掩饰真实的状况。因此,如果一个公司拥有100 美元的政府债券和 100 000 美元高风险公司的债券,该公司会将其列示在"政府和其他债券"科目下,或者把债券和股票一起列为"债券和其他投资"。

更加恶劣的是将负债从资产中直接扣除的情况,如资产负债表不单独列示应收票据和应付票据,而是反映前者超过后者的部分;或者在部分付款的情况下,只反映不动产的权益,而不是成本以及买价中的抵押贷款。甚至不合理的账户分类也被用作一种手段,以掩饰一家公司在单一产品类别上进行了过多的投资。一个令人震惊的例子发生在莱比锡(Leipziger)银行灾难性的失败上,该银行把它对一家工业公司的贷款分割在各种不同账户上,试图掩饰其涉入这家耗资巨大的公司的程度。

对于在资产负债表上的故意错报,外部使用者根本毫无防备。但是假设所有的金额都被正确反映,并且没有过度陈述,信息使用者仍然要防备错误的理解。要确保模棱两可的项目名称被正确地理解,并且没有将性质相反的账户混淆。对于这个问题,最重要的帮助是对估价账户进行仔细说明,然后,对于资产负债表以及与之伴随的其他报表进行进一步检查才成为可能。理论上和实践上的难点与实质而非形式有关,这将在随后的众多章节进行讨论。

必须注意的事实是,会计师和律师已经在下列两种行为上进行了明确的区分,分别是将公司置于更有利角度的错误呈报行为和低估公司财务实力以及利润的错误呈报行为。从某种程度上来说,前者是欺诈的表现,后者几乎是一种优点。它足够提醒人们注意前面讨论到的和秘密准备相联系的话题。

为了说明在会计实践中发现的格式上的不同,下面给出了不同公司的资产负债表,如表 26 至表 33 所示。描述性的注解将在 51 至 52 页中阐明。

表 26   **州际商务委员会建议的资产负债表格式**

(试用资产负债表)

以前年度	资产		本年度	以前年度	负债		本年度
	资本化资产:				资本:		
	道路成本				普通股		
	设备成本				优先股		
	其他财产成本				——股票		
	有价证券成本				长期借款		
	总资本化资产				未设基金的其他长期负债		
	因收益而增加的资产:				租赁资产的资本负债		
	道路						
	设备						
	其他财产						
	有价证券						
	因收益而增加的资产总额						
	租赁资产						
	总资本化资产				总资本负债		
	递延资产和其他资产:				递延负债和其他负债:		
	流动资产或运营资产:				流动负债或营运负债:		
	利润和损失				利润和损失		
	合计				合计		

余额 1 901. 06. 30		资　产		余额 1 902. 06. 30
$412 361 783.19		铁路、特许经营权和 　其他资产,包括股 　票、债券等(表A) 本期在建工程和设备 　支出(表B)		$418 982 696.40
	$1 887 595.14 460 611.34 1 028 172.40	更新改造 扩建 设备	$2 723 775.51 656 172.99 7 226 772.68	
3 376 378.88				10 606 721.18
3 803 278.10		对其他公司投资 　　(表C) 纽约证券和信托公 司,受托人: 信托基金中的现金和 　有价证券		10 321 617.75
189 669.86				
$419 731 110.03		余额结转		5 073 804.67
				$444 984 840.00
4 495 870.03		资本账户余额 持有有价证券(表D)		
	$2 898 496.26 577 126.51	公司证券 其他证券	$2 895 896.26 357 066.66	
3 475 622.77				$3 252 962.92
2 293 276.35 32 156.03		材料及物料 预付保险费 纽约共同信托投资基 　金公司,受托人: 一般抵押条款保证金 纽约信托公司保证 　金: 燃油储备基金保证 　金		3 403 026.86 32 019.98
242 958.00				252 975.50
257 447.24				548 032.72
	$1 387 659.94 380 822.09 503 125.97 3 270 427.68	应收账款: 交通费 代理费 美国政府 杂费	$1 457 105.87 372 429.30 409 899.80 4 524 173.36	
5 542 035.68				6 763 608.33
5 739.54		前期清算账户		1 276.06
9 484 200.69		现金: 库存现金和银行存款		20 544 405.62
$25 829 306.33				$34 798 307.99

表 27　　　　**艾奇逊-托皮卡-圣塔菲公司一般资 产 负 债 表**

（续表）

余额 1 901.06.30		负　债		余额 1 902.06.30
$102 000 000.00		股本： 　普通股 　优先股 　减:特殊信托 　基金金额： 　购置辅助线 　　$ 10 800 000.00 　改良和扩建等 　　6 486 470.00	131 486 000.00 17 286 470.00	$102 000 000.00
114 199 530.00				114 199 530.00
	$ 138 727 500.00	长期债务： 　一般抵押债券,4% 利率	138 728 500.00	
	51 728 000.00	调整抵押债券	51 728 000.00	
		系列债券,4%利率	30 000 000.00	
		芝加哥和圣路易斯铁 路公司第一期抵押债		
	1 500 000.00	券,6%利率	15 000 000.00	
		购买设备的债券,5%		
	250 000.00	利率		
		旧金山和圣华金河谷 铁路公司第一期抵押		
	6 000 000.00	债券,5%利率	6 000 000.00	
	830 210.00	其他债券	828 810.00	
199 035 710.00				228 785 310.00
4 495 870.03		余额结转		
$ 419 731 110.03				$ 444 984 840.00
		资本账户余额：		$ 5 073 804.67
$ 1 239 309.18		特别改良基金		367 079.52
582 747.39		全部车辆置换基金		211 687.57
321 860.83		铁轨更新资金		366 781.16
59 412.56		轨枕更新资金		
		燃油储备资金： 艾奇逊-托皮卡-圣菲		
	$ 239 386.58	铁路公司	$ 489 834.90	
	18 060.66	切罗基和匹兹堡公司	58 197.82	
257 447.24				548 032.72
844 290.70		应计未付税费		953 103.64
		长期负债利息：		
	$ 3 115 305.00	应计未付利息	$ 3 512 275.00	
	193 630.00	未到支付期的票面利息	201 160.00	

余额 1 901.06.30		负 债	余额 1 902.06.30
3 308 935.00			3 713 435.00
		应付账款:	
	$1 807 310.16	工资单	$1 954 254.70
	2 428 257.98	应付支付凭单	3 637 781.11
	1 488 466.99	交通费用余额	1 452 391.22
	139 911.83	其他	272 162.34
5 863 946.96			7 316 589.37
268 616.06		前期清算账户	220 379.11
		利 润 和 损 失 账 户:	
		盈余	
13 082 740.41			16 027 415.22
$25 829 306.33			$34 798 307.99

表 28　　　　　　　　　　**英国银行的资产负债表①**

1908.06.30

负 债			资 产		
借 方	£	s d	贷 方	£	s d
活期存款和定期存款	27 281 015.0	1 8	库存现金和英格兰银行		
旅行支票,委托贷款和坏账准			存款	3 926 404.1	08
备等	851 569.0	6	短期放贷	7 767 275.0	0
承兑	878 105.8	3	政府债券	3 885 000.0	0
背书负债(向顾客兑现的票			殖民地政府债券、英国公司		
据)	2 476.1	3 9	股票和其他投资	475 415.1	2 5
资本,分为 140 000 股,每股			已贴现票据,贷款和其他		
£100,只支付£20,总额	2 800 000.0	0	账户	15 816 118.1	3 0
盈余公积金	1 400 000.0	0	客户承兑负债贷方	878 105.8	3
政府证券减值账户	100 000.0	0	客户背书负债贷方	2 476.1	39
未分配利润的余额,1907 年 12			银行房产	794 032.1	0 9
月 31 号	$47 211.0	51			
上半年的净利润	184 450.1	97			
	231 662.4	8			
	£33 544 828.8	1 0		£33 544 828.8	1 0

---

　　①　在 1971 年实行币值十进制之前,英国实行的是旧的货币体系,表中£,s,d 分别代表"英镑""先令""便士",其换算标准是:1 英镑等于 20 先令,1 先令等于 12 便士。

表 29

精简的资产负债表 1907 年 12 月 31 日

资产

不动产
自有不动产和 Sevral 公司资产在 1906.12.31 的余额 $1 378 185 605.07

1907 年增加额
Loal. Iron & RR 公司的资产 $48 961 208.83
1907.11.1 固定资产的成本
11 月和 12 月的工程扩建 984 886.74
                          49 946 095.57
1907 年新增不动产扩建 65 996 365.72
                          614 722.63
                     1 494 742 788.99

减:
债券偿债基金 $572 500.00
折旧、消耗和重置基金 $4 680 421.03
用盈余公积支付的资本性支出基金 $53 949 799.46
                          $59 202 720.49
                          $1 435 540 068.50

煤矿开发成本，建筑房产投资：
1906.12.31 余额 $5 722 340.61
1907 年净增加额 4 575 041.26
                10 297 381.87

递延费用
预付矿区土地使用费、开发费及其他费用 $6 204 733.85
减:用于补偿可能无法收回费用使用矿区预付款 2 500 000.00
                          3 704 733.85

投资
外部不动产和其它财产 1 717 119.87

负债

美国钢铁公司股本
普通股 $508 302 500.00
优先股 360 281 100.00
                  $868 583 600.00

非美国钢铁公司持有的子公司股本
债券 701 810.00

美国钢铁公司债券，
50 年，5%利率 303 957 000.00
美国钢铁公司债券，
10～60 年 5%利率 200 000 000.00
                  503 957 000.00

减:已赎回并由偿债基金
受托人持有的债券 23 758 000.00
未偿还余额 480 199 000.00

子公司债券
(美国钢铁公司担保) 48 036 000.00

子公司债券
(非美国钢铁公司担保) 79 716 904.13
                  127 752 904.13

减:已赎回并由偿债基金
受托人持有的债券 7 801 000.00
未偿还余额 119 951 904.13

债券，(伊利诺伊钢铁公司 34 366.66
                  600 185 270.79

因资本化支出而产生的资本性负债
子公司债券，未包含在该资产负债表
的资产或负债中 $10 222 000.00

抵押借款和购买子公司产生的货币性义务
抵押借款 2 135 240.38
购买子公司产生的负债 3 258 700.65

资产

偿债专款资产和储备基金资产		
债券偿债基金及信托机构持有的现金	$444 200.88	
应急基金及杂项资产	1 215 522.85	
保险基金资产	4 120 158.63	
折旧和偿债基金资产（按市值）	10 741 977.19	
专项建设基金投资（按市值）	15 920 542.14	
		32 442 401.69
流动资产：		
存货*	$136 188 874.28	
应收账款	58 398 454.36	
应收票据	10 193 706.91	
代理人的余额	835 269.33	
各种有价证券	8 831 154.32	
抵押贷款	6 000 000.00	
现金：		
库存现金和定期存款	51 222 395.07	
可随时提现现的存款	2 741 453.81	
		53 963 848.88
		274 411 308.08
		$1 758 113 013.86

负债

流动负债		
应付工资	22 506 488.45	
应付票据	1 052 747.59	
应付给雇员或其他人的专门存款	1 057 495.58	
应计未付税金	3 736 747.80	
应付未付利息	7 863 913.57	
优先股股息	6 304 919.25	
普通股股利	2 541 512.50	
		45 063 824.74
总资本和流动负债		$1 519 988 446.56
偿债基金和储备基金		
偿债基金，折旧和重置基金	41 360 655.19	
一般偿债基金	3 923 814.96	
专项建设基金	26 051 242.62	
应急基金和其他经营基金	7 991 275.89	
保险基金	4 648 358.57	
		83 975 347.23
应计债券偿债基金		31 503 976.45
美国钢铁公司及其子公司未分配盈余		
资本公积	25 000 000.00	
盈余公积	69 736 490.77	
总盈余（扣除子公司存货方面的内部利润）	94 736 490.77	
子公司未分配盈余（代表产品和材料销售给其他子公司而后者仍持有的存货所产生的利润）	27 908 752.83	
		122 645 243.62
		$1 758 113 013.86

*存货计价包括子公司材料或产品销售给其他子公司但后者未处置存货（购买材料或产品的子公司）未处置存货而形成的利润，这些存货抵减特定的盈余账户。然而，所有存货的总价值是低于当期市场价格的。我们已经审计了上述资产负债表，我们认为该表在反映美国钢铁公司及其子公司在1907年12月31日的财务状况方面是恰当的。

普华永道会计师事务所
审计师

纽约，1908年3月7日

表 30　　　　　　　　　　　**详细的国家银行资产负债表**

资源		负债	
贷款和贴现	$ 20 722 771.09	实缴股本	$ 300 000.00
透支额	92.78	盈余资金	6 000 000.00
美国流通保障债券	50 000.00	未分配利润减当期费用和	
美国存款保障债券		税金	1 000 432.18
库存美国债券		未支付的国家纸币	
美国债券溢价		未支付的州纸币	10 860.00
股票,有价证券等	2 382 401.16	应付其他国家银行款项	5 613 174.42
银行房地产,家具和固定设备	250 000.00	应付州银行及银行家款项	1 541 449.56
其他不动产和拥有的抵押物	24 219.85	应付信托公司和储蓄银行	
应收其他国家银行款项	2 384 091.68	款项	942 453.63
应收州银行和银行家款项	377 480.45	应付储备银行款	
应收储备银行款		应付股利	1 125.00
国内印花税		个人存款	21 076 808.78
支票和其他现金项目	261 492.89	保付支票	436 147.52
票据交换所交易	2 823 723.02	州联邦储蓄	
其他国家银行票据	5 500.00	美国支付官员存款	
辅币、五分币和一分币	15 920.00	再贴现票据	
硬币	4 372 319.00	应付票据	
法定货币	2 516 247.00	其他负债	
美国存款单	700 000.00		
美国司库货币兑现基金			
应收美国司库	36 192.17		
总额	$ 36 922 451.09	总额	$ 36 922 451.09

表 31　　　　　　　　　　　**简化的国家银行资产负债表**

资源		负债	
贷款和贴现	$ 20 722 771.09	股本	$ 300 000.00
美国债券	50 000.00	盈余资金	6 000 000.00
其他债券和股票	2 382 401.16	未分配利润	1 000 432.18
银行房地产和不动产	274 219.85	未支付的州纸币	10 860.00
应收其他银行款项	2 767 072.13	储蓄存款	29 611 066.13
票据交换所交易等	3 121 408.08		
持有现金,即:			
硬币　　$ 5 088 239.00			
法定货币　2 516 247.00			
	7 604 486.00		
	$ 36 922 451.09		$ 36 922 451.09

表32　　　　　　　　　　　　德国制造公司的资产负债表

积极的账户（Active）　　　　　　　　　　　　　　　　消极的账户（Passive）

1. 不动产	M.	M.			M.
1901年1月1日总额	299 227.61		13. 股本		900 000.00
1%折旧	2 992.28		14. 抵押借款		174 047.23
	296 235.33		15. 应付账款		39 967.83
1901年增加额	957.44	297 192.77	16. 贷方杂项		123 694.98
2. 机器和设备			17. 德克瑞德账户(坏账准备)		4 000.00
1901年1月1日总额	118 648.61		18. 准备金账户		50 958.16
1%折旧	11 864.86		19. 利润和损失	M.	
	106 783.75		1900年余额	17 119.33	
1901年增加额	3 534.82	110 318.57	1901年利润	100 612.09	
3. 工具等		1.00	减值	14 857.14	
4. 专利、版权和模型等		1.00		85 754.95	102 874.28
5. 产成品		450 872.26	净利润分配：		
6. 原材料		228 773.23	准备金 5%	4 287.75	
7. 应收账款		225 751.14	股利　9%	81 000.00	
8. 借方杂项		39 169.75	向股东分配5%	2 273.36	
9. 汇票		12 814.13	新账户余额	15 313.17	
10. 现金		30 648.63			
		1 395 542.48			1 395 542.48

表33　　　　　　　1862年公司法中表A规定的资产负债表

借方　　　　　　　　　　　　　　　　　　　　　　　　　　　　　　贷方

	资本和负债			财产和资产	
Ⅰ资本	反映： 1. 股份数量 2. 每股缴纳金额 3. 如果有欠款,欠款的性质及违约者姓名 4. 主动放弃股份的详细情况	£·s·d	Ⅲ公司持有财产	反映： 7. 不动产,区分:(a)可终身保有的土地;(b)永久产权的建筑物;(c)租赁建筑 8. 动产,区分:(d)存货;(e)设备; 列示的成本要扣除记入准备金或损益的减值。	£·s·d
Ⅱ公司负债	反映： 5. 抵押贷款或信用债券的金额 6. 公司所欠负债的金额,区分——(a)已经承兑的债务;(b)因存货供应对零售商的负债;		Ⅳ公司拥有的债权	反映： 9. 公司持有票据或其他担保物的良性债权 10. 没有担保的良性债权	

资本和负债			财产和资产	
	(c)法律费用负债； (d)信用债券或其他 贷款利息；(e)无人 要求的股利；(f)其 他负债	£·s·d	11. 坏账 应收公司董事或其 他高级职员的债权 应单独列示	£·s·d
Ⅵ准 备金 Ⅶ损益	反映： 从利润中提取的用于意 外事故的金额 反映： 可供支付股利的余额等		V 现金和 投资	反映： 12. 投资的性质和利率 13. 现金数额，存放何 处，是否有利息	
或有 负债	公司未确认债务的索 偿权 公司偶发性地负有义务 的资金			

资产负债表格式的注解：

表 26——这张表遵循资产的传统排列，从固定资产开始，以流动资产结束。然而，值得注意的是，其试图区分用股票和债券所得买入的资产和通过收入获得的资产。这在某种程度上与英国使用的双账户格式是一致的。其对租赁资产的特殊处理也值得注意。

表 27——这张资产负债表采用了双账户形式，但是其并非完全按照国会公司的报表传统将(资产和负债)两部分分别置顶。值得注意的是，为了方便比较，引入了前一年资产负债表的数额。

表 28——这张伦敦和威斯敏斯特银行的资产负债表不仅把资产项目按照流动性由强到弱排列，而且从逻辑上把负债也按照相似的方式排列。其他特征：未支付的资本的处理方法，反映因背书而产生的负债等，并将政府证券减值以及银行房产注销金额分开反映的方法。

表 29——这张资产负债表有许多有意思的点：将钢铁公司及其子公司的资产和负债合并到一张报表中，对折旧的处理，区分不同的准备金及其相应资产，以及对偿债基金的处理等。

表 30 和表 31——这两张资产负债表代表了纽约国家化工银行的状

况。第一张表设置货币监理官并由其发布年度报告。第二张表是一张简化表,作为广告出现在商业和金融编年史中。数据的不同是因为在简化表中舍弃了透支额而只显示了净额。严格地说这是不正确的。它涉及资产和负债的抵销,这与资产和负债都必须全额反映的普遍原理是相悖的。但是其涉及的金额小为这一遗漏提供了足够正当的理由。

表 32——这张表是一张典型的德国的资产负债表。特殊之处是:资产列示从固定(资产)到流动(资产),包含以名义价值"1"表示的不可变现资产,也包含损益利润和损失账户的许多详细信息。项目 17"Delkredere Account"是一个在英语会计文献中很少用到的术语,但是,偶尔还是会用到。它表示"坏账准备金"或某些类似的不确定资产。

表 33——这张表毫无疑问对英国会计实务有很大的影响。因为它已强制使用很多年,所有公司并没有采用其他的条款。英国将资产放置在右边的惯例很大程度上来自这种法律形式。然而,在 1906 年表 A 修正后,这种特殊格式(报表)就不再是法定的。其他值得注意的点:关于股票发行和支付的细节,增加或有负债作为资产负债表的适当补充,将项目分为七类,且排列资产时将现金列为最后一项。

第 3 章参考文献

Broaker, Chapman. The American Accounttans' Manual. Ⅰ, pp83 - 108. New York, 1897.

Charpentier J. Etude juridique sur de bilan dans les societies par actions. Paris, 1906.

(全面介绍了法国法律和惯例,还包括相关书目)

A Chartered Accountant. How to Understand the Balance Sheet. London, 1903.

Gough T H. Balance Sheets and How to Read Them. London, 1906.

Keen F N. The Balance Sheet of a Limited Company. Accountant, XXIV, p. 399.

Lisle G. Balance Sheet. Article in Encyclopadia of Accounting. Ⅰ, p. 203.

—Accounting in Theory and Practice. pp. 69-82. Edinburgh, 1903.

Pixley F W. How to Read a Balance Sheet. Accountant, XXXV, p. 511. (特许会计师协会前任主席的一篇很有价值的论文)

Rehm H. Die Bilanzen der Aktiengesellschaften. Munich, 1903(该学科最全面的著作, 涉及德国法律细节)

Simon H V. Die Bilanzen der Aktiengesellschaften. 3te Aufl. Berlin, 1899. (一部与 Rehm 著作类似的著作,尽管不够全面,但是对一般会计学学生更有价值。同样涉及德国法律,其理论问题的探讨具有普遍意义)

Vigeon H. Balance Sheet. Accountant, XXV, p. 29.

不同格式资产负债表及其关键评论见《Encyclopadia of Accounting(会计百科全书)》. VIII, pp. 249-326.

第4章 资产及其计量原则

前面章节表明,分类账应进行适当结转,以消除费用和其他损失项目,资产负债表的左边只包括两类项目:①反映资产的项目和②反映估价账户的项目——估价账户是技术性账户,其目标是反映应从资产负债表另一边列示项目中减去的项目。但是第二类账户通常数量较少,而且,在更被认可的资产负债表中,估价账户也会从资产负债表的左边消失,列示在右边的内部栏,外部栏则显示扣除(估价账户)所反映金额后的余额。那么,在大部分情况下,资产负债表的左边栏就只包括资产类项目,除了这些资产项目外,几乎没有其他账户。根据其特征,该栏通常被称为"资产"或"资源"。

但是当负项目(不论其代表的是实际的损失,或者仅仅是技术上的估价账户)罕见地出现在一份已经编制好的资产负债表上时,将这类项目与资产类项目适当区分就很重要。没有做这种区分就会导致对公司账户的错误呈报和误解。因此,一个给定的金额,如价值 50 000 美元的无争议资产,在资产负债表中可能会出现另一个价值 10 000 美元的不确定的项目。如果经验证明它所代表的是商品,那么该公司就拥有了价值 60 000 美元的总资产来为债权人担保以及为股东提供保障。但是如果这 10 000 美元的项目仅仅是一个估价账户,或代表了一项损失,那么把它加到资产中去就会造成严重的错误,因为这项额外资产的错误估计可能会误导债权人和投资者。通常,损失项目进入资产负债表会以一些不带感情色彩或误导性的名称来命名,这样就很容易引起对公司真实状况的错误理解。在一个生产收割机的制造业公司的资产负债表中会出现以下项目:移动账户,机器账户,花费在自动割捆机上的原材料和人工,装订厂账户。在上述案例中,法院判决这些项目所代表的是一项费用而非一项资产,案例中的这种混淆相当于有意地欺骗公司的债权人。对于一个解释资产负债表的人或者是一个以编制资产负债表为职责的人来说,首要的职责就是恰当地区分在分类账上出现的资产和负债项目,如果没有正确地处理好这项工作,那么负债项目将可能以资产的形式出现在好公司资产负债表的借方。更好的规则是把它们(负债项目)从资产负债表的资产那边剔除,但是由于一些原因,这种做法没有实施,但它们被如此标记和区分以确定它们的真实属性是非常必要的。

要想做出恰当的区分,难度更大,因为资产负债表上的分类账仅仅是一种摘要和概括,并不能直接作为一个指引。最初的交易是支付现金以得到服务或原材料。现金减少了,要恰当地贷记现金账户,同时借记其他特定账户,如上例中提及的“装订厂账户”。但是无论这项支付是一项损失业务或是一项交换业务,也无论“装订厂”账户借记的金额代表的是一项费用或是一项资产,其账务处理都可能是同样且合法的。恰当的账务处理决策也不能基于是否存在真实的原材料采购行为这个原始事实。在会计中,为了方便,一方面把用于采购文具、燃料、石油、原材料或需要替换的设备款项记入当期费用是符合惯例的;另一方面,一些确定的支付,如工资、利息,其在交换中不会得到任何有形资产,有时按法律规定将它们作为一些有形资产或无形资产的成本。确定一项付款到底是一项费用(损失或“负所有者权益”交易)还是一种获得等价资产的手段是一个基础性的问题,但有时也是一个难以决策的问题。无论如何,它最初都会以某个账户借方记录的形式出现在账簿中,因此,最终会在资产负债表的借方项目中出现。此时,混淆可能产生于有目的的欺骗或者对模棱两可或者有疑问的标题的误解。

在铁路会计中,对这两类业务做出区分的难度是非常大的。就使用技术性术语而言,有一个永远重复出现的问题,那就是对于一项给定的支出到底是收益性支出还是资本性支出,它是应该记入营业费用还是应该记入建筑账户。如果它被认为是一项收益性支出,那么它就会被当作抵减收入的费用,进而会减少净利润。如果是它被认为是一项资本性支出,那么将会借记建筑账户(一个代表公路成本的账户),所支付金额的等价物因而转入资产负债表的资产中。

为了恰当地对资本性支出和收益性支出进行区分,现今至少存在三种理论:

(1) 最为广泛接受的做法是,如果到目前为止这项交易会增加公司价值,而且这种增加是重大的和长期的,那么这种增加就应该记入建筑账户。(见麦金托什诉弗林特和皮尔·马凯特铁路公司(Mackintosh v. Flint & Pere Marquette RY. 34. Fed. Rep. 609)。或者正如在哈伯德诉韦尔(Hubbard v. Weare)案件中明确提出的那样:"已经对外付出的钱不能将其认定为一项资产。如果是花在现有财产上,且这种花费提高了总资产的价值,那它就应包含在资产价值中。若这种花费不会带来任何资产,也未增加任何现有资产价值,那么它就是一项损失,并不应该确认为资产。"(79 La. 678)

(2) 一种更为极端的观点就是如伍德洛克(T. F. Woodlock)所说的:"按照铁路行业最近的实践来看,一项增加额既不会增加收入又不会减少支出,不能当作一项完全的资产。那种仅仅试图保持公司现状而非使公司增长的增加,应作为营业费用的减项。"①

(3) 另一种极端的观点就是罗德·凯拉希(Lord Kyllachy)在考克斯诉爱丁堡和区有轨电车有限公司案件(Cox v. Edinburgh and District Tramways company ,Lim,6 S. L. T. 63,[1898])中所陈述的那样,如果一个公司得到了改善,即使这是由于新公司代替旧公司所造成的,那么新公司的全部成本(不仅仅是新公司超过旧公司的价值)应该记入建筑账户。

---

① 《工程杂志》,xi, p. 241。

在这三种观点中第一种不仅仅最被普遍接受,而且看起来似乎也与会计原则最一致。此外,它已经被州际商务委员会(Interstate Commerce Commission)权威性地应用在了铁路会计上了。第二种观点的优点在于其稳健性,但是它暗含了存在一个恒定的正常利息率或利润的假设,而这是与经济历史相违背的。如果大部分公司的利润都出现了普遍下降,但是某一家特定企业出现了防止利润下降并保持原来利润率的增长,那么这种增长显然是一个增加价值的来源,而且应该在货币市场上被资本化。第三种观点很少被会计人员证明是有道理的,但是其涉及的原则与第十二章所谈到的资本损失问题的原则是类似的。

假定:(a)将所有的费用项目区分开来是可能的,(b)所有的费用项目都已经结转到利润和损失账户,而且(c)所有纯粹的估价账户都从相应的账户中扣除了。此时资产负债表呈现了它最好的形式,其借方包含了属于公司的所有资产,却不包括任何其他项目。换句话说,这是一份完整的财产清册,在其编制的过程中记录了所有与盘点财产有关的问题。

有关财产清单的问题有三个:①它包括哪些项目?②哪些支出将被认定为成本?③在之后的重新估价中,这些资产是继续以原有估值来计量呢,还是按某个新基础对其价值予以估计?

这三个问题并不是完全不同的。它们或许都隐含在最后一个问题中,关于当期资产重新估价的问题。因为,一台不能再用的机器是否要从资产清单中剔除或者被估价为零显然不重要;如果每一项新的存货都必须独立地再估价,一项资产的原始价值是多少也不重要。但是在会计实务中这些问题很可能是按如上所提及的形式和顺序发生的。

1. 财产清单中应包括哪些项目?

潜在的原则是所有有价值的物品都应包括在内。这里所谈及的物品是指在最广泛意义上的所有值得拥有的东西,并且不在任何意义上暗示对无形资产的怀疑。无论这项财产是否是有形的,如土地、固定设备或商品;也不管它是否是有形性较低的信用,如证券、顾客的票据;也无论它是否是最难以捉摸的财产,如商誉。在任何情况下,所有的物品都应该包含在财产清单中。

当商誉和类似的无形资产如专利权、商标是附有法律权利的资产形式时,将某些代表主体拥有但并不具有实质财产权利的财产成本归入这些资产项目甚至都可能是正确的。例如,铁路公司支付的用于改进一条通向火车站的街道的资金,或者用于挖掘隧道的捐赠都可以合法地确认为公司资产,即使它并没有取得任何法律意义上的财产。

2. 何为成本价格?

在取得一项新资产时,通常将其按成本列示,即使购买者认为他是以非常低廉的价格购买该资产。但是要决定哪些支出应记入特定资产的成本通常都不是件容易的事情。铁路的案例可能可以很好地说明这个问题。对铁路公司而言,最重要的资产就是铁路,在会计上通常将其记入建筑账户。铁路用地的成本,铁轨和枕木的购买价格,工程师、监督人员和工人的人工成本都是铁路取得成本中很明显的部分,且这些成本都应记入建筑账户中。但是一个更富有争议性的问题出现了。这个问题是关于那些并非用于资产直接采购的支付或对富有生产力的人工费用的支付,但是其可以被推断为取得这项资产的成本价格。在这种情况下就会出现"开办费"。例如,一个公司以 100 000 美元的资本成立,所有的资本均以现金支付。在公司的组建过程中必然会出现一些用于文具、打印、发行股票、支付给国家和律师的费用。假设这笔费用共计 2 500 美元。这笔钱仅仅是一笔费用呢? 还是应该算作成本的一部分呢? 如果作为一笔费用,那么这个公司就产生了侵蚀资本的现象,因为其拥有价值 100 000 美元的股本,却仅有97 500 美元现金而无任何其他资产。

利息费用通常是一项公认的费用,但即便是利息,有时候也会被推定为资本性支出。因而一家铁路公司借钱并以此来修路———一项需要很多年才能完成的任务。在建设的过程中公司必须负担利息费用但是没有任何收入发生。说公司所取得的这项资产是一条准备投入运行的道路是合理的。为了支撑这样一家公司，不仅需要支付原材料和设备的成本，工程师的薪酬和工人的工资，而且支付利息给公司债权人也是同等必要的。如果没有后面这笔支付，是不可能获得这条已完成的铁路的。因此，把它归入建造成本是合乎逻辑的，且这样做的惯例正逐步获得法律的认可。在一个早期的美国案件中(格拉茨诉雷德案)，法院认为债券的利息不能被记入建造成本，但是当时的实务允许将建造过程中发生的利息费用加入到铁路的成本中。在英国，同样的代表法院的早期反对意见在 1907 年颁布的公司法中已经被删除了，在该公司法中，不仅是债券的利息费用，甚至连建造过程中所支付的替代利息的股利也被记入建筑成本中了。在德国，会计实务的法律监管通常比英国或美国更具体，利息和因此而支付的股利都记入"建筑账户"。一些人认为出售债券的折价也应记入铁路的成本中。但是，只要债券的持有期长于建造期，这种会计实务的理由就不合逻辑，因为其对预先支付的折价和当期利息摊销并未进行符合逻辑的区分。正如在负债那章所讲到的，债券折价是整个借款期间的预付利息，仅仅只有建造期间而非以后期间的利息可以合法地被认定为建造成本的一部分。州际商务委员会已经规定证券折价不完全应包括在财产成本中。

另一个相似问题的出现与新发明做实验发生的费用有关。这笔费用在很多工业企业中已成为一个固定的部分了。他们很可能被当作总费用的一部分，但是也存在另外一些似是而非的看法。一种改善的方法是从外部发明者处购买专利权。另一种可供选择的方案就是雇佣研发人员来为企业工作，在这种情况下，发生的工资及其他费用看起来是所获得发明的成本，正如为购买专利权所发生的价款一样。如果这样，即使实验的目标还没有完全达到，费用也不能当作预期成本的一部分吗？

从以上论述中可以看出，想要制定一种规则来决定某些费用应该作为费用还是应该以资产成本的形式列示在资产负债表中绝非易事。从纯理论的观点来看，似乎任何在组建一个持续经营公司时所必须发生的费用都是该公司的资产，就像房地产、机器设备或存货一样。对于股东或所有者来说,它是作为利润来源的投资的一部分,因此应该作为资本性支出。而且正如诺斯(North)法官在弃权者和通用保险公司案件(1891)中所明确指出的那样,对于这些支出的任何其他做法都会导致荒谬的结果,其暗指的是除非公司在成立时就有名义上的剩余,否则就会削弱资本。

开办费和其他类似的费用是直接记入"建筑账户"还是记入一个独立的项目所产生的影响是相似的。重要的事实是,在理论和实务中都坚定地认为这些支出代表资产。把它们列入公司不断增长的成本中好还是作为一个独立项目更好是值得探讨的。德国的法律仅允许前一种做法,他们的观点是在资产中出现虚构的账户是非常危险的。它也试图将记入公司账上的初始建造成本与完全不能作为资产入账的公司本身的组建成本予以区分。在德国,为了为后者作准备,初始资本按足以弥补开办费的溢价发行已成惯例。而在美国,人们似乎更赞成将开办费及其类似费用单独列示,此时注意力集中在它们的某些无形特点上。这种习惯也加深了实务的谨慎性,每年冲销这些项目中相当大的一部分,结果使几年后这些费用一起在资产清单中消失了。但是州际商务委员会提供了其自己对于铁路和设备支出的分类规则,其认为开办费应该记入建筑账户或设备账户中。

在这些问题中,很大程度上讨论的都是关于一笔金额有限的支付应该作为一项等价资产的成本,还是仅仅作为一笔费用支出的问题。另一个问题与用股票或债券代替现金来采购资产相关。这里的难点不在于确定这项资产是否已经取得了,而在于通过交换得来的这项资产价值的不确定性。在实务中,这类资产的成本通常都被认为等同于所发行股票的面值。即便是拥有最高声望的会计人员也认为这样一种处理程序是有道理的。显然,这仅仅是备受争议的股份掺水问题的一个方面。假定取得资产的价值等价于发行股票的面值就是假定股票从来没有也不能有溢价发行,那样就不会产生股份掺水的现象。这种方法将会产生一种恶性循环,因为它使得资产的价值取决于股票发行的数量,而资本对会计人员而言仅仅是公司所拥有净资产价值的一种表达——一笔代表资本权益净财富的金额。如果将这项原则引入到逻辑层面上,那么这项原则就要求当以一定的折价出售股票时,所收到的现金应该以等价于股票面值来对待,即使实际上仅收到这笔钱的一部分。

确定用股票购买的资产的真实价值确实有很多困难,国家和法院拒绝干预资产的估价毫无疑问是明智的。但是法院无法发现错误不能成为(企业)故意错报资产价值的借口。当意识到资产估价是公司董事而非法院的一项职责时,1903 年美国康乃迪克州法律设置了一个高标准,要求在股票发行的目的是除了现金之外的任何其他事物的情况下,"董事们应建立公司记录账簿,并在其上特别陈述股份认购所收到资产的组成情况,且资产的真实价值应等于所发行股票应收到的金额"。董事们的判定适合作为最终结果,但是他们有高估资产进而导致欺诈的倾向。在其他法规中有一些不太完善的条款,认为公司的账户应该清晰地列示那些以股票交换得来的资产,但是不需要以其真实价值予以反映。这个专题将在第 9 章中予以详细讨论。

3. 再估价的基础是什么?

当人们接受资产的初始价值不应该超过其成本价格的原则,并且也意识到准确地确定成本价格在实务和理论上的困难时,还存在更重要的资产后续再估价问题。资产应该以初始取得价格还是以其他的价值进行后续记录? 如果以其他价值计量,那到底是采用当前市场价格,对公司而言的现值,还是清算价格? 在众多的应用规则中,现如今被广泛认可的原则是:存货估价应该以对持续经营的现在持有者而言的价值为基础。恰当的价格是它们相对于持有企业的价格,而非对于其他人而言的价格,无论这些人是普通的顾客,还是在资产清算性变卖时可能出价的买家。这种价格是对于那些至今仍存在的公司而言的,而不是对于那些在破产管理者手上的公司或者是一家结束了其账簿而且不再继续经营的公司而言的。就公司而言,这代表了股东而非债权人利益的观点是正确的。然而毫不夸张地说,如果所有的资产都以它们在强制性清算下能实现的价值来列示的话,那么就没有哪张资产负债表是能显示出偿债能力的。因此,采用这样一种计价基础来计价是荒谬的,必须采用的一般原则是,存货价值的基础是该资产对持续经营的持有人而言的现值。按照这种原则很可能会出现例外或修改,采用该方法主要是为了防止对价值的自我欺骗性地夸大。

这会导致另一个具有重要意义的区别,那就是固定资产和流动资产的区别。要在这两类资产之间划上一条明显和完全的界限是不可能的。但是一般而言这种区分很容易。固定资产意味着其购入是为了永久性或者长期的使用,而流动资产的使用期限相对较短或者它们是为了作为商品再次出售而购入的。接下来就要对这两类资产的计价基础作一个区分。相对于流动资产而言,固定资产计价具有更大的余地。一般而言,尽管固定资产的价值在取得之后出现了下降,但是固定资产继续以其成本计价被认为是合法的。但是在对流动资产进行估价时必须考虑其现行价值,尽管这样做还存在一些问题,如市场价格,即使是流动资产的市场价格在其超过资产的初始成本时能否被接受?[1] 在这个问题上处理的原则又是持续经营原则。例如,一块以公允价值购入的土地,其目的是在其上建造一座工厂。该土地所提供的服务可以被假定为永久的,且不会减少。在这一例子中,土地对公司的价值就以其全部成本表示。它所提供的服务,以及因而产生的对持续经营的企业的价值,与以前一样。因此,在财产清单中继续以土地的成本价格计量是恰当的,完全不用考虑土地市场价格的变化,无论市场价格高于或低于成本。显然,只要这块土地依然被当作厂址使用,那么其市场价格是无法实现的,而放弃这家工厂一般也意味着这家公司要停止经营了。当然,这个厂址毫无疑问也可能被售出,而且一个更便宜的厂址将被购入来替代它。但是这意味着未实现条件下的双重确认,而且在正式账户中这体现得很模糊。一项固定资产市场价值的变

① 见第5章。

化(例如,土地、铁路路基或用水权等)可能被忽略,因为这种变化不会影响持续经营企业的价值。这一点从土地案例中可以很清楚地看到,它也同样适用于所给定的任何形式的固定资产,当然,也将必要的维护和更新成本计算在内。

以上所述的一个推论是,与价值的永久性变化截然不同,价值上的小幅波动可能会被忽略。这在理论上是正确的,因为这种波动短暂到可以包括在企业持有这项资产期间内,类似于一项固定资产市场价值的变化。如果在 7 月份购入原材料,产成品将在第二年 6 月上市,那么这段期间内价值的变动对制造商手中的原材料价值是不会产生影响的。在这个案例中,考虑存货在 12 月份价格暂时的上升或下降是不正确的;当然,当得知正常价格在年底前又会再次出现时,这种做法也是不正确的。但是,在实务中这项原则很难付诸实践,因为想要判定哪些变化仅仅是暂时的波动,哪些变化是价值更持久性的改变是不可能的。然而,投资的市场价格波动应用却非常重要。尽管如此,在下一章提到的谨慎性的会计实务被证实没有那么具有逻辑性。

还有一个推论需要提及。如果一项不变资产的市场价值波动不需要确认的话,反面的说法就是正确的。一项固定资产,如一台机器,其使用价值的真实改变必须予以确认,即使从表面上看这台设备并未发生改变。从技术层面上来看,固定资产的价值波动可能被忽略,但其贬值通常是应当予以考虑的。这种做法是正确的,无论是存在真实的物理损耗,还是如专利权或有期限的租赁权的例子那样,期限一到,现有资产就会变得失去价值。通常运用的三个评价规则列示如下:①存货采用的价格不是清算价格,而是持续经营下的价格;②固定资产的市场价格波动可以忽略;③资产减值必须予以考虑。

在上面所有的讨论中,都假设会计的目标是完全无保留地反映事实。但是,有时会有人提出异议,认为即使是资产负债表中所做的陈述也不能被认为是正确的。实际上,与真实情况的偏差仅仅说明它没有充分披露公司的财富,这其实是优点而不是缺点。这个观点在英国最近的一个案例中被正式地提出来了。在该案例中,法院认为"资产负债表的主要目的是表明公司的财务状况至少如同在资产负债表中所列示的那么好,而不是为了表明公司的财务状况不会或者可能不会更好"①。

这种观点通常被理论学者所拥护,而且它还从遍布世界各国的谨慎公司的先例中得到了更多的认可。因此人们一直在争论这个问题——低估资产有助于提高公司的经济地位,它可以防止虚构股利的危险,而且资产负债表完全真实不仅不是法律所要求的,而且它本身也是不合需求的。可能被引用的先例有,英国银行在列报中忽略了价值数百万的土地和建筑,在德国公司的实务中通常以一笔很少的款项来列示房产和其他固定厂房设备,在美国的铁路公司中有低估铁路价格的倾向,即使它很有可能获得大笔收益。

到目前为止,某些资产的低估仅仅是为了保证更加真实地概括公司整体情况,这种做法被认为是合理的。一种观点认为,不管一个人的意图多么真实,他总会高估自己所拥有财产的价值,因而,在他决定他真正认为他的资产价值多少后,如果他任意地销掉一些账目,那么他的结果可能更为精确。这种观点不是没有影响力。但是如果说绝对的低估值得称赞的话,那么就忽略了那样做可能会犯欺诈罪的事实。而对于高估资产的反对是自然的,而且大体来说是有益的,它看起来就像是一个忽略了准确性的价值并停止将其(准确性)作为会计目标的错误。在过去和不久之前,甚至美国最高法院都认为董事会低估资产以至于低估利润的风险存在,但很小,诱因正在往相反的方向(即高估资产)发展②。但是,在股票交易中一些臭名昭著的卖空活动显示,某些意料之外的事情经常会发生,且低估资产及其伴随的少报利润和建立秘密储备,这两项罪行中,其较轻者也仍然远远不能达到会计的理想标准。

---

① 牛顿诉伯明翰小武器公司(1906),第 2 章,第 378 页。
② 联合太平洋铁路公司诉美国。

第 4 章参考文献

Dicksee L R. Auditing. American edition, edited by R. H. Montgomery. pp. 160 ff. New York, 1905.

Herr J P. The Appreciation of Assets. When is it legitimate? Journal of Accountancy, III, p. 1.

Pixley F W. Auditors, their Duties and Responsibilities. I, Chapter XI. Ninth edition. London, 1906.

Rehm H. Die Bilanzen der Aktiengesellschaften. pp. 693-790. Munich, 1903.

Simon H V. Die Bilanzen der Aktiengesellschaften. pp. 289-322. Berlin, 1989.

赞成资产以清算价值估价的观点见:

Arnold H L. The Complete Cost-keeper, pp. 358-359. NewYork, 1990.

Norris H M. Machine-tool Depreciation as an Element of Manufacturing Cost. Engineering Magazine, XVI, pp. 958-959.

第 5 章 特殊资产估价

根据前面几章的叙述,接下来我们将分析各种资产的恰当定价问题。显然,资产可以分为以下几种:土地,建筑物,机器设备工具,投资,商业信用和存货。

土地

前面讨论固定资产时,已经涉及了企业持有自用土地。按惯例,企业长期持有的土地,在其持有期间,不论其市场价值如何变化,都应以其成本计量,立法当局在博尔顿-那塔尔土地殖民公司法(1892)中确立了这一观点。法庭认为,公司不应将其土地价值的升降变化记入会计账户。但是,当价值变化影响利润报告时,这种做法就是错误的。

但有时也会出现另一个问题:土地的成本包含哪些因素。各种观点的差异主要在于与所有权记录和审查有关的律师咨询费的处理。在确认成本时,习惯上将其计入购买价格。但是,最高权威皮克斯利(Pixley)对此持反对意见。之前关于开办费的讨论支持了目前的惯例。

在发生抵押借款购买而部分支付土地价款时,习惯上将抵押借款的利息计入土地价格。但这样做是不合理的,因为利息既不是(土地)取得成本的组成部分,也不代表任何获得的额外价值。即使它类似于(土地)价值增加(一个远离真相的假设),但固定资产的升值是不记入账户的。

取得不动产并不是为了永久使用,而是为了再出售,这类似于交易者买入商品。对于需改善的土地,要想通过分块销售实现增值,则必须提供与其配套的下水道、街道、燃气及管道、人行道和其他改善设施。这正如制造商买入原材料以生产商品一样。在这种情况下,适用于产成品和半成品的计价原理同样适用于土地估价。取得土地过程中实际发生的一切支出都应计入土地价值,包括使土地达到可销售状态的所有支出。一些专家认为,在建设期间,抵押借款购买(土地)实际支付的利息应该计入土地价值。但是,按估计利率计算的利息通常应该按同样的贷款金额计提,可能不一定计入土地价值。在土地作为市场化商品的情况下,与土地有关的利息支出的处理类似于铁路修筑中利息支出的处理方式。但是,实务界反对这种提高待售土地价值的计量方法。因此,并没有普遍采用的绝对标准。例如,在德国,法律允许有限责任公司将利息支出加计到其实际持有的不动产的价值中,但却不允许普通公司这样做。

虽然大片土地改建类似于制造企业生产商品,但小块土地价值差别较大,使得未出售小块土地的价值计量比未出售库存同类商品中个别商品价值计量更困难。例如,一块已购买的土地被分成了一百小块,其中五十小块已出售。然而,并不是所有剩余小块土地的入账价值都能用初始取得成本衡量。最适当的计量基础是每一块独立土地的市场价格。同时,就如同将存货价值看做总成本的一部分一样,应该以总的市场估价为基础确定部分土地成本,即:如果一块已购且改建后的土地被分成一百块,总成本为 $150\ 000,其最终估价为 $200\ 000,其中,某块土地 A,由于位置较好,估价值 $4\ 000,但存货总值中(一部分土地已出售)分配给 A 的价值既不是 $1\ 500,也不是 $4\ 000,而是 $3\ 000$\left(\dfrac{4\ 000}{200\ 000}\times \$150\ 000\right)$。

建筑物

建筑物成本的计量原理与土地的计量原理相似,仅仅是细节上有所不同,这些细节上的不同在于日常修理费用,以及建筑物即使进行了更新,在大多数情况下,其也会在将来某个时候被磨损或陈旧过时。可以肯定,为了保持原始成本,所有必要的修理费都应计入费用。在建筑物存续期间,可能发生扩建以及改建,甚至日常维护都会使原始成本的保持变得很困难。一旦发生改建如引进电力照明设备,或者对建筑物进行扩建,这时,将很难分别确认扩建建筑物的成本和仅仅维修或恢复部分旧建筑的费用,也就是所谓的区分"资本性支出与收益性支出"。同时,当时代进步导致建筑物对实现公司目标不再有用时,还应计提减值准备。

机器设备、工具等

以成本价格计量,使用恰当的折旧方法,是机器设备、工具等实现正确计量的基础。但应该铭记的是,多数机器设备仅仅是暂时使用,且以成本为基础估价可能完全不正确。短时间内,类似的方式是毫无用处的。对于一个鞋厂来说,鞋楦是非常大的项目,且其以惊人的比率随时尚潮流的变化而累计。如果资产负债表试图逃避过多列示仅代表真实成本但已不再是真正资产的项目时,要特别注意。在很多情况下,企业的机器设备不是外购的,而是企业自己生产的,这时,机器设备的价格不再是公开市场上的价格而应是实际的生产成本。

企业机器设备的总价值应当包括安装调试成本(见惠特克诉阿姆韦尔国家银行案件)。这与一般原则一致:总价值与其对持续经营企业的价值有关。

投资

在前文中,只有一个确定的价值标准——成本价格,并且存在一个明显的错误:计量的是以前而不是现在的价值。但是,在股票交易中,投资的报价存在明确的、客观的"今日价值"的计算。不允许工厂的土地或房屋独立估价是因为其可能存在不自觉的高估,且故意的、甚至欺骗性的高估不易被发现。但如果存在一个确定的市场价格,被公众所知且能通过外部利率确定,则反对的理由就不成立了。因此,忽视所有的成本价格,以每一次波动的市场价格取代原入账价值是安全合理的。

但是,如果这些证券是真实的投资,而不是与银行家交换的证券,问题马上又出现了:只要持续持有该证券,就无法取得它的市场价值。例如,国家银行按面值购入政府债券,且持有该债券的最小金额是银行开展业务的先决条件。该按面值购入的债券价格有可能升到110%,也有可能降至面值以下,但事实是,在银行持续经营期间,它既不能享有该升值,也不会遭受该损失。对于银行的一般目的而言,以高于或低于成本价格的价值列示该债券是毫无意义的。确实,如果银行进入破产清算程序,这部分价值波动就能实现。但这是违反一般公认原则的,即,资产按其持续经营企业的价值列示。

而且,银行可以进一步购入其他债券作为增加货币发行量的基础。在任何情况下,这些债券超过所要求的最低持有量的部分可以出售,但是,所涉及的流通手段就被收回了。实现这类追加债券的价值增值的难度确实小于前面例子中规定最少持有量的债券。但这里也再次应用了持续经营原则。银行将债券溢价变现的同时,就不能继续钞票发行功能。因此,这里市场价格的波动似乎也是毫无意义的。同样的情况也存在于铁路公司通过持有股票控制另一条铁路的经营管理或某个联营企业。这类股票的市场价格可能会变化,但当其仍继续作为控制手段而控制其他道路时,股票市场价格的变化就不可能在购买企业实现。

然而,大多数情况下,持有某些特定证券和维持经营之间并不存在这种不能分解的联系。持有证券并不是因为法律条款的要求,也不是为了控制经营,甚至不仅仅是为了收益。企业持有某些基金作为应对紧急情况的储备是可取的,低利率的有价证券稍微有点便宜,也可以作为现金短缺时的储备。以市场价出售这类证券,丝毫不会影响企业的正常经营;且市场价格所反映的增值,仅仅表明今天的储备在总量上高于初始储备投资。此类投资(价值)可以不仅仅依赖于市场报价吗?严格的一贯性原则好像提供了肯定的答案。

同时,现在的价格仅仅是市场价格波动尺度中的一个点,并没有理由假定它将会实现,它有可能上升也有可能下降。导致(企业)出售证券的紧急事件可能是因为处在货币紧缩期,因而价格将会下跌,(那么)这时的高价完全是虚幻的。国家法律及法庭关于这个问题的态度是:在企业永久持有证券的情况下,无论市场价格高于或低于成本,都不予考虑。这一点被英国法庭在威尔纳诉通用和商业信托投资有限责任公司的案件中被明确提出来,法庭将投资分为以获得收益为目的持有的证券和以交易为目的购入的证券。在法国也一样,法国银行永久性持有的所有政府证券均以成本价计量而不考虑市场报价。然而,德国法律规定,除市场价格高于成本价格外,其他情况下均以市场价格计量。也就是说,投资成本总是以成本和市价中较低者为基础。这项商业法规的规定遵守了谨慎性原则,却悖离了逻辑一致性。澳大利亚法律规定,无论市价高于还是低于成本,都应以市场价格计价。谨慎的美国公认会计惯例与德国类似,尤其是在银行、保险公司和其他信托机构。当市场价格低于成本价格时,减记投资(价值),但是当市场价格上升时,并不进行确认,仅在资产负债表附注中说明。因此,纽约银行营业部要求其银行将证券账面价值超过其市价的部分冲销,但当这种变化很小或被认为是暂时的波动时,就不用考虑这种变化。有时,美国实务或法律会采用一种缺乏逻辑的规定,诸如,缅因州储蓄银行法规定,即使有可观的溢价,证券仍不可以列示其高于面值的部分。但是,如果成本价格低于面值,应以成本列示。

永久持有证券以成本计价的正当理由是,假定证券在持有期间的有用性不发生改变。这仅仅适用于永久性持有的证券,如本国公司股票,或者外国政府发行的永续年金性质的债权。对于有固定到期日,但持续期间足够长的证券亦可以不考虑时间差异,而将其看做实际上的永久性证券,如,西部铁路公司发行期限为475年的债券。但是,必须承认,无论何时以溢价购入普通债券,该溢价是为了使名义利率与给定证券的市场利率相符,是对未来利息收入高于根据市场利率确定的收入的一种补偿。如果现在的市场利率是5%,6%的票面利率5年期的债券价值小于同样利率20年期的债券。在这个例子中,除了5%的正常利率外,存在持续5年的1%的年金,而在另一种情况下,年金会持续20年。这时,在连续的年度财产目录中将债券继续按成本价格列示是不正确的。购入债券时,投资者估计债券的净收益率,需考虑时间、利率和价格三个因素。因此,如果以相当于面值112.46%的价格购买一张20年期的债券,且每年支付6%的利息,投资者的净收益率就是5%。在每一个连续的期间,债券不应该按112.46列示,而应按其在逐年缩短的期限内以5%的收益率所值的价格列示,即112.08,111.69等,直到第19年其价值为100.95。或者,从另一个方面看,每年1%的年金,持续20年,其估计价值为12.46%。很明显,认为同样的年金持续19年或者一个不断减少的年数,与持有20年具有同样的价值是错误的。但它们有共同的估计基础,即在一定的价格下,投资者的收益率为5%,对于不同利率和到期日的债券,其估价数字很容易从债券价值表中获得,其中大多数是有意购买的。

债券价值的公式推导如下:

假设:

$V_n =$ 持续期限为 n 期的债券现值

$I =$ 每 $100 在每一付息期支付的利息金额

$i =$ 持有人每期实际赚得的利息率

显然,债券的现值由一系列价值构成,包括连续的每一付息期的利息和本金,假定本金为 $100,到期日为第 n 年年末。但是,第一个付息期(为简化计算,假定付息期以年为单位)的利息现值为 $\dfrac{I}{1+i}$,第二年的利息现

值为 $\dfrac{I}{(1+i)^2}$，第三年为 $\dfrac{I}{(1+i)^3}$，依此类推，最后一年利息的现值为

$\dfrac{I}{(1+i)^n}$。采用常用符号 $v=\dfrac{1}{1+i}$，则整个持有期间的利息现值为 $I\times(v+$

$v^2+v^3+v^4+\cdots+v^n)$，或者 $I\times\dfrac{1-v^n}{i}$。\$100 本金也在 n 年底到期，其现

值为 $100v^n$，因此，公式可以写为 $V_n=I\times\dfrac{1-v^n}{i}+100v^n$。将此公式应用于

本文前面举例中的债券，则

$$V_{20}=6\times\frac{1-\dfrac{1}{(1.05)^{20}}}{0.05}+\frac{100}{(1.05)^{20}}$$

换句话说，债券的现值由两部分构成：一是年金现值(I)，年金由一系列利息构成，持续 n 年，另一部分是 n 年后到期的本金的现值。

在公式中，仅考虑超过(市场利率的)债券利息可以得到同样的结果。A 债券票面利率为 5%，则当市场利率也为 5% 时，债券当然按面值发行。利息率更高的债券将会产生价值等于年金现值的溢价，该年金每年的摊销额为按名义利率计算的利息和以实际利率作为计算基础的利息两者间的差额。

其计算公式的推导方法与上面相似，即：

$$P=(I-100i)\times\frac{1-v^n}{i}$$

或者，将上面例子中的价值代入公式：

$$P=(6-5)\times\frac{1-\dfrac{1}{(1.05)^{20}}}{0.05}$$

或者可以看做 \$1.00 的年金、5% 的利率、20 年期的价值。当然，票面利率低于作为计算基础的利率时，就会折价发行而不是溢价发行。

要得到债券持续期每一期的价值只需要改变 n 的取值，它等于债券到期前剩下的利息期数。

利息经常会在期中支付。这种情况下，仍可用上面的公式，不过，这时

的 n 代表的是半年期的数量,相应的,i 是半年期的利息而不是一年期的利息。故对于 20 年期利息为 6%,付息期为半年的债券,n 应该为 40,i 应该为 0.25%,而 I 应为 3。债券价值表中债券付息期分为年度、半年度和季度,且每半年付息的债券与每年付息债券在报表上是按同样有利可图的价格列示的。

在逻辑上,折价购买的债券在到期日前也应以每年折现的价值入账。如果利息为 6% 的债券价值为 112.46,那就是说,它的净收益率为 5%,利率为 4% 的债权(它的市场利率可能和前面的不同)的现值为 87.54。就是说,票面利率高于净收益率的 1% 的债券溢价为 12.46%,而票面利率低于净收益率的 1% 的债券折价为 12.46%。继续以购买价格列示后一种债券在数学上是不正确的,因为到期日持有者不仅收到债券的固定利息及其投资的本金 87.54,而且收到了 12.46 的额外收入,这是债券应付的全部票面金额。支付 12.46 的承诺价值随着到期日的接近而增加,因为,随着支付日临近,正确的估价要求是,折价购买的债券价值逐年提高,就像溢价购买的债券价值逐年下降一样。

但是,会计实务并没有完全接受这一原则。在很多情况下,按年注销(债券)溢价被认为是合理的,但增加折价购买债券的账面价值仍存在疑问。谨慎性原则是主要的依据,它怀疑任何试图增加资产价值的计量,而鼓励低估资产价值。而且,法院在终身财产所有权人和剩余权受让人之间分配财产收入时,一般认为,收到或支付的溢价是财产本金的一部分,且不应计入收入,但当折价购入债券时,投资人在债券寿命期内只收到票面利息;当法庭关于遗嘱查验的规定(译者注:关于遗嘱问题的规定见第 11 章第 147 页的阐述)没有必要应用于一般商业会计时,债券折价和溢价的实务处理会取得一致。

投资获得的利息应该计入并反映在资产负债表中。这和确认市场价值增值不同,因为利息已赚得,且是和债券面值差不多的一项资产。已发生但未到付息期的利息或者已到期但尚未支付的利息是否可以作为股利计算基础的问题将在第 12 章中讨论。无论是应付给公司的利息还是由公司支付的利息,即使法律反对预计股利收入,但会计实务对利息的估计是一致的。

商业信用

持有的商业信用——往来款项、承兑票据、期票等等——作为一般商业活动的基本组成部分,其处理与投资在某种程度上有所不同。毫无疑问,它们是流动资产(法庭使用的术语是"流动资本")的一部分,因此,不允许它们以高于真实价值列示。经常争论的是,当固定资产缩水时,鉴于它在企业经营中的作用并没有改变,忽视这种贬值也不是不合理的。同时,任何流动资产的损耗都不应该被忽视。它本身立即表现为利润减少,且必须以某种形式表现在资产负债表中。

为方便起见,商业信用以其账面价值而不是当前实际价值入账和结转,因此,一张 1 000 美元 60 天后到期的无息票据在应收票据账户中的入账价值为 $ 1 000,而不是 $ 990,并通过利息或折价账户调整。这在核查票据组合的内容时非常方便,除非进行日常的票据价值重估,它和在票据取得日以折价列示票据一样准确。但编制新的财产清单时,有必要充分考虑利息调整。

然而,利息调整仅仅是个计算问题,其对核算并没有影响。对因债务人到期日无力偿还而可能发生的损失的估计,仅仅是估计,是一个备受争议且有趣的问题。一个公司可能持有 1 000 张客户的票据,总计 $ 100 000,它在账面上的记录如表 34 所示。

表 34　　　　　　　　**资 产 负 债 表**

借方		贷方	
存货	$ 140 000	资本	$ 220 000
应收票据	100 000	利润和损失	30 000
现金	10 000		
	$ 250 000		$ 250 000

如果这些票据中的一部分已明显没有价值,则应马上将其从资产清单中注销,而不必等到年度财产清查时。如果价值 100 美元的 A 票据被认为没有价值,则没有充分的理由将其留在账上。一旦事实表明票据必须注销,就应将其马上记入"利润和损失"账户,或者在年度资产负债表中反映损失的辅助账户中待处理。则账户改变如表 35 所示。

表 35　　　　　　　　　　　**资 产 负 债 表**

借方		贷方	
存货	$140 000	资本	$220 000
应收票据	99 900	利润和损失	29 900
现金	10 000		
	$249 900		$249 900

当有微小的迹象表明该债权有可能收回,但是指望该债权又不安全时,合适的做法是将债权(扣除坏账后)的剩余部分保留在账面上,而不必将坏账包含在债权中明显地虚增资产。一种方便的做法是注销票据的大部分金额,而以很小的名义金额表示,如一美元甚至更小的金额作为剩余财产权,表明仍有一笔未偿付的要求权未完成。

但是,另一个更微妙的问题出现了,该问题与并不知道的可能损失有关。依据前面的假设,在剩下的 999 份票据中,并没有一家出票企业破产,但是以往经验表明,肯定有一部分票据不会全额支付,并且,最终至少有一张票据会被证明是没有价值的。与此同时,每一张票据在账户中都必须以票面价值计量,并允许将估计损失作为坏账准备列示。其分录应借记"利润和损失"账户,贷记"坏账准备"或者其他等价账户。在资产负债表中这种处理应如表 36 所示。

表 36　　　　　　　　　　　**资 产 负 债 表**

借方			贷方	
存货		$140 000	资本	$220 000
应收票据	$99 900		利润和损失	29 800
减:坏账准备	100	99 800		
现金		10 000		
		$249 800		$249 800

这种(坏账)准备计提不仅仅是商业谨慎性和会计实务的要求,也是美国最高法院在普罗维登斯橡胶公司诉讼固特异轮胎公司案件中的规定。同时,英国法院在关于牛津救济大厦和投资协会的案件中也进行了规定。允许计提的准备金额应以单个票据为基础确定,但是,它不能低于具体涉及的企业的一般公认标准。它的计量基础也依据个体偏好而定,有的企业偏好采用总销售额的百分比,有的企业偏好应收账款百分比,甚至其他一些企业偏好赊购百分比。对于特征恒定不变的企业,有多种方法可以得到正确的结果。但是当企业特征改变时就需要调整所采用的计提比率。例如,当企业销售额的 50% 为现金时,销售总额 2%(的计提比率)是正确的。如果企业政策改变,销售额的 80% 为商业信用,20% 为现金支付时,该计提比率就可能不够充分。相应地,所授予的信用额度的提高会使以未清偿债务为基础的准备计提额无效。同时,如果产生了普遍的恐慌或其他商业干扰,无论采用哪种计提比率都需要调整。

　　企业仅在资产负债表中列示应收票据超过应付票据的差额是不对的。一个项目和其他项目的抵销并不能反映企业的真实情况,因为企业的债务人支付失败根本不影响企业为其债权人的求偿权计提准备的必要性。然而,伊利诺伊州要求资产负债表这样做,不过,通过参考提供详细信息的陈述,其缺点可部分弥补。

存货

　　惯例认为,库存存货应该以成本而不是销售价格列示。谨慎性原则进一步要求,有证据表明存货无法实现销售,会遭受损失时,应减计至成本价格以下。如果在编制存货清单时不仅依赖于好的信用,而且依赖于无偏的判断,那么采用当前市场价值代替成本价格就不会有异议。实际上,以上价值计量的第一原则"持续经营",要求待售商品应按当前售价扣除销售费用后的金额计价。销售价格发生了变化并不影响原始成本,因为无论购买价格高还是低,对于公司,它的价值由现在的销售价格决定。但是,德国商业模式在很多方面对那些会计实务不受法律约束的国家具有指导意义,为了防止高估,规定存货应以成本价格计量,除非有公开报价——例如谷物在物产交易所的报价——且该报价低于成本价格。逻辑上也许需要以市场报价计量,无论报价高于还是低于成本价格,但是,德国法律不允许这样做,而澳大利亚法律却允许。

美国实务与德国法律一致。相反,马萨诸塞州法院做了一个重要的决定,规定未出售存货价值的贬值或升值均应记入账户。但在这个特殊的判决中,存在火灾引起的商品损失而不是价值增值;并且这种法官于判决中附带表示的意见并不被认为是当局意见。在任何情况下,会计人员的判断都是反对存货的这种处理。一般采用的谨慎性原则认为,存货应以成本列示,除非存在减值,则在这种情况下应采用较低的价值。

在为了销售而购买商品的情况下,存货成本通常很容易获得。然而,关于什么项目可以加入存货成本价格的问题可能还有些余地。很明显,对于购入的两批托运货物,一批的到岸价格为 $1 000,另一批的离岸价格为 $990,第二批托运货物的运费和其他费用仅仅是 $10,以不同的数字列示这两批货物是不合逻辑的。换句话说,这里应用的持续经营企业货物估价的惯用原则和其他例子是一样的。零售商的商场需要商品,获得这些商品的费用,无论是包含在商品成本中的制造商支付的费用,还是附加在商品成本中的零售商支付的费用,都应该被合法地包括在存货价值中。

有时候主张选择成本而不是销售价格时,需要的不是实际支付的成本价格,而是编制存货清单时需要支付的价格。最明显的例子是一批托运货物的购买价格是 $1 000,不久,一批相似的托运货物的购买价格是 $1 200,如果第一批货物没有完全销售时编制存货清单,在清单中采用实际成本将会呈现同样商品以不同价值列示的荒谬。如果所有的货物都以后一批的价格列示,那么,之后的销售利润就不能说是未实现的销售利润,而是购买中侥幸已实现的利润。

这种情况的危险是不言而喻的。公司可以大量囤积未销售商品,并通过随后购买少量高价的商品以提高利润。或许这是故意的做法,并且在编制存货清单之前,会存在一串连续的自愿支付的价格以向股东反映一个公平的表象。例如,100 000 码的存货,每码成本＄1,通过使用技巧,以＄1.10每码的价格购买 100 码,很明显地将产生＄10 000 的利润。因此,依附于成本价格的安全措施将会无效,且其所采用的方式容易迎合通过提升商品价值创造利润的实务。

在实务中,以不同价格购入的不同批次的相似货物,销售出去部分的计量,会产生一个更为严重的问题。例如,1 月份以每蒲式耳＄1.00 的价格购入 10 000 蒲式耳的谷物,7 月份以＄1.20 价格购入 10 000 蒲式耳,8 月份,以＄1.30 的价格售出 5 000 蒲式耳。如果假设销售出去的为第一次购入的商品,显然会实现＄1 500 的利润,但如果销售的谷物是 7 月份购入的,那么就只有 1/3 的利润(即＄500)。不同批次的商品能被区分,就能采用合适的方式计量,不能区分就应以平均价格计量,因此,这时的利润为＄1 000[1.30 − (1.0 + 1.2) /2) × 5 000]。显然,这个平均应以重量为基础,而不仅仅是价格的平均,因此,在存货清单上,以＄1.00 的价格购入 10 000蒲式耳和以＄1.20 的价格购入 10 000 蒲式耳的平均成本价格应为＄1.033,因此,以＄1. 30 的价格销售 5 000 蒲式耳实现的利润为＄1 333.33。

当列入存货清单的商品是自己生产而非购入时,确定其成本是非常困难的,一般需要进一步确定制造成本。其原则很明确,所有将要直接用于产品生产的必要成本应该包含在存货价格中。但是这个简单的原则存在问题。例如,管理者的工资是记入产品成本还是作为公司一般性支出的一部分在确定时就存在困难。企图将代表正常利润的确定百分比加入成本价格,不仅违反了会计实务,也是法律禁止的[①]。

---

① 普罗维登斯橡胶公司诉讼古德伊尔,第 788 页。

为一般市场生产的在产品在存货清单中列示的成本不能高于成本价格。但是,为特定合同生产时,应该考虑销售价格、未完工产品继续生产完工应计提的适当准备、可能的风险和利率变动。当合同期限超过当年财务年度时,这种计量方法是正确的而且是唯一正确的方法。否则,合同利润就会全部反映在产品交付期,虽然涉及的人工几乎完全属于以前年度。

第 5 章参考文献

Neymarck A. Du menleur mode a indiquer au point de vue statistique international pour la confection des bilans des societes anonyms. Bulletin de l'Institut international de statistique. Tome XIV, livraision 2, pp. 143-199. (包含向学会成员提出的一系列问题的回答)

Pixley F W. Auditor, Their Duties and Responsibilities. Vol. I, Chapter XI. Ninth edition. London, 1906.

Simon H V. Die Bilanzen der Aktiengesellschaften, pp. 326 - 444. 3te Aufl. Berlin, 1989.

关于不动产估价:

Hurd R M. Principles of City Land Values. New York, 1903.

关于机械设备等估价:

Arnold R M. The Complete Cost Keeper, pp. 353-362. New York, 1900.

Matheson E. The Depreciatioon of Factories, Mines, and Industrial Undertakings and their Valuation. Chapter VI - XIII. Second edition. London, 1903. (一项权威标准。)

NORRIS H M. Machine Tool Depreciation as an Element of Manufacturing Cost. Engineering Magazine, XVI, p. 957. [对史密斯(Smith)观点的讨论.]

Smith O. Inventory Valuation of Machinery Plant. Transactions American Society of Manchianical Engineers, VII, p. 433.

第6章 无形资产

商誉

　　商誉作为无形资产的典型形式,代表了与经营有关的价值,即尽管存在竞争性商家的诱惑,顾客仍然继续购买某种商品的可能性的价值。

　　尽管将无形资产纳入公司资产目录通常是大众批评的对象,但是商誉的合法性早已经被法官和会计师所认可。其原则的明确陈述出现在沃什伯恩诉讼国家长城纸业公司案件中,当时,法官说:"当一个个体、商行或企业在连续的几年内经营一项特殊业务,而且有原则地履行每一项责任和义务,谨慎地保持商品交易的标准,在所有的业务交易中公允和真实,使得公司的客户开始相信他们未来的经营将会和过去一样令人满意,当顾客自身经验形成的好口碑继续带来新的顾客时,一种与企业经营所需的设备和厂房同样重要,甚至在某些情况下更重要的价值元素产生了。这是一项由权威机构明确确定的财产,这一点是没有质疑的。在某些情况下它或许是非常有价值的财产。经过多年努力和公平的业务交易,创造这种价值的个体如果愿意将这种财产出售于他人,通常很容易找到愿意购买这笔财产的人。"[1]

　　同样地,会计师已经认识到一个知名公司购买商誉或许是一项很有价

---

　　① 《联邦报告 81》,第 20 页。

值的交易,因为它可以缩短格思里(Guthrie)明确提出的"危险的试用期"。事实上即便是一个破产公司的商誉,也曾经以高价合法出售,购买方也要把它像工厂、机器和库存商品一样当作资产。

但是,在对商誉进行估值时,必须严格遵守其成本对价值的限制。前面已经说过,成本价格对财产价值的限制是相当普遍适用的,当对非物质性质的商誉进行估价时,它的影响力更大。没有人会反对把埋藏的宝藏列入财产清单,即使它没有花费寻找者任何成本。但是,商誉是被严格排除在外的,除非它被以一定成本取得。因此,法律上已认可商誉购买者把商誉作为自己的合法资产,但会计实务却很谨慎,尽管不合逻辑,仍禁止创造商誉的企业在资产负债表中强加任何价值给顾客,商誉建立于顾客基础上,在任何时候都可以向他们出售商誉卖大钱。

这种保守的约束无疑对阻止有害的夸大资产是有必要的。人的本性是非常乐观的,特别是在估计他们的财产的时候。男孩的折刀,自己的祖国,自己的孩子,在正常情况下总是比其他人拥有的同样的(折刀、祖国、孩子)要好。类似现象也会出现在企业的资产估值过程中,事实证明高估资产是超过交易中的另一方的手段,这一事实又强化了人类高估个人资产的本能。与之相应,商誉的价值很难证实,所以限制企业所评估的商誉价值是一种惯例。尽管现金没有成本,但也要列示现金的确切价值;按照权威机构的规定,有报价的证券和商品,即使市场价值超过成本,也应按市场价值列示;但是,商誉由于其模糊性且难以验证其估价而被排除在财产清单之外,除非商誉通过购买获得。[①]

但是通常很难确定是否有真实的商誉购买行为,或者,如果有,又是以什么价格购买的。通常企业是以股份而不是现金购买合作者或者另一个公司的业务。一般情况下,股票的面值超过了有形资产的价值,有时很难确定这两种价值的差额代表购买的商誉或仅仅是股票发行的折扣。在美

---

① 这一情况的一个例外出现在英国巴罗赤铁矿石(Barrow Hamatite)公司的案件(第2章,第855页,1900年)中,认为在宣布资本减损之前,商誉应该能抵销部分资产的价值的下降。

国通常的实务中,会计师们已经认可商誉的存在,只要所购买的有形资产价值低于所发行股票的面值。在近期的一个产品目录公司资本化过程中,其总资产不到 2 000 万美元,但是在资产重组的过程中加入了商誉的价值,其资产价值估价为 3 000 万美元。这个数字中的高估部分很明显是建立在为并购而发行的股票报价基础上的。总的来说,最近组建的所谓的信托基金就包括了商誉高估,通常大约相当于所发行普通股的数额。在很多种情况下商誉的估值被过度夸大,这很明显是不正确的。这一点可以通过下面的例子说明,一个沥青公司根据经验估计它的收入是资本的 10%,但是事实证明还不到 1%,或者一个美国的麦芽糖公司在开业计划书中将收入估计为 210 万美元,但在经营第一年减少为一个负值。所以还是有必要剖析一下商誉存在的条件,并考虑控制商誉估价的原则。

商誉或者其他类似的项目的价值,如特许权、专利、商标、商品名等依赖于一些法定权利或贸易习惯的存在,这些法定权利和贸易习惯可以给企业所有者带来比其他贸易渠道更多的利润。如果一个企业的名字及其过去因良好的交易形成的声誉,在没有广告费用浪费或者尽管少数对手实施低价的情况下,仍能带来源源不断的顾客,这就是一个利润来源,且该利润超过建立一个新企业所获得的利润。如果对某一地点拥有独占的使用权,不管是在拥挤的角落里的一个报摊,还是一条街道上有独家专营权的电车道,至少有一种可能性:它开启了其他没有此优惠的企业无法获得的利润的大门。如果一个企业有垄断保护,无论是专利权的合法垄断,还是目前所有竞争者以信用为基础联合形成的一个特殊业务垄断,就有可能将价格保持在一定水平,这个价格水平将会带来超过当前正常利润的更多利润,也会成为商誉估价的法律基础。

商誉估价的一个正当的理由是一些可转让权利的存在,这些可转让权利可以保证购买者除了获得投资于企业的资本金额的正常报酬外,还可以获得更多的利润。超过投资所带来的正常收入的盈余实际上是不确定的年金,他的价值由 3 部分决定:①年金的金额;②权利可转让的程度;③权利可以使用的时间。超额利润的金额确定一般是以过去的经验记录为基础,并依赖于企业出售商誉的账户。确定用于调查商誉的期间长度是一个棘手的问题。一年并不是一个充足的期间,因为这一年的高利润或许是由暂时的异常条件造成的。考虑的时间也不应太长,因为很早以前年度的条件和目前适用的估价条件不同,使得调查并不具有重要性。特别是一个企业正在处于衰落期,将早期经营列入估计期是应遭到反对的,这有夸大利润的倾向。在最近的资本化项目中,国家壁纸公司仅仅在 11 个月收入的基础上对商誉进行估价。橡胶品制造公司以 1 年的收入为基础;国家盐业公司以 2 年的平均收入为基础,国家绳索公司以 3~5 年的收入为基础进行商誉估价。在英国的公司财务中,后者的数据更多的应用于商誉估价。

(1) 在确定用来资本化的超额利润金额时,可以运用两种不同的方法,一种是将全部利润资本化,当然要保证申报的利润是净利润,而且适当的贬值及其他费用已经计提,从这个资本化金额中减去有形资产价值的差额就是超额利润。国家壁纸公司采用的就是这种方法。另一种办法是从净利润中减去投资乘以假定的资本利润率,然后将剩余的盈余资本化,这个办法被广泛地应用于英国公司,当然结果是一样的,因为收益资本化的比率和投资的资本利润率是一样的。

(2) 超额收益的可转让性是差异最大的一点。一方面,当一名律师、医生或其他专业人士出售商誉时,始终有一个问题就是让客户拥有商誉到什么程度,这纯粹是一个个人问题。另一方面,由电车道的特许权引起的超额收益显然是可转让的。这两个限制条件之间是有变化的余地的,这在很大程度上取决于所有者个人因素成为创造利润的决定性因素的程度。一个公司购买商誉并明确规定,以前的所有者。经理或职员在购买后的一定时间内应继续提供他们的服务,这并不少见,如在缆绳托拉斯案例中就是这样做的。

(3) 超额收益的持续时间取决于两个因素:与竞争有关的因素和与一般交易条件相关的因素。在确定企业巨额利润的持续期时,美国和英国企业兼并过程中出现的计算错误都是因为前提条件是没有竞争。一个明显的例子是哥伦比亚秸秆纸业公司案件,他们对巨额利润的估计是以垄断高价为基础的。但价格一旦提高,旧的工厂重新开张,新的工厂也马上建成,此外,通过引入木浆替代之前的麦秆作为生产包装纸的基本材料,产生了新的竞争,结果该公司在不到两年的时间内破产。

忽视一般贸易条件改变的可能性,几乎也会产生同样的错误。因此,在英国自行车制造厂兼并中,商誉的大额估价以以往需求的持续性为基础;但几乎在企业并购发行的股票上市后,流行骑自行车的风尚马上就消失了,与之伴随的是公众急切购买该股票。同样,因为支持禁欲的情绪出现或一项禁令的颁布,酿酒厂或酒吧的商誉就可能会停止。

根据上述提到的所有变量,降低商誉资本化的比率显然是不可能的。迪克西(Dicksee)提供了一个粗略的估计,为了确定一家贸易公司商誉的价值,平均净利润减去资本利息和所有者的服务津贴后,应该乘以1~5倍;制造业的乘数应该是1~4,专业业务的乘数是1~3,报纸和"其他类垄断"的乘数是更高的数字,10也很寻常。在确定托拉斯的商誉价值时,对绳索托拉斯来说,所参考的利润乘数是5,盐业托拉斯的乘数是10,橡胶制品公司的乘数是14.29,国家壁纸公司的乘数是16。但是,在这些案例中,假设垄断因素存在也许是错误的,且利润是全部净利润,而不是利润减去投资资本正常利息率后的利润。而且,在这些案例中,股票支付的价值通常远远低于其面值。

查尔斯·S·费尔柴尔德(Charles S. Fairchild)先生,提供了下述商誉价值估算的方法:"在某些情况下,商誉的价值已经进行了非常谨慎的估计。例如,公司的发起人特别重视将保守的办法用于计算公司合并产生的商誉价值。按照他们的说法,事实上新公司购买房地产、工厂和股票等都是以评估的现金价值为基础的。此外,商誉的扣除也以此为基础计算;从公司净利润中扣除实际使用资本的7%,销售额(大约是资本额3倍)的1.5%,建筑物折旧的2%,建筑物框架的4%,机械设备的8%。如果平均净收益超过上述将要扣除的费用,而且此情况也出现在发起者的声明中,每年这一余额的20%被资本化为商誉,即商誉的价值估计为利润扣除资本额的7%和折旧准备后余额的5倍。"[1]

弗朗西斯·摩尔(Francis More)认为,对盈余的不同部分运用不同的资本化比率是正确的。因而,根据他给定的例子,如果假定8%是正常的利润率,一家拥有$100 000的资产及$8 000利润的公司没有商誉,利润也没有超过正常比率。如果利润为$13 000,超出的$5 000利润就可能被资本化,那么,购买7年就会估价为$35 000。但是,如果利润为$18 000,再加上$35 000是不明智的,增加的盈余$5 000,也许应该乘以5。因此,盈余的每一个增加部分应采取一个更低的资本化比率,或者通俗一点说,相对于正常利润的超额收益越大,资本化的比率就应该越低。因为小额盈余比大额盈余更容易持续提供一个较小的竞争领域,并可能更少受其他波动的影响。

支持财产清单中包含商誉和类似无形资产具有合法性的说法,绝不表明列示一项不存在或被高估的商誉的做法是有道理的。这样一个项目不仅是无形的,也是虚幻的。从会计的角度看,这种做法比把不存在的建筑物列入资产清单中,或在资产负债表中将银行存款以实际金额的2倍列示,更不具有正当理由。美国最高法院认为:"商誉是一项实际存在的合法资产,但它绝不是除了能进行金钱上的估计之外的、没有实质的、虚幻的东西。"

商誉是否像以前一样以成本价入账,还是应该像机械设备通过计提折旧的方式减少其价值一样,进行定期重估或定期注销,对于这个问题,与会计理论的其他问题一样,见仁见智。英国会计师查尔德(Child)、库珀(Cooper)、格思里(Guthrie)和皮克斯利(Pixley)之间已经开展的讨论赞同定期注销商誉。而迪克西(Diksee)、考尔迪科特(Caldicott)、加克

---

[1] 美国经济协会出版物,第三系列,第156页。

(Garcke)和费尔斯(Fells)以及詹姆斯(James)主张商誉应该继续按原始数据计价,而不应考虑其实际价值的变化。因此,韦尔顿(Welton)反对注销商誉,但是当以商誉价值为基础预测的预期利润没有实现时,就应该注销商誉。不过,格思里认为注销商誉的前提条件是:该公司有不寻常的、适合用来注销商誉的利润。

英国法院在威利诉麦克纳马拉(第2章第245页,1895年)案件中的决议是,即使商誉的价值确实下降了,也没有必要减少利润以弥补商誉价值的下降。这一决议基于商誉是"固定"资本的观念,并应用了以前的决议①,即在确定利润时,账面上不必考虑"固定资产"(或永久性资产)价值的下降。

从某个角度看,商誉是最长久的资产这一点是正确的。其他的资产甚至工厂的场地都可以在不经过必要的终止企业的程序而被偷偷地卖掉,但是商誉必须同企业出售一起处置,而且商誉的不确定性使得高估其价值比高估其他资产价值的危害小得多,每个人都知道购买商誉的价格并不表明其当前的价值,而且在任何时候都有可能采用新的估值。因此,商誉以成本价格持续存在于资产中几乎没有欺诈的风险。但是商誉永久性学说看起来与商誉按购入暂时的、有终止期的年金估值的理论不一致。按照严格的逻辑要求,至少商誉付款额应以购买数年的超额收益为基础确定,商誉估定的价值应当在相同年限内摊销完。只有当预期报酬不能实现时才注销商誉价值的要求,对股东来说当然很难,因为他们承受了双重负担:首先预期利润下降;其次,进一步确认的费用抵减已经下降的利润,以弥补商誉价值的下降。当利润非常高时,减记商誉价值显然不合逻辑,但是,这种做法并不因此而必然在会计实务中失信,因为这种做法在恰当的时候减少了超额利润,且减记的金额与该超额利润的增长呈正比。也许最令人满意的解决办法是根据商誉估价计算所使用的年数按比例注销商誉,因为商誉无

---

① 卡姆登诉斯图尔特,美国,1892年。

论如何是一项不确定资产,且对固定资产(该类资产包括商誉有些牵强)折旧,尽管在法律上没有做出规定,但是从保守主义者的立场来看是合理的。在商誉估价很明显是错误的且其价值不值其账面价值的情况下,最好的调整方法是如迪克西(Dicksee)所倡导的,用减少资本的方式抵销商誉价值的下降,而不是增加费用抵减利润。

在美国的公司财务中,商誉通常不公开反映在资产负债表中,通常它包括在有形资产中,列示在"房地产"等项目下,或者和其他具有难以确定特征的科目合并在一起,在诸如"商誉、专利、租赁和商标等"(如美国棉花石油公司),"专利权和商誉"(美国胶水公司),"特许权、商誉等"(美国留声机公司),"商誉和专利"(西尔斯公司)等项目卜列示。尽管这些财产权利如专利权、商标等在法律特征上和商誉是不同的,但它们在经济上是很类似的,都代表了能产生超额利润的可转让权利。那些有明显的终止期的无形资产(如专利、版权等)和商誉不同是因为它们的价值有一天会消失,因此,它们的价值下降是显而易见的。

递延资产

资产负债表中的另一类项目叫做递延资产或递延费用。这些术语表明完全属于资产负债表日后某一期间的费用支出已经发生。在这一类项目中,有"债券折价及佣金""递延费用""矿山表面剥离成本""预付利息"及其他项目。

讨论的焦点是:确定的支出,特别是企业创办之初发生的支出,应该作为纯粹的费用还是作为厂房成本的一部分记入建造账户。递延资产中的项目在某种程度上处于中间位置,因为他们既不代表永久性资产成本,也不能一次计入当年的费用中。很明显,这里的费用是指抵销未来收益而不是过去收入的费用。虽然在很多情况下它们并不代表任何实际资产,但是它们被当做资产处理。这可以通过"预付利息"项目清楚地举例说明。它

(预付利息)或许是不可弥补的费用。它甚至不是债务总额的减少，因为在许多情况下，预付债务并不会产生债务到期前的折价。但是对持续经营的企业而言，它是非物质的，无论利息是预先支付还是尚未支付，当债务到期时，都要有充足的库存现金来支付利息。所以，一直到下一个财务年度结平利息费用时为止，"预付利息"实际上相当于等量现金。前者(预付利息)和后者(现金)一样，被合法地认为是一项资产，因为这类账户代表的是一种预付或预期的费用，而且允许在不同的财务期间对净利润进行适当的调整，所以这类账户有时被称为预计账户或调整账户。然而，后一种术语的使用有点模糊不清，特别是在英国叫做集合账户，最近，在美国术语中称为控制账户。

在某些情况下，递延资产代表了短期预付利息，其很明显应作为下一个财务期间的一项费用。在另一些情况下，递延资产代表的是一项与几个经营期间有关的预付费用，如矿山表面剥离成本，或许要在矿山开采的20年内进行分摊。很明显，这里将其总额在其适用期内注销是完全有必要的。在某些情况下，递延资产确实代表了涉及永久性优势的支付，如开办费就包括在这个总科目下。在这种情况下，费用没有严格要求被注销掉，但是它可能无限期被结转，就像它被合法地计入厂房的价值一样。

但是保守的公司倾向于比要求的期限更快地冲销这些项目，所以尽管一个企业债券的期限为20年，每年却摊销债券折价的1/16，另一种情况是，第一年分摊同样的债券折价的1/8，但是第二年整个剩余的折价就全部被注销掉了。

有时出现在资产中的项目并不代表预期的费用，而是企业认为既不适合马上记入"利润和损失"，也不表明资本减少的非常损失。在这种情况下，递延费用不是未来收益的成本，而是未来利润将会弥补的损失。这个项目的典型例子出现在1906年12月31日美国铁路投资公司的资产负债表中。在这张表中出现的"地震、火灾和袭击"项目的金额为859 983美元。公开这一项目，而不是将其隐藏在厂房成本和其他有形资产中，是一个巨大的进步。当然，它绝不是一项资产，准确地说，甚至不是一项递延资产。但是，通过把它做如上处理，损失就不会影响当期利润。这样做的合法性将在第12章详细讨论。

第6章参考文献

Dawson S S. Goodwill. Article in Encyclopedia of Accounting, III, p. 196.

Dicksee L R. Goodwill and Its Treatment In Accounts. Third edition. London, 1906. （商誉最完整的账务处理）

Guthrie E. Goodwill. Accountant, XXIV, p. 245.

More F. Goodwill. Accountant, XVII, p. 282.

第7章 折 旧

　　毁坏是自然界的基本规律,固定资本也不例外。这里使用"固定资本"这个术语是指其经济含义而不是会计含义,尽管其名字叫"固定资本",好像它的价值是固定的,但在经济上它同样不能摆脱大自然基本规律的约束。甚至所谓的永久性设施,如建筑物,都容易遭受时间的毁坏。所有机械设备都不可抗拒地前进在变成废品的路上,通过修理可以延缓但不能阻止该进程。

　　这个明显的经济事实对会计学具有重大意义,虽然我们在实践中并没有充分认识到。这个问题在前面的章节里已经讨论过,这意味着,在评估所有固定资产的价值时,必须考虑到随着时间的推移,即使没有任何证据能够表明它是否被使用或使用不当,但它距离寿终正寝更近了一年,就凭这一铁的事实,在有关技术性账户中就必须要有所记录。

　　在估计生产成本的时候必须考虑的不仅仅是工资和材料、利息和租金以及维修和更新费用,因固定资产有用性逐渐丧失导致其价值减少而计提的准备也必须考虑到。因此,在没有计提折旧之前,是不可能确定利润的。折旧并不是利润分配的一部分,而是一项费用,没有它,利润就不可能得到,这一原理是显而易见的。制造商品会消耗材料,例如燃料或燃油当然都是费用的一部分。损失换句话说是费用。如果燃料损失是直接产生的,就要一次性计入费用。生产工具的使用与它类似,只是其用途通常会延续较长期间。一次性耗用的物品必须确认为当期费用,仅在一年内耗用的临时性建筑物或工具应计入发生当年的产品成本中。为生产服务的长期资产应该在其使用期间内摊销为费用,也许是 5 年,也许是 50 年。

如果不以年度作为会计分期单位,而是以整个生产的经济周期作为会计分期单位,那么,购买一台机器,或购买一项专利都是费用——这些费用可以全额计入成本。如果一个制造商用他租来的工厂在 1 年里生产出了 1 000 台发动机,很明显,每年的租金是这 1 000 台发动机生产费用的一部分。但是,如果把会计期间延长,这就等于说,生产 10 000 台发动机的生产费用要包括 10 年的租金。机械和专利权都是同样的道理。假设机械和专利权的使用年限都是 10 年,那么生产 10 000 台发动机的费用就不仅仅是 10 年的租金了,应该是所使用的机械和专利权的总成本。我们可以完全人为地把生产过程划分为不同的会计年度,相应地把这些总生产费用人为地以最近似实际情况的方式按照生产经营的期间分配给不同的年度。

按照惯例,租金、利息以及其他预付项目,在年度报表编制时如果仍未完成,就应该把这些预付租金、利息或保险作为一项资产列示。因此,12 月 1 日某公司可能会提前支付 300 美元作为 10 000 美元贷款的 6 个月利息,预付 1 500 美元作为一个季度的租金,预付 1 200 美元作为 1 年的保险费,12 月 31 日的资产负债表将会列示下列资产:预付利息 250 美元,预付租金 1 000 美元,未到期保险费 1 100 美元,对短期项目进行这样的分摊是一种惯例,它与时间的流逝是成比例的。这些项目有时被称为"预期"或"调整"账户,并列入递延资产。但是,折旧的分界线在逻辑上是非常含糊不清的。如前所述,如果从整个生产过程来考虑,机械和专利权的总成本都是产品的生产费用。但在每年的年末,这种费用被认为是有关未来的,而不是关于过去经营的,因此,这些所谓的永久性资产(实际上是暂时性资产)成本的一部分被作为预付租金、利息和保险费处理。换言之,代表易损坏价值或者其他有期限的生产工具的资产项目,逻辑上与预期账户或调整账户类似,也列示在资产中。

允许计提折旧最直接的效果就是可以适当地使不同年份的利润变得平均。否则,机器的总成本最终会在它终止使用那一年计入成本。在那时,其价值会终止,它将不再出现在财产清单上。库存财产的总额因而减少,因此必须减计利润和损失账户或其他所有者权益账户。但是,如果一台不再使用的机器,其原始价值是 20 000 美元,在其整个 20 年的寿命期内,这 20 000 美元的价值将一直记录在账簿上,可以说,所有者在最后一年大概会列示 19 000 美元的超额损失,而在先前的 19 年中却将利润高估了同样的金额。在所有者或股东没有改变的情况下,这种处理程序是缺乏远见的;如果人员(所有者或股东)发生了改变,这种处理程序就是不公平的;在所有情况下,这对债权人来说都是危险的,因为直到最后一年,他们都不知道公司资产的真实情况。

早期的会计学者并不计提折旧准备,尽管如此,会计理论研究在某种程度上仍然是领先于法律实践的。在美国尤其如此。德国、法国、比利时、瑞士、奥地利等国家的法律都规定必须在列示利润之前估计折旧。在英国和美国,没有这种大陆法系国家已存在的关于会计实务的规章,但英国法院的决议或许比其他国家的法律更令人满意并得到一贯遵守。

至少到目前为止,涉及物质毁损的最早案例是戴维森诉讼吉利斯案件(1879),随后,邦德诉讼巴罗赤铁矿钢铁有限公司(1902)案件给出了明确的理论表达,认为折旧是必须计提的。美国法院的立场倒是不太令人满意。一件有趣的事是麦金托什诉讼弗林特和皮尔·马奎特铁路公司,法院驳回了该公司把蒸锅和餐厅的折旧计入营业费用的做法,法院称,"这种估计的折旧额并没有实际支出,因而不能直接从利润或净收入中扣除"(34 Fed. Rep. 609)。

不幸的是,这个案件中的上诉从未审判,因为诉讼当事人之间达成了庭外和解。但是,在更早关于美国堪萨斯州太平洋铁路公司的案例中,美国最高法院关于折旧提取的观点是:"我们显然认为这不是一个适当的费用,这样的支出只有在实际上已经确实发生时才作为利润的扣除项。"(99 U. S. 459.)

美国不同州的法院有不同的判决。其中最令人满意的是新泽西州的案例(惠特克诉讼阿姆韦尔国家银行案),法院认为,除了维修成本外,必须是"因损耗或持续使用而产生的合理的折旧准备……主张所有机器都不容易贬值并无说服力"。在密歇根州,不动产允许提取折旧在理查德森诉讼布尔案件中已经得到承认,在康维尔诉讼舒克案件中,纽约市高级法院明确地表示允许提取折旧。

但是,乔治亚州和加利福尼亚州是不允许计提折旧的。后一个州关于水务公司机械设备折旧的决议特别有趣。一名法官说把折旧作为收入的减项是"完全错误的"且"一刻也不能容忍"。[①]

在州际商务委员会颁布的制订铁路账户的规则中,折旧在法律上得到承认,这是近期最重要的进展。该规则第一次明确规定必须对 7 类设备按月估计应提取的折旧。这一规定对承认"折旧是一项不可避免的费用"这一原则的正确性无疑将产生相当大的影响。

记录折旧有两种方法。例如,某个公司的资产负债表,考虑折旧之前如表 37 所示。

表 37

借		资 产 负 债 表	贷	
机械设备	$100 000	资本		$100 000
现金	10 000	损益		10 000
	$110 000			$110 000

一项 2 500 美元的折旧费用可以记入机械设备账户的贷方,把它减少到 97 500 美元或记入到一个单独的折旧账户,或其他类似的账户。在任何一种情况下,相应的借方都应记利润和损失账户。后一种情况下的资产负债表的格式如表 38 所示。

---

① 见塔特诉兰德(1873);埃默里诉威尔逊,纽约(1879);圣地亚哥水务公司诉圣地亚哥(1897);雷德兰兹水务公司诉雷德兰兹(1898)。

表38

借		资 产 负 债 表	贷	
机械设备成本...............	$ 100 000	资本...............		$ 100 000
减:折旧...............	2 500	损益...............		7 500
	$ 97 500			
现金...............	10 000			
	$ 107 500			$ 107 500

　　更令人满意的是,这样做反映了机械设备的原始成本,而不是仅仅反映当前计提折旧之后的价值。这种做法并不是无关紧要的,在一种情况下,这代表了机械设备总的原始成本,但在另一种情况下,它提供了曾经价值 10 000 美元的机械设备的剩余价值。人们常常声称,把折旧贷记一个单独的账户,而不是记录在反映资产的账户中,可能导致欺诈。这种观点被提出来很可能是因为用来表示折旧的术语经常被错误地定义,并且存在一种危险,即纯粹的折旧确认可能被误解为一项利润储备。事实上,德国法律对这种欺诈的担心是非常强烈的。至少从雷姆(Rehm)的解释可以看出,把折旧费用记录到一个单独账户的贷方是不合法的,并且要求其必须通过减少资产的价值来列示。但是人们所担心的这些风险都完全是可以避免的,只需要将折旧账户的贷方不在资产负债表的贷方列示,而是在资产负债表的借方作为减项列示,这样与上面所述就一致了。而且一些作者主张,通过谨慎地使用"折旧账户"科目(它并不是通常使用的术语"折旧基金"),有关折旧和储备基金之间的所有混淆将会被彻底避免。州际商务委员会指定的应贷记的账户名称为"蒸汽机车设备——重置""旅客列车车厢——重置"等,这些单独账户是为要求计提折旧的 7 类设备中的每一类资产准备的。

　　承认计提折旧的必要性,接下来的问题就是如何估计折旧额的问题了。通过检查机器或设备的现值来测定折旧额是不可能的。评估者可以尝试一种方法,但使用这种方法他们要考虑的因素是机器设备的使用寿命和计提折旧时已计提的折旧额。必须采用某个估计基础,即使严格意义上该估计基础并不准确,但它却很方便应用。到目前为止由磨损引起的折旧主要考虑的是三个因素:原始成本、使用年限、残值。最后一项是非常重要的,一台机器通常在还没有变得毫无价值之前就会被替换,它作为一件废品的价值通常会超过他作为一台二手机器的价值,一些技术进步比较快的企业通常会抛弃仍然可以使用的机器。

考虑到这些因素之后,问题就变成了如何在购买资产的年份到抛弃资产的年份之间对原始价值和残值之间的差额进行分割。在实务中有多种方法,其中最著名的方法如下。

最简便的方法就是用总折旧额除以使用年限,所得的商数作为每年的折旧额,或者每年提取初始成本的固定百分比。因此,如果一台机器初始成本为 600 美元,预计使用 5 年,且在 5 年后将有 100 美元的残值,那么每年的折旧额就是 100 美元或初始成本的 16.67%,用代数式表示为 $D = \dfrac{V_1 - V_2}{n}$,D 代表每年折旧额,V_1 等于初始成本,V_2 等于残值,n 代表使用年限。

这种方法的最大优点就是非常简单,很容易估计出折旧额,尤其适用于使用年限比较短的资产,它的缺点就是每次估计折旧额都要考虑初始成本。如果折旧是直接从资产的账面价值中减去,并且是从列示该资产的分类账户中贷记一定数额,则这种方法的缺陷是明显的,必须重新提及该账户不再列示的价值。但是当设立独立的折旧账户且原始成本在账户中仍保持不变后,批评声就没有了。

第二种方法是提取递减的固定资产净值的固定百分比。这样得到的折旧额并不是固定不变的,而是逐年减少的。在上面的例子中,折旧额不再是初始成本的 16.67%,而是逐年减少的固定资产净值的 30.12%,因此,年折旧费如表 39 所示。

表 39 计提折旧(余额百分比法)

年份	年初账面价值	按递减价值的 30.12% 提取的折旧额
1	\$ 600. 00	\$ 180. 72
2	419. 28	126. 28
3	293	88. 25
4	204. 75	61. 67
5	143. 08	43. 09
残值	99. 99	

用代数式表示的计算式为:

$$V_1(1-r)(1-r)(1-r)(1-r)(1-r) = V_2$$

r 代表年折旧额占递减价值的百分比;V_1, V_2 的意义同前面一样分别是资产初始成本和残值,因此得到如下公式:

$$r = 1 - \sqrt[n]{\frac{V_2}{V_1}}$$

该公式使用对数表很容易算出。需要指出的是,这个公式在 $V_2 = 0$,即在资产没有残值时并不适用。例如,有固定期限的租赁,或有使用年限的专利权等。事实上,在这种情况下,只需要为残值假定一个名义数值,如:1 美元或 1 美分,该方法也是适用的。需要进一步指出的是,由于小数需要四舍五入,通常计算出的余额可能不太精确,与假设的资产残值可能不太一致,但是,折旧本来就是一个估计的数额,这样小的差异并没有重大影响。

这种方法的优点是,除了应用简便,能够很方便地反映资产已计提折旧价值之外,这种方法提取的折旧额会随着使用年限的增加而越来越少。赞同这种方法的理由是,在资产使用早期,修理费用是很小的,但随着机器变旧,这些修理费用将会增加。修理费用和折旧都应计入产成品的成本,不断增加的修理费和不断减少的折旧费合在一起形成了一项均匀的费用,因而,机器使用的不同年份之间的利润分布也很平均。此外,不断减少的折旧额与经济事实也更一致。同一台新机器的价值与使用一年之后的价值差异肯定会远远大于使用了 19 年之后的价值与使用了 20 年之后的价值差异。

因此，蒂凡尼(Tiffany)估计一台面粉机第一年的折旧额是其初始成本的 12.5％，第二年是 8％，第三年是 5％，第四年是 2.5％，此后每年只提 2％。对这种方法的反对是显而易见的，它涉及复杂的数学计算，并且年折旧率传递给普通人好像需要把这部分资产注销的感觉。此外它增加了早期的折旧费用，如果是新成立的企业，这可能令人反感，因为当企业羽翼尚未丰满且利润较低时，增加的费用减少了利润。

第三种方法被称为年金法，它更复杂。年金法基于这样一个假设，生产成本不仅应包括修理费和机器折旧费，而且还应包括投资于机器的本金所产生的利息。根据这种理论，折旧应该是一个恒定的年费用总数，它不仅足以冲销机器价值的减少，而且足以冲销逐年减少的机器价值每年所产生的利息。假设利率为 6％，计算过程如表 40 所示。

表 40

借		机 器 账 户		贷
成本价格	$ 600.00	折旧		$ 124.70
利息(6％)	36.00	余额		511.30
	$ 636.00			$ 636.00
余额	$ 511.30	折旧		$ 124.70
利息	30.68	余额		417.28
	$ 541.98			$ 541.98
余额	$ 417.28	折旧		$ 124.70
利息	25.04	余额		317.62
	$ 442.32			$ 442.32
余额	$ 317.62	折旧		$ 124.70
利息	19.06	余额		211.98
	$ 436.68			$ 436.68
余额	$ 211.98	折旧		$ 124.70
利息	12.72	余额		100.00
	$ 224.70			$ 224.70
余额	$ 100.00			

代数公式推导如下：

$$(\{[(V_1 R - D)R - D]R - D\}R - D)R - D = V_2$$

其中 $R = 1 +$ 利率，在这里就是 1.06；D 是每年折旧费。

因此：$V_1R^5 - D(R^4 + R^3 + R^2 + R + 1) = V_2$

或更简单的表达形式：

$$D\frac{R^5-1}{R-1} = V_1R^5 - V_2$$

和

$$D = V_1R^5 - V_2 \div \frac{R^5-1}{R-1}$$

或者通用式：

$$D = (V_1R^n - V_2) \div \frac{R^n-1}{R-1}$$

这些数利用对数很容易就能算出，或者用保险公司使用的精算表会更容易地计算出来；很明显，V_1R^n 是 V_1 按照 n 年期，6％的复利计算出来的，D 的系数也是 n 年内每年末支付 1 美元年金按 6％的利率计算的利息的累计价值，这些价值利用普通精算表可以得到。

这个系统的使用意味着，当利息计入机器成本时，会相应地贷记利息账户。因此利润和损失账户的最终结果就是：有一个每年相等的折旧费，和一个逐年减少的贷记利息。

对这种方法的异议是，它引入了一种惯例，即通过将假定的利息计算在资产价值中的方式提高资产价值。在这个特殊的案例中，最终利润没有夸大是因为有一个增加了的折旧额冲减利润。但是，就像做一件看起来有道理而事实上令人反感的事一样，在实务中它是否并没有如此危险还是不确定。而且，除非对所有的投资资本都计提利息，而不仅仅是对容易贬值的资本计提利息，不然在估计折旧时会出现逻辑上的不一致。最后，它的价值在于将制造利润（或其他使用贬值资本性资产的经营活动产生的利润）与因使用资本而获得的利润分离。之所以如此是因为大量折旧费都被归集到了交易账户[①]，而贷记的利息则进入了利润和损失账户。

---

① 见第 15 章。

三种计提折旧的方法有明显的不同。采用资产折余价值的固定百分比法计算得到的折旧额逐年递减,按照初始成本的固定百分比法计算的折旧额是固定不变的,采用第三种方法折旧额通常是递增的,表41对几种折旧方法计提的折旧额做了一个对比:

表41

一项初始成本为 600 美元,5 年后的预计残值为 100 美元的资产的折旧

年份	初始成本的 16.67%	折余价值的 30.12%	年金法(利率6%)	
			总费用	扣除利息的总费用
1	$100	$180.72	$124.70	$88.70
2	100	126.28	124.70	94.02
3	100	88.25	124.70	99.66
4	100	61.67	124.70	105.64
5	100	43.08	124.70	111.98
合计	$500	$500.00	$623.50	$500.00

管理层可以根据不同情况选择三种方法中的一种或三种之外的其他方法。迪克西(Dicksee)的高层管理人员倾向于为寿命较短的资产选择第一种方法,为寿命中等的机器选择第二种方法,为长期租赁资产或其他类似资产选择第三种方法。法院一般都允许计提折旧,并规定公司管理层自行决定折旧的计提基础和折旧期间。即使在成文法最为精确的德国,在某些情况下甚至规定了需要估计折旧的期间,但是从来没有任何一项法律规定要采用某种折旧计提方法。然而,在实务中,英国、德国、美国偏好采用逐渐减少的资产折余价值作为折旧计算的基础。但是州际商务委员会明确规定强制性计提折旧的 7 类设备的折旧额计算应采用第一种方法,用资产总价值减少额除以资产估计的寿命年限。

在讨论不同折旧计提方法的相对优点时,必须意识到折旧准备仅仅是更大体系的一部分,这个体系的目的是使各年的折旧费用变得均衡。很明显,真正的制造成本包括修理费和机械设备的折旧两部分,这两个账户中所支付的总金额是应计入机械设备持续使用期间所生产产品总成本的一项合理费用。但意外的事实是,实际支付并不均匀,为什么每年的费用应该不同,这是没有理由的。不能把应在半年内分摊的租金和利息作为支付租金和利息那个特定月份的费用。两者都不是事实,假如必须有一个事实,那就是,机器价值在第一年的下降会比它使用年限的最后一年多出很多,这证明在资产刚开始使用的几年里提取更多的折旧计入成本是有道理的。完整且科学的折旧计提方法应该是在承认维修费的必要性的同时将维修费和折旧费在不同年份之间进行分配,而不管费用实际发生的时间。因此,应该有两个估计,一个是机器在使用期间的总损耗额,另一个是相同期间的修理总成本。这样做之后,这两项费用的总额应该等额地分摊到每一年。换句话说,应该有一个每年相等的金额借记费用账户,并贷记折旧账户和更新或修理账户。废弃机器的更新和修理支出也应该记入这些账户。假如估计得近似准确,那么费用将会在若干财务期间内近似准确地分配。但是,如果不是每年提取同样的费用来支付修理费,而是按照每年实际发生的修理费用来确认费用,修理费用有时多有时少,这种情况下,通过提取变化的折旧费,可保证更加正确地最终列示,在折旧计提以资产逐年递减价值的固定百分比为基础的情况下,就可以这样做。这并不意味着以这种方式分配折旧额更正确,但是这种分摊中的误差抵销和中和了逐年增长的维修费。但是这充其量是一个笨拙的方法。对修理费和折旧费更全面、更科学的处理应该是将其作为一项均匀的年度费用,这种处理更受人青睐,且州际商务委员会颁布的账户体系中已经有所暗示。

关于已经描述的三种折旧方法,不管其存在什么样的不确定性,有一点是毫无疑问的,那就是不经常使用的第四种(折旧)方法是不合法的。这是为了使每年因折旧而冲销的金额与利润大致成比例。按照这种推理,在实务中如果没有利润额,将会无法计提折旧。所涉及的基本原则是,折旧是必然的不可避免的,是一项在利润被确定之前估计的费用。这种观点不仅被会计师所接受,而且至少在德国已经通过司法判决获得了法律权威。从李基(P. D. Leake)的发言中可知,这个国家州际商务委员会已经采取了正确的态度,将采纳这个观点并将其作为一项法规。李基(P. D. Leake)说:"与工业和贸易企业相关的一项重要事项就是如何准确地定期估价每年的经营活动所取得的年度净损益,除非寿命期已满的生产设备在整个生产期间的近似开支以及总收入全部都能提供,否则是不可能得到正确的损益表的……只有生产设备整个寿命期间的支出已经从总收入中扣除,利润才存在。"①

不幸的是,现行做法并没用遵循这一正确原则。在美国公司账户中承认折旧的公司相对来说还不太普遍。很少有公司在繁荣的时候反映折旧,这时利润额很大,当业务不好时,又很胆小懦弱。有一些例外需要指出,这其中有阿利斯-查默斯(Allis-Chalmers)公司,它在 1906 年提取了将近300 000 美元的折旧,尽管它导致了近 400 000 美元的赤字。

折旧应该能够弥补由于生产性资产的使用而导致的价值的下降。会计谨慎性要求的折旧额应不低于这个数额。但是,尽管这个标准经常达不到,也不难发现,有公司提取的折旧额会远远超出实际价值的下降。然而过多提取折旧违反了基本的会计原则,折旧提得太多与提得太少一样偏离准确性。然而公众和专业人士对这两项交易的考虑有很大的不同。(折旧)提得太少被认为是不光彩的,提取过多被认为是谨慎的信号,不仅最有信誉的公司这样做,而且当这种情况发生时,一些财务作家也经常称赞这种行为。

过度的提取折旧的影响就是隐瞒了大量利润,创造了通常所说的"秘密储备"。正常情况下折旧计入费用,或者至少都计入了损益。如果事实上资产的价值并没有真正下降,结果是低估资产负债表中的资产和利润。因此,这里所涉及的问题是低估资产和秘密储备,这两种都在其他地方讨论。在这里,足以引起注意的是过度计提折旧的事实,虽然它一般都会被宽恕,但它仍然背离了理想的会计核算,它的影响就是建立了秘密储备。

---

① 州际商务委员会,会计系列,第 13 号通告。

折旧是否为消耗性物品的更换做好了准备是一个经常被提起的问题。尽管这个问题有时是由会计师提出的,但它本身涉及一项误解。折旧本身仅仅意味着某项资产价值的下降。如果这导致了一项净损失,这显然与替换已毁坏的资产没有什么关系。

例如,一个公司拥有机器设备 100 000 美元,权益资本 50 000 美元,负债 50 000 美元,按照 2% 的比例计提折旧,假如其他费用刚好与收入相等,这就意味着将有一个 2 000 美元的净损失,那么资产负债表应该如表 42 所示。

表 42

借		资 产 负 债 表	贷
机械设备	$ 100 000	资本	$ 50 000
减:折旧	2 000	负债	50 000
	$ 98 000		
损失	2 000		$ 100 000
	$ 100 000		

机械设备是公司仅有的资产,没有其他的资产可以产生利润以弥补这 2 000 美元的损失。但是如果扣除折旧后还有净利润,那么情况就不同了。假如除折旧之外的其他费用是 10 000 美元,收入是 12 001 美元,资产负债表应该如表 43 所示。

表 43

借		资 产 负 债 表	贷
机械设备	$ 100 000	资本	$ 50 000
减:折旧	2 000	负债	50 000
	$ 98 000	损益	1
其他资产	2 001		
	$ 100 001		$ 100 001

在这种情况下,折旧账户表明其所持有的其他资产等于折旧额。虽然一部分原始机器设备消失了,但是它的价值又体现在其他资产上。因此,很明显,如果一项资产价值的下降没有导致净损失,根据复式记账的基本原则,那么就必定存在另一项资产价值的等量增加。

折旧账户的存在意味着新的替代物(可能是流动资产)会替代固定资产的一部分价值,这是否意味着存在更新旧资产的资金,或者反之,这取决于对所使用术语的解释。假如新的资产由现金组成,显然存在现成的更新资金。如果这些资产是以新固定资产的形式存在,其本身并不直接提供现金,这些资产的等价物就是更新(资产)的力量。事实上,这种力量可能会因为资产不能变现而受阻碍。但是类似的困难会在任何环境下存在。例如,一个由股票交易证券组成的特别更新基金也并不总是能化解紧急情况下的资金筹集困难。折旧账户的存在意味着,除了在资产负债表上列示净损失,还要列示等价新资产的存在,这些新资产是自从机械设备购买以来获得的资产。这些新资产是否提供更新资金取决于其特征和一般市场状况。

在新资产被用来偿还债务的情况下,资产负债表如表 44 所示。

表 44

借	资 产 负 债 表		贷
机械设备	$100 000	资本	$50 000
减:折旧	2 000	负债	48 000
	$98 000	损益	1
其他资产	1		
	$98 001		$98 001

这里的债务偿还产生了等价的借款能力,增加的资产或者债务的减少(即注销负资产)实际上是相同的。

除了磨损这一损失形式外,有形资产还容易因外部经济条件的变化而进一步贬值。这包括由于外部条件变化导致的残值变化,以及,如果可以估计,一台机器在彻底不能使用之前会被另一台更新款的机器所替代的可能性。经验可能表明,某一类型的机器平均可以使用 20 年,但是新的发明是如此活跃以至于 10 年之后买一台新型号的机器取代旧机器会更有利可图。毫无疑问,计算发明天才未来的发明活动是非常模糊和不清楚的。当然,该过程时常发生。美国铁匠大师的成功有时被归因于他们愿意为了安装新发明的机器而抛弃仍可使用的旧机器。如果一艘已经造好的飞船确定可以以稳定的机械效率行使 30 年,人们将不会反对下面的表述:在那种型号的飞船被某种新型的、有很大改进的飞船所取代之前更早,就应该对这一可能(新型飞船)进行明智的计算。一个更加实际的例子就是鞋子制造商们所拥有的鞋模。从物质上来讲,这些鞋模如果没有被毁坏都将会使用长短不一的几年时间。实际上,现在使用的鞋模在被用坏之前就会早早被更流行款式的鞋模所取代,这是很必然的。事实上,积累的过时的鞋模存货对鞋厂来说是一个严重的负担。同样的原则也适用于在铸造车间里使用的模具,提花织机的成套卡片,以及其能否持续使用取决于流行需求而不是磨损程度的资产。

在所有的例子中,几乎都无法将折旧与为应对突发事件而创造的储备区分开来。如果损失的价值确定到足以计算,那么它近似于普通折旧;如果损失的价值不太确定且不容忽视,这类似于第 13 章讨论的准备金。

无形资产折旧,或者更恰当地说,无形资产摊销当然不能归因于磨损,但折旧或摊销也是不可避免的。存在一个时间限制。例如,在一个 10 年采矿特许权的例子中,折旧(摊销)的计提必须在这个期间内完成。在很多情况下,这样提取折旧甚至以更快的速度注销(资产)价值是合法的。因而,一项版权在其法律意义上被终止前可能已经没有一点价值。一个基本的法则在这里是适用的,即:资产的价值越不明确或不确定,就越要提折旧并且提得越快。

运用这些普遍原理对不同类别的资产计提折旧,并在每一种情况下确定恰当的折旧率是最困难的。有形资产容易因物理和经济方面的原因产生折旧。物理毁损是一个问题,这个问题在每种情况下都是基于技术专家的观点最终确定的。估计折旧要考虑资产的预计使用年限和残值,只有这样,这项估计才会尽可能正确。机器的性质,工作的强度,修理的次数,业务的特征和其他许多技术问题,在计算机器折旧时都要考虑进去。同样每一座建筑物也要考虑这些问题。例如,建筑物的结构特征,投入使用的用途,面临的气候状况,修理支出,以及其他对确定其使用年限有影响的因素。显然在这个复杂的问题中,有这么多不确定性,所有这些都更需要尽可能谨慎地计算。

制订具体折旧率的绝对值是不可能的。下面的数字是由迪克西(Dicksee)提供的,并指出在条件有利的情况下,折旧率大致是令人满意的,每一种情况下的折旧率都以逐渐减少的(折余)价值为基础。

资产	折旧率
发动机	10%～12.5%
锅炉	12.5%～20%
轴承类	5%～7.5%
普通机械	7.5%～10%
特殊机械	10%～25%
模具	25%～33.33%
马匹	15%～25%

蒂凡尼(Tiffany)提供过类似的表格,其表格更关注的是建筑物,且在其表格中有不同的数据与建筑物的细节相对应。但是,必须牢记在心中的是没有任何通用规则可以依赖,每一个问题都必须具体对待。当有人要求州际商务委员会指定折旧率时,州际商务委员会很好地应用了这一原则,它答复道:"设备使用的环境是多种多样的,所以没法对所有的道路合理确定统一的折旧率。当然,恰当的折旧率应该是与资产的寿命成反比,折旧率的确定必须考虑到任何有关资产寿命的影响。每一个报告人员应该根据这些经验表确定所使用的折旧率,这种经验表可以根据设备记录总结出来。"[1]

第 7 章参考文献

Delano F A. The Application of a Depreciation Charge in Railway Accounting. Journal

---

[1] 会计系列,第 12a 号通告,第 2 页,案例 109。

of Political Economy, XVI, p. 585. (对州际商务委员会规则的评论)

Dicksee L R. Depreciation, Reserves, and Reserve Funds. Londdon, 1903. (一部重要的著作)

Grinling C H. The Need of a Depreciation Fund in Railway Accounts. Banker's Magazine (London), LXXV, p. 692.

Guthrie E. Depreciation. Article in Encyclopedia of Accounting, III, 357. (包含折旧率表)

Matheson E. The Depreciation of Factories, Mines, and Industrial Undertakings and Their Valuation. Second edition. London, 1903. (工程师认可的关于该主题的权威)

Tiffany H L. Digest of Depreciation. Twenty-eighth edition. Chicago. 1890. (关于不同种类财产估计折旧的详细表格,为险损估价人使用而设计)

Turner S H. Depreciation and Sinking Funds in Municipal Undertakings. Economic Journal, XIV, p. 47. (讨论英国法律中的重复收费问题)

United States Interstate Commerce Commission. Classification of Operating Expenses as Prescribed by the Interstate Commerce Commission. Third revised edition. Washington, 1908.

Interstate Commerce Commission. Division of Statistics and Accounts. Accounting Series, Circulars Nos. 8 and 13, 1907. (上述文件制定并解释委员会应用于铁路的规则)

Wilkinson G. Depreciation and Reserves. New York, 1905.

第8章 股 本 （1）

为获得现金而发行股票

资本账户在原始簿记等式中代表所有者的净财富。它以一个单一项目反映了所有财产项目的净值，包括正项目和负项目，并在各种资产账户中进行了详细的阐述。如果所有者是个人，资本账户的初始记录金额代表了其所设立企业的净资产；如果所有者是合伙人，就要设立独立的资本账户分别反映每个合伙人认缴的资本份额。

独资企业和合伙企业的资本账户记账非常简单。每个合伙人投入的初始资本金额都是明确知晓的，而且通常其价值也是毫无疑问的。初始认缴资本按规定记在相关资本账户的贷方。该记录通常以所有者姓名开头，同时可能会进一步陈述它是实缴资本而并不是贷款。例如，约翰·史密斯，资本账户。然而，企业实际所有者权益随着日复一日的每一笔交易、费用、损失和利得的发生而改变。逻辑上，这些变化应该马上记入所有者的资本账户，因此，正如第1章所讲的，我们有充分的理由把每天发生的交易记入暂时性所有者权益账户。暂时性账户的发生额会定期（一般在年末）全部归集到利润和损失账户。该账户的余额反映了所有者财富的净变化，该变化是因年度内企业经营及意外事件而产生的。当该净变化额确定后，它就会转移到所有者的资本账户。因此每年年末，正如企业设立初期一样，资本账户金额精确地反映了所有者的净资产。关于个人所有者的资本账户,并没有什么固定的、专门的或传统的做法。如果所有者个人投资10 000美元开办企业,那么这10 000美元就作为初始金额记入资本账户的贷方。如果他在第一年获得了2 000美元的利润,那么就直接将2 000美元记入资本账户的贷方。如果他同时提取了1 500美元供个人使用,那么就将1 500美元记入资本账户的借方,作为资本额的减少。这样,在下一年年初,资本账户初始金额为10 500美元,资本账户以单一总和反映了此时他拥有的净资产。如果第二年企业发生亏损1 500美元,年末记入资本账户,那么在下一年资本账户余额反映的个人所有者的净资产将降为9 000美元。年复一年,资本账户始终反映实际净资产,这使得企业经营产生的盈余或赤字对初始实缴资本的改变与所有者减少或增加资本对初始实缴资本的改变两者之间没有任何区别。

然而,在股份公司,对资本的处理并没有这么简单。初始记录金额没有必要反映股东实缴的财产金额;每年净资产的增加并没有加到初始总额中,初始总额始终保持面值不变。股份公司的资本账户只是反映公司设立时的资本总额,即股本面值。当前实际净资产只能通过合并股本账户和其他一个或多个账户获得,这些账户在资产负债表和分类账中都是独立账户,以反映名义资本的变化和由于公司经营或其他事项产生的资本变动。

因此,与资本账户有关的核算问题主要与股份公司资本有关。这些问题通常是由于发行股票的名义价值或面值与公司的实际净资产有出入产生的。通常情况下,公司都不愿意清楚地反映自己的实际状况,假如没有上述情况,那么这些问题将都不是难题。但是,公司始终可能会做一些法律禁止的筹资活动,那么以何种方式反映这些金额才能够隐瞒这个不合法行为便成了一个难题。又或者可能并不是违反了法律而是违反了经营谨慎性原则,那么如何在公司的资产负债表中隐藏这个事实又成了一个难题。会计人员可能并没有兴趣去解决这些问题,就像他们对某一财务事项的确切合法地位不感兴趣一样。例如,在某些州,公司在市场上购买自己的股票是合法的,但是在其他州是禁止的。在任何一种情况下,会计人员只关心如何反映已发生的购买,从不为法律问题所困扰,而且很少去试图寻找隐瞒已发生购买事实的方法。可以很清楚地看到,只有账目的合法性目的才会反映真实的状况,如果会计核算能够严格遵守这个刚性准则,那么会计人员的问题就会大量减少。

在正常情况下,当一个新公司设立时,第一步要做的就是获得公司章程中规定的注册资本的认购额。如果公司的全部额定资本都被认购,那么公司的初始状况就是以特定金额的额定资本设立,其净财富就完全由认购者承诺支付的金额构成。在初期,其资产负债表如表 45 所示。

表 45

借	资 产 负 债 表		贷
认股单............................ $100 000	股本............................		$100 000

这是在公司股票被全额认购情况下的正常资产负债表的期初余额。该记录非常准确,因为公司并没有收到其他形式的出资。认股凭证代表了认股者应该承担的义务,它是公司可以合法收取的款项。它和商人手中持有的应收账款或者是应收票据一样,是一项真实的资产。

当认股单被催缴支付时,其处理与以其他形式的应收账款支付所有者的处理方法是一样的。收到的现金记入借方,认股单账户记贷方,逐渐地,"认股单"项目会从资产中消失,并被现金或其他形式的资产代替。

但是,公司发起人建立公司的时候通常并没有获得额定资本的全部认购额。他们认为,企业经营初期没有必要获得额定的资本总额。比如,上述例子中,并不需要 $100 000 的股本,先不收取认缴额,直到后期股本能够有效使用的时候再收取认购股款的做法可能更好。这个时候,企业成功经营的证据将会使获得预期认缴额更容易。假如额定股本是 $100 000,而已获得认缴股本是 $50 000,关于这个交易的记录方法有很多种,更普遍的做法有以下几种(见表 46 至表 49)。

表 46

借	资产负债表		贷
现金	$ 50 000	实缴资本	$ 50 000

表 47

借	资产负债表		贷
现金	$ 50 000	股本	$ 100 000
未发行股份	50 000		
	$ 100 000		$ 100 000

表 48

借	资产负债表		贷
现金	$ 50 000	发行在外的股份	$ 50 000
未发行股份	50 000	库存股票	50 000
			$ 100 000
	$ 100 000		$ 100 000

表 49

借	资产负债表		贷
现金	$ 50 000	额定股本	$ 100 000
		减:库存股票	50 000
			$ 50 000
	$ 50 000		$ 50 000

  许多会计人员都赞成上面的第一种形式,他们认为公司实际收到的 $ 50 000 才是债权人的保证,而那些未被认购和没有发行的股票实际上是不存在的。一些法律也体现了这种观点。德国法律认为未被认缴的股本是不允许列示的。澳大利亚有关某类企业的法律明确指出,未发行股票既不能出现在资产负债表中,也不能出现在其他报表中。而且魁北克 1907 年通过的公司法中也提到:"资本应该包括公司章程中规定的那部分金额,即已经善意认购和划拨的金额。"尽管存在这些法律的权威性陈述,但是我们仍然有理由认为表 46 是不完美的。

  那些认为由于未认购和未发行股票不存在,所以不能出现在公司账户中的论点在某种程度上其实是似是而非的。因为企业设备和厂房的折旧额其实也不存在。事实上,未发行股份具有一定的真实性,因为至少在繁荣的时候,它可以成为董事会募集资金的一种手段,然而资产的折旧额代表的则是绝对不存在的数额。但是,折旧在折旧账户中反映却是一个公认和合法的会计惯例。

虽然,就债权人而言,未认缴的股票不是一项资产,但是,该股票的存在(其发行取决于董事会的决策)是一个必须告知股东的事实。也许股东所期望的信息在资产负债表附注或者附在资产负债表后的备忘录中有充分的披露,英国公司采用的就是这种形式。但是,对许多会计人员来说,把总的额定股本作为一个项目记入适当的账户,并同时把未发行股票作为在资产负债表其他地方进行反映的项目是更可取的。

上述事实可以通过很多种方式来完成,表47到表49提出了3种不同的方法。表47把整个未发行股票作为资产,这在美国报告中很常见。但是把持有的未发行股份命名为库存股票并不常见,而且这种做法一度受到激烈的批评,因为他们认为库存股票只是那些已经发行随后又收回的股票。反对的理由是,表47中的资产负债表提供了夸大的、或许有误导性的关于公司实际资本的陈述。但是,这种异议可以通过某些调整得以消除。例如,表48中,总的额定股本作为一个重要项目在资产负债表的扩充栏中反映。但是值得注意的是部分未被认购的股份也反映在了资产中。不过还有一个更好的形式,就是上面给出的最后一个表。在表49中,按照负项目可以在资产负债表中作为一个抵减项列示的一般原则(见37页),未发行股份并没有出现在资产负债表的左边,而是作为额定资本的抵减项目列示在资产负债表右边。这种格式被用在艾奇逊、托皮卡和圣塔菲铁路公司的资产负债表中,该表见本书第44页。

值得注意的是,虽然表46和表49列示的资产负债表中几乎没有差别,但是在分类账中却存在真正的差异。在前者中,日记账原始分录大概与提供的资产负债表一致;分类账中没有账户反映未发行股票,同时,分类账中的股本账户只反映贷方金额＄50 000。但是在其他表格中,虽然资产负债表的形式不一样,分类账却是一样的,都不同于表 46。因为在各种情况下,分类账户中的未发行股份账户或其他类似账户都反映了 $ 50 000 的借方余额,股本账户贷方余额都反映了全部金额 $ 100 000。

非常相似的问题就是公司发行股票后又重新回购的股本处理问题。除了这种行为的合法性问题之外,该问题完全不是一个会计问题,问题变为回购的股票是不是资产,如果是资产,又该怎么反映在账户中。关于回购股票,尽管在资产负债表中反映未发行股票的合法性的反对论点不是很中肯,但仍然有使用。在一定意义上,股本给发行公司带来的任何回报都可被视为先前发行股票金额的实际注销。这似乎是法国法律截然不同的态度,同时,据西蒙讲,这一观点虽然德国法律没有明确表示,但还是可以从中推断出来。股票回购的处理必须依照股票回购目的的不同而不同。如果公司真的是出于减少资本总额的意图,那么回购和注销的股票必须从已发行在外股票中扣除,而且不应该按照表 50 反映:

表 50

借	资 产 负 债 表		贷
厂房和其他资产	$ 120 000	额定股本	$ 100 000	
投资	15 000	减:已注销股票	10 000	
现金	5 000			$ 90 000
		债券		50 000
	$ 140 000			$ 140 000

但是如果股票的回购并不是出于减少资本总额的意图,而且也没有注销,那么此时的会计处理就要进行相应的调整,将所回购的股票在资产科目反映。表 51 所示的资产负债表形式就最好地反映了该事项。

表 51

借	资 产 负 债 表		贷
厂房等	$ 120 000	发行在外股票	$ 90 000	
投资	15 000	持有库存股	10 000	
库存票据	10 000			$ 100 000
现金	5 000	债券		50 000
	$ 150 000			$ 150 000

芝加哥-西北铁路公司的账务处理就使用该表。但是,另一个可供选择的方式(表50),没有受到任何批评,事实上,这个表更受欢迎。在表50中,回购股票并没有列在资产项目下,而是作为总股本的抵减项列在负债方,因而类似于表49。

　　然而,把持有库存股包含在某个并没有明确表示该库存股是公司自己股票的一般项目中,就很容易产生误导,并且不正确。在上面的报表中,把投资和库存股票都列在单一的"投资"项目下,很容易产生误导。因此,这种表格遭到坚决反对,并很少使用,而且,该表偶尔会被认为是对债权人的欺骗。

　　使用"库存股"这一术语为发行公司回购的市场股票命名,在美国已经得到彻底的认可。虽然,在英国并没有使用这个术语,法国和德国也没有使用类似的术语。一些学者认为这是这个术语(库存股)最恰当的用法,将其(库存股)用于反映未发行股票是不正确的。在对美国资产负债表的检查中,发现大量的把未发行股票包含到库存股中的例子。但是,回购股票和未发行股票之间存在一个重要的区别,那就是公司可以按低于面值的价格在市场上合法出售前者,而且购买者不对折价负责。在会计处理中区别这一点是很重要的,也很容易做到。即直接通过上面提到的方式将"库存股"这一项目的范围缩小,把未发行和未认购的股票用其他的名称来表示,如未发行股票。

　　与前面提到的情况完全不同的是,公司的全部股本都已经认购,但尚未催缴支付全部认购的股本额。例如,假如已经认购的股本额是 100 000美元,但是只有 50 000 美元已经支付,那么只反映 50 000 美元的资本和同样金额的资产而不提及未催缴的认股款是不正确的。然而,在这一点上并没有统一的做法,关于未催缴的认股款在什么程度上应该包含在合适的科目中,以及多久才能把他们称为解释性项目也没有达成统一的意见。在英国,直到最近才在公司法(见50页)中提供了表 A 作为资产负债表的标准格式,并没有把未催缴认股款归入适当的项目,该表部分内容如表52所示。

表 52	负　债	
名义资本(10 000股,每股10英镑)		£100 000
已催缴股本(每股5英镑)		£50 000
减:拖欠股款		100
缴入资本		£49 900

表 52 中,名义资本严格意义上并不是资产负债表中的一部分,而且该表进一步区分了未催缴的认购股款和已经催缴但拖欠的股款。实际支付的资本单独反映在扩展栏。

但是,在法国,未催缴的认股款通常作为资产反映;在德国,通常不进行反映,据雷姆(Rehm)说,这种对未催缴的认股款的省略与法律和准则都是相违背的。在美国,发行股票但不全额支付的现象很少。但是,将未催缴的认股款作为资产适当地反映得到了经常被引用的案例(教廷诉讼贺本海默案)的权威性的支持,法院认为"由于该债务是会得到支付的,公司股本中没有支付的认股额构成资产是习惯法(不成文法)的规则"。如果存在催缴的拖欠款,最好清楚地反映该事实,就像上面的英国资产负债表那样,因为原则上拖欠的催缴款充其量只具有令人怀疑的价值。表53、表54给出的两种格式是令人满意的。

表 53

借	资 产 负 债 表		贷
现金	$50 000	全部认购的股本	
未催缴认股款	50 000	缴入股本	$50 000
		未催缴认股款	50 000
	$100 000		$100 000

或者:

表 54

借	资 产 负 债 表		贷
现金	$50 000	全部认购的股本	$100 000
		减:未催缴认股款	50 000
		缴入股本	$50 000
	$50 000		$50 000

有时,在资产负债表的陈述中将未催缴股款列为或有资产是不合逻辑的,因为,通常情况下账户中既不考虑或有资产也不考虑或有负债。例如,银行的某个股东如果全额支付了其认购的股款,那么他就对进一步估定的应偿付金额负有百分百的责任。如果需要清偿债权人,那么这部分额外的或有资产是不包括在资产负债表中的。但是,有一个明显的区别,银行股东的额外责任只有在银行破产时才生效,而认购额却是董事可以随时催缴的资产,因此,其显然可以以某一项目出现在资产负债表中。

股本认缴常常产生溢价。这在银行案例中特别普遍,其中一个原因是,银行机构倾向于创立时资产超过名义资本。这在已设立的公司增加股本的情况下也很普遍,因为该企业非常成功,投资者愿意支付溢价。在所有这些情况下,股本溢价只是经济意义上的实缴资本,其他什么也不是;但是股本必须以面值反映的要求使在某个其他科目中记录支付的总额是有必要的。通常的科目是"公积金(Surplus)",该科目是国家银行经常使用的科目。为了避免每年从利润中提取 10%形成的强制性储备累积到名义资本的 20%,通常将该公积金资本化。通常把溢价记入公积金账户贷方或者记入某些实际上与公积金账户相同的账户比如"准备金"账户的贷方,唯一的替代方法是把它记入利润和损失账户。这个方法受到德国法律的严厉禁止,得到英国法律的允许,但是在所有国家任何情况下都受到经营谨慎性的谴责。股本溢价不是企业真实利润的一部分,应该专门记入某个账户,以表明其不打算用于股利分配。

有时候,会计师会遇到难以确定股票溢价是否已经支付的情况,这种不可避免的不确定性,有时作为一种反映当时不存在但又显而易见的公积金手段。举一个熟悉的例子,一个公司设立时的注册资本为 100 000 美元。它与厂房设备的所有者签订了一份合同,该厂房设备的名义价值为 90 000 美元,约定所有者以他的财产和 9 000 美元现金换取价值 90 000 美元的股票。对该项交易的通常解释是投入的现金是股票的溢价。一个更加保守的解释就是厂房设备和现金的真实价值之和只有 90 000 美元,因此不存在公积金。有时候会尝试着把该项交易的解释建立在其他股票条款基础上。如果股票被认购,认购条款是以现金支付的认缴额比率是110%,那么,很明显,用以交换厂房设备和现金的股票实际上也采取了该溢价百分比,而且公积金真实存在。但是,即使这个标准是错误的,公司也可能会说,资本总额90 100美元中的90 000美元是用于换取厂房设备和10 000美元现金。对于发起人来说,以110%的比率或者其他任何过高的比率认购剩下的100美元是一个很简单的问题。所谓的公积金的真实性是不能单凭任何简单的经验法则确定的,只能通过仔细估算支付认股款所付出资产的实际价值来确定。

迄今为止,我们都一直认为所有股本的认缴款将要在一段时间内全额支付。这个公认的准则已经被所有法庭所接受。但是在某些情况下,已认购股票和在市场上出售的股票之间存在一定的差别。没有全额支付的认购额含有支付相应的未付部分的责任,从企业的角度来看,这(未支付部分)构成了一项资产。但是在某些情况下,法院允许股票以低于面值的价格出售,而且股票则显示为全额支付。关于这一话题的最重要的案例就是韩德利诉讼史特兹案(美国,1891)。在这个案例中,一个财务状况窘迫的公司为了筹集资金使企业继续经营下去,以低于面值的价格出售公司股票。虽然法院支持债权人有权向已经支付股票面值的认股者求偿的一般原则;然而,在持续经营假设例外的情况下,不能以面值评估该股票,因此,法院批准以能够获得的最好的价格出售股票。值得指出的是,这种决议只适用于特殊条件下。首席法官富勒给予非常坚决的反对意见,法官布朗支持该决定,在后来的卡姆登诉讼斯图尔特案件(美国,1892)中,他声称该项决定不能作为认股者逃避股票认购款支付责任的依据,且该项责任"不能被假装的股票支付或者任何缺乏实际支付诚意的手段给打败了";同时,一个有才干的法律评论家也宣称,"在韩德利诉史特兹案件中阐述的这一学说使理性和良知的专业人士感到震惊"。

最近,州法院已经支持那些收到全额支付股票但尚未付款的人可以充任没有支付认股款的认股者的位置的观点(见教廷诉贺本海默案)。同样，在印度欧日戈姆黄金矿业公司诉讼罗珀的案件中(1892年)，英国最高法院也出台了一个戏剧性的决议。上议院认为当一个公司以低于面值的价格出售股票时，尽管该价格是旧股票市场价值的两倍，购买者还是应对该公司和公司的债权人的折价承担责任。在这项决议中，大法官认为："这种对公司管理自己事务权力的限制偶尔会很不方便，并且阻碍了公司在有更多的行动自由的情况下，以其所能争取到的有利条件为其业务筹集资金。但是就我自己而言，我承认强迫公司披露其真实资本而且不允许声明该事项的明智的行为将会误导或者欺骗那些即将成为公司的股东或者准备贷款给公司的个人或企业。"

同样，在英国，成文法要求只是在公司做出特别条款说明的时候，才以现金支付股票的全额价值。1900年的公司法允许评估股票时支付佣金。但是在1907年修订的公司法中，上议院通过的修改(允许已经成立的公司低于面值发行股票)受到英国下议院的反对，上议院最终撤回了该修改。

但是，不管是出于什么原因以低于面值的价格发行股票，法院都减免了要求购买者进一步付款的任何责任，会计处理也非常简单。如果没有全额支付现金，并且剩下的部分不是对持有人的要求权，而是作为公司的资产反映，唯一的选择就是必须反映股票发行的折价，其会计处理必须和票据的折扣提取相似。关于该项折价是应该直接记入利润和损失账户，还是把它作为其他费用处理仍然是个问题。已发行股票的现金折扣必须清楚地反映在企业账户中，这是没有任何争议的，无论折价是否被允许，实践中就是这样做的，如英国少数的案例和澳大利亚的某些公司。了解这种简单的表达为下一章讨论股票发行不是为了募集现金而是为了购置资产这一更困难问题的处理方法开辟了道路。

股本数额的减少，至少在直接进行时，并没有出现特别的会计问题。如果企业决定减资，而且假设遵守法律的规定，则其记账处理与其他任何贷方余额的支付和注销是相同的，支付的现金和负债余额的减少互相抵销。或者，如果已回购注销的股票不是用现金而是用债券赎回。例如，在美国钢铁公司退款处理中，出售的债券和收回注销的股本相互抵销，如同一个商人的簿记中，提供给债权人的应付票据抵销了以前一笔应付账款的金额。但是有时股票的回购依赖于存在的剩余利润，支付给股东的款项被视为抵减利润的费用。股票回购的条款完全与用偿债基金偿还债券相同，这个问题在第 14 章详细阐述。显然在两种情况下出现了同样的困境。如果股本注销不是作为一项损失业务，而是直接抵减利润，就必然产生相应的贷项，有时候叫做"已收回注销的股票"，或者更正确一点，叫做"股本注销抵减利润产生的公积金"。在任何情况下，当回购股票的目的是为了减少市场上流通的股票数量时，把已注销的股票记入资产是容易令人误解的。股本账户本身应当记借方，因为无论哪一种观点都赞同把存在的库存股作为一项资产，而不赞同把实际已经注销的股票作为留存股票。这种股票实际上是不存在的。

在股票的减少不是通过回购而是由部分股东交出其持有的部分股票的情况下，或者有时是公司遭遇损失并希望从资产负债表中消除赤字的情况下，减少资本的行为就会创造相应的盈余。该盈余可被用来作为弥补现有赤字的基金。例如，一个公司资产负债表如表 55 所示。

表 55

借	资产负债表	贷	
资产	$ 140 000	股本	$ 150 000
赤字	10 000		
	$ 150 000		$ 150 000

安排股东交出持有股份的 20%，以弥补赤字并提供一个公积金。在股本减少后，账簿应如表 56 所示。

表 56

借	资产负债表	贷	
资产	$ 140 000	股本	$ 120 000
		公积金	20 000
	$ 140 000		$ 140 000

第9章 股 本 （2）

为获得资产而发行股票

认购股票需要全额支付股票面值,并且有这样一种说法:"对于权益而言,认购人提出正式认购却没有支付价款与接受一个全额支付凭证不缴纳款项并没有什么区别",除前面章节里提到的少数情况外,通常假设所有已经发行的股票都能全额支付。在所有的支付都使用现金的情况下,验证这一假设很容易。而真正的困难在于为购置资产而发行股票的处理。在这种情况下,一般假设也是全额支付。新泽西州明确指出:"为获得资产而发行股票与为筹集货币资金而发行股票之间的区别,不在于估价规则的不同,而在于不同的估价可能会形成不同的资产价值。"(见唐纳德诉讼美国冶炼公司案件)毫无疑问,无论是从会计的角度还是法律的角度来看都是这种情况。会计人员认为相同价值的不同资产之间是没有区别的,因为不管交易的是存货还是资本,它们都是以货币价值来计量的。

不幸的是,实务中不同的原则盛行。不仅是为获得资产而屡次发行股票,在人们看来,发行股票获得的资产价值都远低于用来购买资产的股票面值,而且一些销售条款向公众提供的确凿证据表明,资产价值确实被高估了。之所以这样是因为缺乏一个令人满意的、可用来评价以股票购买的资产的真实价值的标准。这种购买多是发生在一些大企业之间,如制造企业的托拉斯并购。可能包括土地、房产、机器设备、原材料、产成品、商业信用、商誉,或许还包括矿场和采矿石、铁路和轮船,以及其他任何形式的资产,很明显,对并购企业的价值做出权威的估计是很困难的。当然,这种综合财产是没有公开报价的,对卖方的价格也不能给予任何的信任,因为他可能是以一个过高的价格或是远低于真实价值的价格收购的。基于此,法院在这种情况下是开放的,他们倾向于把资产价值的决定权留给公司高层自由裁量。一个关于董事的自由裁量权在多大程度上会起作用的例子是联邦法院对于某公司资产购买的决议,该公司用200 000美元债券和3 600 000美元股票购置铁路路基,该路基的建筑成本是2 000美元,卖方支付了15 000美元购得,从表面上来看,这并不是一笔具有欺骗性的交易(见斯图尔德诉讼圣路易斯等,1987)。

但是,会计视角并不必然和法律视角一致。法院不能判定并购财产的真实价值这一事实,使得法院无权干预知道财产价值的会计人员应该怎样把其价值输入账簿并且在资产负债表上列示。然而会计人员经常受法院在这些事情上的态度所影响,因此,考虑法院已经颁布的条例也是有必要的。

在任何情况下,让购置资产的价值等于股票的面值都不困难。对会计人员来说,用股票换取同等价值的任何一种资产的交易,在原则上与用本票购买商品没有丝毫的区别。然而,资产的价值通常低于股票面值,法院已经试图对与股票市场价值不相当的资产和等于股票市场价值却低于其面值的资产进行区分。尽管股票以低于其市场价值发行已经受到谴责,但是法院认为,在紧急情况下,原本应该按市场价值发行的股票以低于其面值发行是合理的。这与前面引用的决议是一致的,即,在紧急情况下,即使是为筹集现金而发行的股票也可能会低于其面值。由于为获得资产而发行股票存在资产评估方面的所有困难,而为筹集现金而发行股票的折价则很明显,毫无疑问,法院干预资产股票发行比干预现金股票发行更困难。此外,法院对以下情况也颇有争议:股票发行过程中并没有人发生损失,而且,如果必须按面值支付,股票是没法发行的,因为没有人会愿意在此基础上购买它。

　　然而,接下来的争论又涉及一个经济谬论,假设经济窘迫的公司取得价值 10 000 美元的资产可以采取的唯一方式是发行更大面值的股票。这种假设无论是在逻辑上还是在实践中都是站不住脚的,其之所以能被信任是建立在美国公司近几年贫乏的经验基础之上的。例如,某个公司可能会以 60 000 美元的股本每年赚取 3 000 美元的利润。考虑到商业的本质,这个利润是不够的,因此股票的售价可能会低于其面值。但是董事们认为通过获得某种额外的价值仅为 30 000 美元的资产,净利润将会上升到 6 000 美元。然而,资产的所有者是不愿意为了 30 000 美元的公司股票而出售其资产的。除了增加发行股本的数量之外,难道就没有其他方式使购置财产的价值达到 40 000 美元吗? 这就是法院所要考虑的问题了。但是,财产所有者们不愿意以 30 000 美元股票的价格出售其财产,是基于这种购买方式仅给予他们公司盈利额的 3/9 这一事实,且预期将会得到 2 000 美元并不足以吸引他们去冒风险。他们愿意以 40 000 美元股票的价格来出售资产的原因是,这笔交易将赋予他们获得公司 4/10 利润的权利,而收到 2 400 美元的机会足以诱使他们达成这笔交易。但是,公司并不会为价值仅为 30 000 美元的资产去发行 40 000 美元的股票。对公司来说,确保这种结果的方式还有两种。股东可能会愿意拿出他们 4/10 的股份并为购置该资产提供 24 000 美元股本,这对卖方来说非常具有吸引力,因为这给予他的相关权利与收到 40 000 美元新发行股票完全相同。或者,如果上述方法不可行,另一个相似的方法是公开募集 30 000 美元的优先股,并提供 8% 的累计红利。这给优先股持股者带来的回报与新发行 40 000 美元普通股一样。优先股可能会以更低的股息发行,可能为 7.5%,因为较高的安全性(较低的风险)允许一定的收益减少。

　　因此,以这种形式发行股票相当容易,与前面提到的过量发行股票的方法相比,也具有同样的吸引力。这个方法不仅仅在理论上是可行的。实践上,目前,过量发行股票在法律上很难达成的德国就效仿此法,在公司偶尔变得很窘迫,且需以不利条款获得资金的情况下,可采用此方法。马萨诸塞州允许发行"特殊的优先股"的法律条款也具有类似的意图。

但是,除了此处讨论的法律条文暗示的不完美的经济假设之外,会计人员强烈反对公司可以以低于其面值发行新股这一理论。股票可能不应该有 100 美元的"名义价值",但是应该有个标准价值。也就是说股票的价值应该等同于美元中的 100 美分。资产负债表应该反映真实的情况,就某种技术形式上的理解而言,一个公司具有 100 000 美元股本的陈述就意味着而且仅意味着该公司拥有 100 000 美元的净资产。此时再认为公司以其市场价值但是低于其面值发行股票便自相矛盾了。"股本"仅意味着其所表述金额的所有权,而说以全额支付却收到较少的资产纯粹是一种误导。

确实,这种区分发行新股的实际价值与面值的特殊教条甚至受到法律上的批评,如《法律和程序百科全书》指出,美国最高法院批准免费发行股票,因为它"没有价值",但拒绝"各州在解释其自己的法规时采纳最高法院的决定"。韩德利诉讼史特兹案件(1891)中曾引证该观点"是对目前普遍趋势的背离,因为其仅代表当时的情况"。

庆幸的是,有证据表明,在立法和法院裁定方面趋向于更加严厉。尤其是在新泽西州,该州因为在公司财务方面较松散而有着不匹配的声誉,其对成文法和法官裁定中的正确原理有清晰的阐述。一系列的最高法院的裁定说明了这个问题。韦瑟比诉讼贝克案件(1882)中说道:"法院已强制执行该规则,即,只有在以现金或是公认的现金等价物支付时,股票认购作为对抗债权人的手段才是恰当的。"10 年后,它又指出:"判断在我们的法律约束下的公司为购置财产发行股票时,至少应该有一个所购置资产真实价值的近似值,并假定该近似值代表股票的金额。"(见埃杰顿诉讼电子改良公司案件)。又过了将近 10 年之后,唐纳德诉讼美国冶炼公司案件(1901)中,认为过度发行是基于董事们的错误估计,"他们真诚的判断如果没有经过适当的检验就达到了价值要素的金额,或者,其判断是部分地建立在对并非真正财产的事物的估计上,或者其判断是因为私心而产生的曲解,都将会导致违背该法定规则,并必定产生腐败动机"。在主教教区诉奥本海默案件中,认为"尽管频繁地纵容过度发行股票导致了对政府和法律的指责……"这种惯例不管是在法律方面还是在法院裁定方面都是毫无根据的。如果不是一个纯文字和立法精神上的欺骗行为,任何时候纵容股票过度发行都会涉及明确的违法行为。在英国,沃恩·威廉斯 L·J·(Vaughan Williams L. J.)最近有一个有趣的宣言是:"我希望立法机关慎重考虑通过一项法令不只是为了社会的利益,该法令规定在所有情况下,股票的票面价值都应该用现金而非其他的财产支付。"(见莫斯利诉讼科菲丰坦矿业有限责任公司案,1904)。

然而,这个问题对会计师而言要比对法理学家来说简单得多。会计师只需要知道两个事实,一个是经济或财务上的事实,另一个是法律上的事实,同时还需要知道记录交易的方法是已经确定的。首先,实际用来支付股票的金额是多少? 如果价款低于面值,那么其差额必须在账户中反映。财产与业主所有权必须保持等值,如果允许面值和发行价格之间存在差额,该等价性就只能由纠正项目的干预来维持。因此,如果得到的财产(P)低于股本(C),资产负债表将不能完全显示为 $P = C$。必须有公式 $P = C - D$,也可用等价的 $P + D = C$ 来表示。关于未付款的差额是否是一个在需要时可从股东处募集的总额,这一法律事实对会计人员来说并不是那么重要,实际上,他可能会列示剩下的未确定事项的合理解释。如果未付款差额可收回,它就是一项资产,并列示在资产负债表上。如果未付款差额不是一项强制性的要求权,那就是本章所引证的所有法院判决的转折点,它本质上是一项折扣,其业务处理也是相当清楚的。疲惫的会计人员很可能由于尝试裁决这类并存着多种不同观点的法律问题而被原谅,会计人员也可能会在没有确定它是否是一项资产的情况下将其列示为折扣,并做出模棱两可的陈述,该陈述也会因为这个问题的难度而被宽恕。总之,无论在什么情况下,只要所接受财产的价值不完全等于股票面值,其差额就应当在账户中清楚地反映,最清楚的方法就是把它作为股票折价列示出来。这与另一种方法是一样的,该方法将所有者提供的票据的名义价值与所收到的现金之间的差额,必须作为折扣在账户中清楚地反映。

不幸的是,对那些完全熟悉公司账户的人而言,股票折价很少被反映。这主要是因为在一项交易的合理性受到质疑的情况下,公司不愿意清楚地反映每笔交易的准确性质。当交易本身没有被会计处理方法改变时,它的法律状况可能会由于在会计账簿中没有留下允许折价的任何证据而大大改善。准确地确定任何一项财产的价值是如此困难,以至于法院在判断它(财产)与因其所发行股票价值是否相等时犹豫了。如果账簿中显示股票以其全额出售,法院将不会尝试去反驳企业的陈述。但是,事实是误导的陈述蒙混了法院,使得该交易可以在不受法律干涉的情况下进行,而这绝不表明不列示股票折价与正确的会计原则是一致的。

实务中有两个可采取的方法。再次假设一个公司获得一套设备,所有资产包括在内价值 50 000 美元,并因此发行 100 000 美元的股票,则列示如表 57 所示。

表 57 　　　　　　　　　　　资 产 负 债 表

借		贷	
设备	$ 50 000	股本	$ 100 000
股票折价	50 000		
	$ 100 000		$ 100 000

隐瞒这种状况的第一种方法呈报的报表如表 58 所示。

表 58 　　　　　　　　　　　资 产 负 债 表

借		贷	
设备	$ 100 000	股本	$ 100 000

事实上,一些会计作者认为上述记录是有道理的。比如,基斯特(Keister)的《公司会计》一书在讨论一个类似的交易时认为:"上述记录没有任何缺点。机器设备的成本为 30 000 美元,但是应以其名义价值60 000 美元入账。这不是一个投机性的资源,因此被赋予一个什么价值是无关紧要的。"

对于这样的表述很少有直接的争论。即使固定资产的估价不影响利润和损失账户,对股利也无直接影响,债权人、外部公众甚至大部分股东无疑对于了解业务的准确状况都是很感兴趣的。

另外一个可采取的方法,也被同一作者认为是合适的,是把一个完全虚构的资产列入资产的一部分,以弥补设备价值与股票数额之间的差额。此处资产的价值为 50 000 美元,但这里出现了一项新的资产,被称为"商誉"或是基斯特所称的"特许经营权"。

如果已经购置资产,其价值中包含商誉或是特许经营权是允许的。而此处的讨论受限于这样一种情形,即全部财产,包括其权利和附属物价值50 000 美元,而附属的商誉明显是一个托辞。引入并不存在的商誉的方法,哥伦比亚造纸公司的发起人曾使用过,这夸大了现有资产的价值,该方法也被美国造船公司所推行——这些都是彻底与会计的真实性原则相违背的。

有个例子凸显了这种明显的列报。公司向一位提供了 50 000 美元黄金的捐助者发行股票,没有人会认为,为了使资产等于名义资本而将收到的黄金总数乘以 2,或是在其资产清单中增加完全虚拟的 50 000 美元的白银的资产负债表是合理的。但是财产估价规则与现金估价并没有什么区别,也没有理由要求股票不以其要求的方式发行时,采用不同的标准。

这里对两种情况下能否获得相等的精确性不做讨论。此处要讨论的是账簿记录中确认的价值缺陷。没有人主张追求一个想象出的根本不可能的高精确度。这里仅仅讨论故意的误报,这种误报在公司财务中经常发生,事实上,这已经成为美国高级财务的特征,是对会计原则的严重违背。

然而,为对读者公平起见,需要表明这里所主张的标准与当前的惯例是不一致的,且易受一些合理批评的影响。不可否认,高估资产的价值在技术上是"不真实的",它可能被认为是一项不必要的误导。对于制造业来说,在此类资产估价体系下,永远也没有真实性可言。与赤裸裸地陈述资产没有花费这么多钱,但花费了这么多股本相比,任何试图估价的尝试更可能是一个误导。这使得债权人或投资者自己引导自己，以至于他们误入歧途也是自愿的而不是被误导。的确，在这个争论中存在许多与之前所表述观点并不矛盾的声音。这一估价体系甚至被 A·洛斯·狄金森先生(Mr. A. Lowes Dickinson)[1]所赞成，并用来反对那些认为非专业人士在会计事项上必须大胆的观点。基于此原理，所有用股票换取的资产都必须以股票的面值列示，但同时在资产负债表上附以解释性陈述，表明所列示的资产不是以现金而是通过股票交易获得。这一原则深得当前的马萨诸塞州公司法和英国公司法所厚爱。

尽管高级管理人员反对这一论著中的观点，他们依然声明，反对精确性标准就是承认对精确性无能为力。虽然它展现了职业会计人身上值得表扬的谦逊，但对非专业人士来说，要求那种职业能力似乎是不够公平的。

看待会计中的这一曾经多次讨论的"股票掺水"问题的产生是非常有趣的。一般而言，"股票掺水"就其自身来讲是一种欺诈行为，也是一种犯罪。从会计视角来看，这种犯罪行为已被明确地界定。发行股票的总额相对来说是次要的。皮特尼(Pitney)就此种交易曾经说："不要以任何形式增加资产的内在价值或实际价值，或最低程度上的企业繁荣……它的资金价值实际上是一样的……股东之间利润分配也基于相同的基础，每个股东所得到的金额也是相同的。市场价值最终将被确定下来以衡量所赚取并分配的股利。"(61 Atl. 850.)过度发行股票可能是个糟糕的商业政策，格林(T. L. Greene)据此认为，将来它终将被认可，但是"股票掺水"本身，除了其伴随的复杂性外，只是一个小过失。其错误在于"说谎"，故意的谎报，即把每个参与交易的人都知道的价值为 50 000 美元的设备谎报成100 000 美元，或是当公司完全不存在此类商誉时谎称公司已经得到了价值 50 000 美元商誉。如果资产负债表上的其他账户是正确的，就不需要过于关注"股票掺水"问题。其过错就是轻微的，其纠正也是自动的。"股

---

[1] "如果债券和股票发行是为了购置一项明确的财产，可能会假设该财产的价值相当于股票的面值"。公共会计师国际会议记录，1904，第 185 页。

票掺水"的责任在于它导致了资产价值的误报和对会计完整性呆板的坚持,同时防止并纠正了大量发行股票的危害。绝对不能认为以一种投机性的方法与其他方法给特定资产估价是没有区别的。它导致的结果有天壤之别,即真理和谬误的差异。

会计原则还阐明了股票股利的问题。假设如表 59 所示。

表 59

借	资 产 负 债 表		贷
设备	$85 000	股本	$100 000
商品	12 000	未分配利润	15 000
库存股	10 000		
现金	8 000		
	$115 000		$115 000

公司积累了 15 000 美元的利润,决定每股支付 5 美分的股利。如果是用现金支付,资产负债表将变表 60。

表 60

借	资 产 负 债 表		贷
设备	$85 000	股本	$100 000
商品	12 000	未分配利润	10 000
库存股	10 000		
现金	3 000		
	$110 000		$110 000

然而,如果股东们认为近期发放这么多现金并不明智,他们会转换一种股利支付方式,不是以现金而是用股票支付,他们甚至可能宣布用商品支付股利。如果股票股利已宣告且已支付,则结果如表 61 所示。

表 61

借	资 产 负 债 表		贷
设备	$85 000	股本	$100 000
商品	12 000	未分配利润	10 000
库存股	5 000		
现金	8 000		
	$110 000		$110 000

如果没有库存股,处理的原则也并没有什么不同,资产负债表如表62所示。

表 62

借	资 产 负 债 表		贷
设备	$ 85 000	股本	$ 100 000
商品	12 000	未分配利润	15 000
现金	18 000		
	$ 115 000		$ 115 000

假设公司有能力增加股本,其将会用发行新股的方式来支付股利。此种情况下资产负债表将变表63。

表 63

借	资 产 负 债 表		贷
设备	$ 85 000	股本	$ 105 000
商品	12 000	未分配利润	10 000
现金	18 000		
	$ 115 000		$ 115 000

两种情况的唯一不同是,一个发行股票使库存股减少了,另一个则使股本显著增加了。

然而,不论这笔交易在公共影响上是多么有争议,也不论它受到多少政府规章制度的限制,在会计人员看来,它完全是一笔简单、合法的交易。新股发行确实没有收到额外的资产,但是公司在之前就已经收到了该项财产,并在未分配利润的贷方列示。就会计核算而言,注销5 000美元的未分配利润交换5 000美元的股票是一个全额支付。

这一点在威廉姆斯诉讼西方联合电报公司案件中表现得很明显。该案件中,股票发行的核心问题是,当公司存在大量的累积盈余时,发行股票股利是否合法。法院认为:"众所周知,向股东发行代表所有权数量的股票而不以任何方式分割财产并将其分配给股东,该行为没有违背法律,也没有违反公共政策。如果为了合法用途可以发行股票股利,那为什么不可以通过发行股票来交换资产,即通过发行股票实际上购得这些资产,并增加永久性资本及让出股东所分配的财产权利呢? 只要公司发行的每一美元的股票都代表一美元的财产,那么任何个人或公众都不会因为把股票分发给股东而受到伤害。"

会计人员不能克服的困难是,在没有赚取利润的情况下去登记股票股利,更不幸的是这种情况时常会发生。假设前面给出的资产负债表没有列示未分配利润,不管是以股票还是以现金方式支付股利,都同样遭受异议,因为股利意味着对利润的分配。在没有累计利润的情况下,无论是现金或是股票以股利的方式被分配,正确的会计处理都要求列示由于股利支付所产生的赤字。但是,及时反映非法的股利分配行为并不足以反映董事们这种行为的罪过。掩盖这种不合法行为的唯一方式是把无形资产引入会计科目中,创造一个持续的不真实的利润,这种利润一经创造就可以反过来被注销以交换分配股利支付的现金或股票。然而,值得一提的是这里错误的会计处理在于对虚拟利润的初步创造,它高估了资产的价值,而不是以实际的股票股利为标准。在没有法定禁止的情况下,只要有确切的盈利,无论是以现金、商品、房地产还是股票支付股利都是合理的。但是当利润不存在时,现金股利和股票股利一样有争议;事实上,因为发放现金股利可能会损害债权人的利益,发放股票股利更是如此。

一笔特殊但不经常发生的交易是公司的原始股东把一些发行在外的股票捐赠给了公司,此种股票通常是为筹集资金以低于其面值的价格出售的,因为这些股票先前曾以全价发行,对于其后来低价买入的持有人来说,不用承担任何责任。

此处引用一个实际例子来说明,一个公司以其全部的 300 000 美元的股本来置换财产,卖方愿意给公司捐赠 40 000 美元的股票。假设所置换财产的价值就值 300 000 美元,账户应该反映如表 64 所示。

表 64　　　　　　　　　　　**资 产 负 债 表**

借		贷	
财产	$ 300 000	股本	$ 300 000
库存股	40 000	股票捐赠公积金	40 000
	$ 340 000		$ 340 000

此后公司便会以市场价格销售股票,以此来筹集营运所需的资金。如果股票以低于面值的价格出售,折价可能会冲销公积金,当股票全部出售时,其余额应该反映实际收到的总金额。

财产的捐赠在商业交易中并不常见,使得一些批评家认为这是一种腐败行为。但至少可以相信该行为是完全合法的。假定财产真的值 300 000 美元,以这种事实来劝说外部的资本家捐赠是困难的,且公司的创始人也没有为购置资产而准备好足够的资金。为了确保公司的成功,对未来充满信心的卖方可能会愿意做出牺牲以使企业开始营业,正如发明者可能会以远低于专利权预期收益的资本化价值的价格,出售其专利权一半的收益一样。

然而,将这样一笔交易看做其试图伪装的样子也是很可能的,也许,舒斯特主张"慷慨的出资人把他们所有的积蓄都拿给贸易公司是违背人的本性的"是不过分的。很多情况下,可能是绝大多数情况下,这里阐述的交易是让公司以低于其面值出售股票而不用承担责任的最赤裸的托词。即,卖方以 260 000 美元的股票出售财产,而公司把其股票中的 40 000 美元股票放在市场上用来筹集周转资金。但是以低于面值的价格出售股票将涉及购买人弥补差额的义务,因此就求助于采用这种愚蠢的、显而易见的伎俩。这里的错误从会计的角度可以追溯到第一项,即报表把事实上不超过 260 000 美元的财产列示为 300 000 美元。像所有其他案件的问题一样,至少从会计的角度来看,过度发行股票难辞其咎的原因是对所获得资产估价的谎报。如果资产估价准确,就不可能产生真正的问题。因为资产负债表正确的反映如表 65 所示。

表 65		资 产 负 债 表	
借			**贷**
财产	$ 260 000	股本	$ 300 000
股票折价	40 000		
	$ 300 000		$ 300 000

即使折价被作为不能收回的事项处理,也没有必要误导公众,且捐赠

的股票也不可能掩盖后期折价出售的事实。

根据一些严肃的会计师，如西摩·沃顿(Seymour Walton)和大多数德国作者的观点，财产卖方捐赠的部分股票将不可避免地被解释为从名义上的财产购买价款中的一项扣除额。但是法院并没有制定这么严厉的标准。在先前的纽约案例中，有人认为这种捐赠至少是(资产)高估的确切证据(见道格拉斯诉讼爱尔兰案件，纽约，1898)。但是最近英国的因内斯公司(1903)采纳了不同的观点，科罗拉多州的斯皮尔诉讼博德纳案件(1905)明确指出，这种交易并不是股票低于其面值发行的证据。但是，这个推定是否有助于财产以股票最初交给财产卖方的金额或是财产卖方所保留的净金额(译者注：即财产卖方所获得股票扣除其捐赠股票后的净额)来估价是不确定的，如果先前的财产价值被高估的观点成立，则账户中这种不正确的陈述就没有任何理由。会计师应该超越法院规定的限制。

股票的捐赠还有更进一步的目的，一个可能以其他方式达到的目的是，提供一个可用于支付开办费或在公司成立初期可能发生的其他费用的基金。获得这个基金是一项完全合法、甚至值得赞扬的程序。捐赠股票不再是不合理的，因为它也是为初始费用提供资金，具有与溢价发行股票一样的目的和影响。当这些费用发生时，它们可以冲销公积金，从而使公积金逐渐消失。不管这个公积金是因股票捐赠产生的，还是因股票溢价带来的实际现金捐赠产生的，这两个过程是一样的。

关于刚才讨论的交易中使用的术语，可能产生一些问题。尽管在表64的资产负债表中使用了"股票捐赠公积金"项目，该项目无疑是正确的，但是，如果有一个更简洁的术语可用来替代该科目则可能更好。一些作者使用"营运资本"作为贷方科目，这种创新的适当性是令人怀疑的，因为"营运资本"长期以来作为集合名词有一个特殊的意思，它经常指所谓的"速动资产"，如现金、应收账款或库存商品等。该术语的新用法在美国很流行，但是在英国并没有使用，它也不符合该术语在法律定义上的用途，甚至在已经建立了较好的公认会计实务的国家也很少采用。

最近几年,最重要的证券交易一直是所谓的托拉斯(trusts),一些新公司的股票发行主要是用来收购已经成立的、竞争性企业或企业集团的下属企业和工厂。可能有两种形式可用来完成该过程,除了向购买者发行股票以获得现金并用所收到的资金购买附属工厂。合并方的股票或者提供给旧公司的个人股东,以交换其持有的股份,或者新股可能被用来从附属公司购买设备、商誉等。用一种简单的形式可解释为 A 公司用 1 500 000 美元的股本合并 B 公司和 C 公司,其资产负债表可分别表示如表 66、表 67 所示。

表 66　　　　　　　　　**B 公 司 资 产 负 债 表**

借　　　　　　　　　　　　　　　　　　　　　　　　　　　　贷

设备及其他资产	$ 600 000	股本	$ 300 000
		公积金	300 000
	$ 600 000		$ 600 000

表 67　　　　　　　　　**C 公 司 资 产 负 债 表**

借　　　　　　　　　　　　　　　　　　　　　　　　　　　　贷

设备及其他资产	$ 300 000	股本	$ 300 000

协议提出将 A 公司的股票分为三份:一是用来换取 B 公司的所有股票;二是将 400 000 美元的股票用来换取 C 公司的设备、商誉以及其他资产;三是将剩余的 A 公司的股票按面值向认购者发行,以筹集现金。

假设该交易是公平的一对一交易,则在交易后三个公司的资产负债表将变成表 68、表 69、表 70。

表 68　　　　　　　　　**A 公 司 资 产 负 债 表**

借　　　　　　　　　　　　　　　　　　　　　　　　　　　　贷

B 公司股票 3 000 股,		股本	$ 1 500 000
每股 $ 300	$ 900 000		
设备等	300 000		
商誉成本	100 000		
现金	200 000		
	$ 1 500 000		$ 1 500 000

表 69　　　　　　　　　　　　**B 公司资产负债表**

借		贷	
设备及其他资产	600 000	股本	$300 000
		公积金	300 000
	$600 000		$600 000

表 70　　　　　　　　　　　　**C 公司资产负债表**

借		贷	
A 公司股票 4 000 股， 每股 $100	$400 000	股本	$300 000
		公积金	100 000
	$400 000		$400 000

　　B 公司的资产负债表不会发生变化，因为交易是发生在 A 公司与个人股东之间，而不是 A 公司与 B 公司之间。C 公司的资产负债表显示 A 公司的股票是其唯一的资产。记住，上述过程假设企业合并是公平的，它意味着支付和收到的股票是按票面价值全额计量的，C 公司必须列示 100 000 美元的公积金。A 公司资产负债表反映所购买 B 公司股东的股票，而非 B 公司资产，B 公司资产仍然属于 B 公司，而唯一的变化是个人持股者的变化。但是，A 公司资产负债表不仅列示 C 公司先前的资产，而且还包括从 C 公司处购得的商誉，该商誉不包括在 C 公司的资产里，但是理所当然地包含于 A 公司资产中。

　　可以进一步明确的是，A 公司也可能溢价发行股票，而且任何发行条款和价格方面的变化都可能发生，却不影响这个简单的例子所阐明的原则。至于成文法下企业合并的合法性此处的讨论并未涉及，但是，如果企业合并按照前面指定的方式发生，会计上就应该按上述方法来处理。

　　控股公司有可能倾向于在其资产负债表上不列示 B 公司的股票，而列示其（B 公司）详细资产，该计划部分地被美国的钢铁公司采用。虽然这种列示在某种目的上是可取的，但是无论是在形式上还是在法律上，只要 B 公司作为合法公司存在，A 公司就不能拥有 B 公司的资产。当然，如果合并导致 B 公司解散，这种情况另当别论。

第8～9章参考文献

关于技术性的簿记分录：

Bentley H C. Corporation Finance and Accounting. Chapter VII. New York, 1908.

Carnes A J. Manual on Opening and Closing the Books of Joint Stock Companies. Third edition. Baltimore, 1891.

Keister D A. Corporation Accounting and Auditing. Eleventh edition. Cleveland, 1905.

Rahill J J. Corporation Accounting and Corporation Law. Fresno, 1906.

关于所涉及原理的更严肃的探讨：

Charpentier J. Etude juridique sur le bilan dans les societes par actions, pp. 42-81. Pairs, 1906.

Rehm H. Die Bilanzen, p. 342-477. Munich, 1903.

Simon H V. Die Bilanzen der Aktiengesellschaften, p. 201-227. 3 Aufl. Berlin, 1899.

与发行股本有关法律的讨论：

Clark W L, Marshall W L. A Treatise on the Law of Private Corporation, 389-401. St. Paul, 1901.

Cook W W. A Treatise on the Law of Corporations having a Capital Stock. . Chapter II. Methods of Issuing Stock. Chapter III. Watered Stock. Fifth edition. Chicago, 1903.

Huffcut E W. Selling New Shares at Less than Par. American Law Review, XXVI, p. 861. (讨论韩德利诉史特兹案以及欧日戈姆公司诉罗珀案)

Palmer F B. Company Law. Fourth edition. London, 1902.

第 10 章 负　　债

　　正如第 3 章所讲,资产负债表的贷方通常被称作"资本和负债"。这是一个综合标题,因为在被核准的资产负债表中,纯粹的估价账户——比如折旧账户——从名义资产中减去,贷方就只剩下资本——包括所有无代表性的资本,如资本公积、盈余公积、未分配利润以及企业外部负债。狭义上这是对的,负债也是资产的一个减项,对于一项债务,正如第 1 章所讲,真的是一项负资产。但是仅仅反映资产超过负债的净额或者某一项资产超过某项特定的由该资产担保的负债(比如,仅反映一项房地产的权益而不反映该不动产的价值和以该房地产抵押形成的抵押借款),被普遍认为是错误的和误导性的。在某些使用双账户资产负债表的英国公司中发现有一个例外。在那些资产负债表中,适当地反映了资产超过资本和长期负债的总额。但是这个例外是形式上的而不是实际上的,因为同时提供的资本账户清楚显示了全部的情况。同样的原则偶尔应用于美国会计。比如,艾奇逊、托皮卡和圣塔菲铁路公司资产负债表的改进形式。类似地,伊利诺伊州的资产负债表中只反映流动资产超过流动负债的金额。但是,有一个提供详细解释的参考在另一页,在那里可以找到全部信息。

　　雷姆(Rehm)进一步指出,从经济的角度看,资产负债表的适当形式是负项目作为减项列示,如表 71 所示。

　　虽然从理论的角度来看,负债是负资产,从根本上不同于资本,在资产负债表的同一边同时列示资本和负债是非常普遍的做法,而且对于这种做法无可厚非。所有必须做的就是要清楚地区分这两者(即资本和负债),并

表 71

资 产 负 债 表

资产		负债	
机械设备等	$ 610 000	资本负债:	
其他资产	51 000	股本	$ 600 000
	$ 660 000	准备金	10 000
减:负债	40 000		610 000
		利润:	
		超额收益	$ 12 000
		折旧	2 000
			10 000
	$ 620 000		$ 620 000

且确保没有低估负债的金额。

　　与负债有关的会计问题和那些与资产有关的会计问题比起来要简单得多。这主要是因为这样一个事实,当负债被关注时,估价的问题实际上消失了,而资产的估价问题却令人费解。一个人也许会容忍,甚至期待资产价值部分减少,但是,只要是持续经营的假设继续被认可,负债就必须以其全部金额列示。记录负债的唯一问题是与负债的分类、利息的计算、债券发行和债券回购及注销的处置等有关的问题,以及对一项负债是否存在疑问而产生的问题。这些问题将会按顺序逐一阐述。

　　如果对各种各样的负债进行分类,那么资产负债表的清晰度以及相应的价值会提高。因此将长期负债和短期或流动负债区分开来反映是很重要的,正如该分类所做的一样,该分类表明了企业当期的财务实力,以及公司是否有可能因为其债权人突然要求还款而遭受损失。区分已提供票据的负债和往来赊欠账户也是很重要的。分类的程度,与资产的分类一样,是一个可自由决定的事情,受个体环境的影响。由国家银行每年 5 次提交给审计长的报表包括 7 个不同的对存款人的负债的细分部分。同样,银行为了宣传目的将会公布一个浓缩的资产负债表,其中只有一个单一的存款项目。这两种报表都是正确的,每一个针对不同目的的报表都是完整公平的。但是,无论细分部分如何产生,所采用的分类标准必须严格遵守。如果把所有对存款人的负债都计入"应付存款人"账户,是完全正确的。但是,在已经进行细分的情况下,把实际上是"应付票据"的项目列入"应付账款"科目中,或者将这两个项目中的任何一个列示在"长期负债"项目下,那就是错误且具有欺诈性的。

与负债利息计算有关的问题是负债核算问题中最有趣的。关于负债项目,不管是应收还是应付,通常都是按它们的当前价值而不是票面价值入账。当票据发生折扣时,折扣账户必然有一个抵减记录。如果票据或者其他负债没有发生折扣,而只是从某天开始承担利息,那么要到后面的某一天才开始调整。编制正式的资产负债表时,为了正确反映企业负债,对未偿付负债的利息做出正确的计算是很必要的。利息在资产负债表上的列示,或者作为一个负债项目列入"应计利息",为方便起见,利息也可能直接增加负债的面值,或者如果票据提前贴现,则将其作为一项递延资产,记在"预付贴息"账户中。

如果是短期负债,这样的估计是非常简单的。但当发行债券时,计算就复杂多了,而且在账务处理方面也不是统一的。单纯的债券应付利息估计当然和短期票据利息的计算是一致的,而且两者在实际操作中是没有分歧的。主要的困难是债券发行时的溢价或折价的问题。正如在投资中讨论的那样,债券的溢价实际上是为获得名义利息(按照比市场利率更高利率计算)的权益而支付的价格。从借款人的角度看这笔交易,收到的溢价,只是对将来支付高于市场利率的利息的一次性补偿。如果公司的信用和市场情况允许它发行期限为 20 年,票面利率为 6% 的债券(市场利率是5%),那么这个债券的发行价格大概就是 112.46 元。这个 12.46 元的溢价,是 1%(译者注:1% 是票面利率与市场利率的差额)年金的现值,且这项年金必须偿付 20 年。但是,分期支付的利息要作为一项费用,因此,每张债券 12.46% 的溢价要在 20 年内随利息支付进行合理的分摊,以便和这20 年获得的利润相配比。因而,正确的分录是将收到的溢价记入"债券溢价"科目的贷方,该科目余额要每年冲销一部分,以抵减支付给债券持有者的利息。然而也许它们会被完全计入某个公积金科目,这并不少见。这种做法理论上虽然不正确,但是得到了很多权威专家的默认,其依据是这样做倾向于谨慎原则。与之相反的做法是把债券的溢价立刻记入"利润和损失"科目,这样做很明显是不正确的,因为溢价不是收益,最起码不全部是收到那年的收益。根据讨论投资估价时所描述的方法(见第5章),以逐年下降的年金价值为基础,将溢价在不同的年份分摊是最科学的做法。

完全一样的原理也适用于折价发行的债券,正如同样的原理适用于低于面值购买的债券一样。折价首先应列入资产,但是必须随着时间的增加而逐渐摊销,因此每年计提的利息费用要用实际利率,而不是名义利率。这样的例子经常会见到,如在拉克万纳钢铁公司,芝加哥和奥尔顿铁路公司账户中均可见到。有时每年计提的(利息)费用以年金价值的保险精算估计值为依据,有时候就是仅仅把它(折价)平均分摊给各个年份,还有虽不科学,但更谨慎的方法,将折价加速摊销,甚至在第一年全部计入费用。

然而,在美国铁路公司中,其惯例是把债券折价记入建造账户中。这样做的诱惑是非常大的,因为在铁路寿命的早期,将任何额外的费用加入收益账户当然都是令人不愉快的。但是奇怪的是,这个做法受到很多专家的支持,其中就要提到 T·L·格林(T. L. Greene)和雷姆(Rehm)。T·L·格林进行了绝对的论述,认为其适用于所有折价发行的债券。雷姆则更为谨慎地认为它仅适用于名义利率与当前市场利率相等的债券折价,或者是折价部分代表了比市场利率更高的利率。支持这种做法的观点认为,至少到目前为止,折价代表了铁路的额外成本,一项因为缺乏信用而产生的成本,它使得实际支付的利率高于市场利率。如果5%的利率被认为是正常的利率,那么折价发行的票面利率为4%的债券就必须使其有5%的净利息;但是票面利率为5%的债券折价或者票面利率为4%的债券折价超过12.46%的部分,代表的不是利息,而是因为缺乏信用产生的成本。

但是这样的区分是非常难以应用的。通过以上可以断定,在假设的例子中,这个公司20年期债券的市场利率是5%,而名义利率是4%。此外,将折价记入建造账户导致了一个荒谬的结果就是使铁路成本更高,债券的期限更长。在上面提到的例子中，从债券中收到的每100万美元，将其花在铁路建设上，需要增加140 000美元作为折价，但是类似的、期限为50年的已发行债券，每100万美元需要增加大概220 000美元作为折价。

与上述观点一致的是，那些认为因为缺乏信用而发生的折价是建筑成本的一部分的观点应该更进一步，任何时候只要公司支付的利率高于正常利率时，应每年增加建造成本。信用很差的公司发行的票面利率为5%的债券不得不支付11.47%的折扣，也可以平价发行6%利率的债券。但是这将导致每年比正常利率多支付1%的额外利息。如果与之等价的并且可供选择的11.47%的利息一次性支付是可以计入建造成本的，为什么不把这个每年支付的1%的利息计入建造成本呢？直到现在也没有一个作者尝试去区分因为异常名义利率而导致的折价和因为信用不好而导致的折价的差异，并支持这一种做法。州际商业委员会试图区分证券折价和证券销售佣金。前者很可能不包括在不动产成本中，而后者则可能包括在不动产成本中。

偶尔，债券以可偿还溢价的方式发行。在这种偿还对债权人来说是可选择(非强制性)的情况下，溢价条款从本质上说是一种特别准备金。然而，如果溢价偿还被作为企业财务政策的一部分，那么溢价和债券的面值就成为一项负债并应反映在资产负债表上。然而，这两个要素可能会被分开。溢价发行的可赎回债券销售时的价格不是赎回金额，两者之间差异的处理应与平价发行可赎回债券的溢价或折价处理一样。

已经批准但是尚未发行的债券的处理方式在原则上不同于未发行的股票，这个问题已经讨论过了。110页所给出的任何一种可供选择的方式都可以应用于这种债券。但是与股票的情况一样，如果未发行的债券出现在资产负债表的资产中，这种持有物的性质必须清楚地反映。把它们(未发行债券)和外部投资一起笼统地列入"投资"或者"债券和股票"科目下是不合法的。在未发行的债券被有留置权的特殊资产担保的情况下，有另外的理由把它们包括在资产中，而不仅仅是把它们从未偿付的负债中减除。

为债券担保而抵押的财产使债券产生了某种程度的独立价值,甚至使它们在公司财务状况恶劣时成为一种可用的资产。

此外,债券与股票不一样,在没有特别立法时,可以低于面值发行。因此不必像区分股票那样区分债券,其中哪些是未发行的,哪些是已回购的。

但是无论在哪种情况下,最完整、最让人满意的反映所有事实的方式就是把未发行债券列示在资产负债表的两边。这种列示方法在芝加哥-西北铁路公司的资产负债表上出现过,可以简单举例如表72所示。

表 72   **资产负债表**

借		贷	
各种资产		债券:	
公司持有的库存债券等………	$ 50 000	未偿付债券 …………………	$ 100 000
		持有库存债券…………………	<u>50 000</u>
			$ 150 000

在市场上购买的债券的处理和购买并作为库存股持有的股票的处理一样。然而,购买的债券在任何时候都可以注销,未偿还的债务也随之减少而不需要有更多的正式手续;而购买公司自己的股票本身并不减少公司的名义资本,为了完成该过程必须遵守必要的法律程序。必须区分可赎回债券(尤其是在其已经正式注销的情况下)与那些在公开市场上购回并作为留存债券持有的债券。当前者发生时,可赎回债券必须在资产负债表上完全消失。

或有负债,是所有者在某一偶发事件情况下可能承担的负债,但其从来不希望承担该负债,其列示是一个让人困惑的问题。例如,制造厂销售机器并附带保证书。通常情况下,如果机器不能正常运转就赔偿购买者的负债,是根本不在账簿中列示的,但是该负债对确定制造厂的财务情况可能会有很大影响。也许,处理这种事项的最好方法就是建立一个特殊的准备金去预防这种非确定事项,而不是把它当作一个完全绝对的负债去处理。更简单的情况是把(或有负债的)接受或背书作为对贸易伙伴提供的一种便利,在这种情况下,当然构成了公司的一项真实负债,必须立刻列示在背书人的账簿中,作为资产的减项。此外,通过商业票据背书转让和再贴现可以建立基金,在这种情况下,或有负债不仅仅是对贸易伙伴的便利,还是一种有规律的商业交易。奇怪的是,在通常的会计记录中,这样的负债通常被忽略。先前持有的票据贴现会在簿记中被注销,却没有进一步反映可能的负债。这和交易中的习惯不同,但两者在本质上是相同的,即资金从出票人自己的票据中获得,由商业票据作为担保物加以保证。这个时候,通常的惯例就是把交易票据仍列示在资产中,而把担保票据作为一项负债。但是无论这个资金是由商业票据背书和再贴现加以保证,还是将票据作为担保物抵押,都不会影响借款人的真实状况。但是,例外的是,背书人将票据再贴现时却将其列示为负债,国家银行的惯例就是最明显的例子。

已宣告发放的股利是公司的负债,而且必须相应地记录在资产负债表上。这与其法律地位一致,因为未分配的利润不是公司的负债,且股东没有权利强制分配,而已宣告发放的股利是公司的负债,如果公司破产,股东因为该负债而具有和其他债权人同样的对公司财产的要求权。未宣告发放的股利并不会出现在会计账簿中,除非有未偿还的累计优先股股利。这种股利的地位某种程度上是独一无二的。就公司和优先股股东而言,不存在支付义务,事实上,除非赚得利润,否则公司就不能支付利润。但是从普通股股东的角度看,拖欠的累计优先股股利是一项在对他(普通股股东)支付之前必须支付的负债。因而,列示拖欠金额有一个很好的理由。实务中的做法与这个观点并不一致。也许最好的处理方法就是接受皮克斯利(Pixley)的建议,把它们在资产负债表的附录里列示出来,而不是列示在报表中。

职工养老金条款引发了一个问题,那就是是否真的存在一项必须列示在资产负债表上的负债。一种观点很明确地赞同发放养老金只不过是发放职工工资的另一种方式。为了在期间合理地分摊费用,将来必须发放的养老金必须计入每年的费用,相应的费用总额是未来某个时间应付给职工的真实负债。很明显,在这种情况下,在资产负债表中忽略这样一项负债是不正确的。但是,如果关于养老金的条款规定不是明确的契约事实,而是企业所有者可选择的善行,那么积累的资金从本质上讲是公司的准备金而不是一项负债。在一些例子中,养老金制度建立得很好的公司,每年的拨款支付给持有该经费的受托人。在这样的例子中,资产和负债记录可以完全排斥在公司账户之外。工资的支付由两部分组成,一部分当期支付给工人,另一部分支付给其受托人。这样支付之后,无论在哪种情况下,公司都不需要进一步做账。因此,对养老金的处理依赖于养老金协议的法律本质,以及其经营管理中采用的财务政策。

第 10 章参考文献

Dicknson A L. Interest and Sinking Funds. Accountant, XVII, p. 715.

Pixley F W. Auditors, their Duties and Responsibilities, I, pp351-357. Ninth edition. London, 1906.

Rehm H. Loc. Cit. ,pp. 272-342, 477-493.

Simon H V. Loc. cit. , pp. 173-201. (后两位作者就债券折价的本质提出了相反的观点)

第 11 章 利 润

　　利润和损失账户,也叫做收入、收益、损失和利得账户以及其他类似的名字,这是一个临时性的集合账户,记录企业因一定时期的经营活动而产生的净财富的增减变化。在某些情况下,它也表明了对净利润的处理。该账户是暂时性的,因为它只涵盖一个给定的时期,通常是一个财务年度。期末,该账户要进行结转,在合伙企业中通过将该账户金额分配给合伙人账户实现结转,在股份公司通过将该账户金额转移到股利、公积金、盈余账户或其他类似账户实现结转。它是一个集合账户,因为它包含了其他附属权益类账户的余额,如费用或者各种更细分的项目,以及各种反映当年所收到利润的账户,如商品、利息、租金等。它显示了净财富的变化,因此从属于资本或者其他主要的所有者权益账户。它不仅仅反映净财富的一个简单总数,也不是仅表示财富在以前的商业生涯中相比原始资本的增长额,而是表示净财富在财务年度内所产生的变化。它也合理地反映出因为企业经营而不是其他原因带来的净财富的变化,尽管其界线并不确定,实务中也并未解决。

　　和其他账户一样,它也有两边。一边记录会导致净财富减少的项目,其中,费用是一个典型。另一边反映表明净财富增加的项目。此外,借方记录的不仅是费用和损失,还包括对净利润的处置和分配。有时,当它反映的是股利支付时,是指属于企业的净财富减少,而不是一项损失;有时,当一笔金额转入盈余或者准备金账户时,仅仅是一个技术性的簿记转移。

　　利润和损失账户的主要目的就是反映企业当期的净利润,为确定可供分配股利的净利润金额提供特别参考。有时,这个金额可以从资产负债表中得到,实际上,以雷姆(Rehm)为代表的一些作者宣称,普通资产负债表的主要目的就是列示可供分配股利的利润。但是在实务中,这种观点是不正确的,无论如何,更清楚和更完整的利润和损失账户是资产负债表的一个有价值的辅助陈述,以至于这两种陈述通常一起发布,以使两者相互补充。

如果非要说两者的区别,那么可以说资产负债表更受债权人关注,而利润和损失账户更受所有者或股东关注。银行储户在银行资产负债表中发现存款和现金储备、投资的性质和保证金的金额的区别,以及所有影响其决定是否继续在该银行存款的事实。批发商从其客户的资产负债表中了解到其资产与负债的比例关系及其种类,并决定是否增加信用额度。而股东更关注利润,利润和损失账户必须告诉他们股票是否值得投资。这里的区别只是相关性。债权人不会继续相信一个失败的企业,投资者也会拒绝购买一个没有充足准备金并且随时可能破产的企业的股票,即使有很高的股利诱惑。所以债权人和所有者很像,他们都需要在商业谈判中用到资产负债表及利润和损失账户所提供的信息。

在更具体地考虑利润和损失账户的细节及与之相关的问题之前,必须了解这个账户和以前章节所讨论过的各类账户之间的联系。

利润和损失账户仅仅是资本账户的一个细分,它反映了当前净财富的变化。很明显,它与资产账户的联系是最重要的。除了后面要提到的特殊情况,资产净价值的任何变化必须反映在利润和损失账户中。因此,以前讨论过的任何交易活动或者任何簿记估计(其或多或少都会准确描述影响资产账面价值的交易)也必须在利润和损失账户中反映。资产账户中的任何变化代表了企业状况的变化而不仅仅是交换业务,一般情况下,都有一个对应的账户记录,而该账户记录最终会转入利润和损失账户。

利润和损失账户的问题并不是一个新问题,相同的问题早已讨论过了。资产估价(财产清单问题)显然是一个关于利润和损失的问题,因为资产账面价值的变化意味着净财富的相应变化。关于开办费是否记入财产清单的问题很明显是一个关于它们是否应该置于利润和损失账户之外的问题。如果已建成,折旧就必须通过费用记录在利润和损失账户中。因而,利润和损失账户仅仅是从另一个角度看一般会计问题,而且很多问题已经讨论过了,同时利润和损失账户的相关考虑不在这一章中赘述了。

大多数记入利润和损失账户中的费用是明确且无争议的。在大多数情况下,费用很容易确认,且费用冲销利润和损失的必要性也不是问题。但是在两类案例中,特定项目是否记入利润和损失账户让人左右为难。在第一类案例中,可供选择的将该项目记入利润和损失账户的方法是将其包括在财产清单的资产中。在第二类案例中,可供选择的方法是直接记入资本账户,或者在因为公司法的规定而不可能直接记入资本账户的情况下,记入某个附属账户以表明名义资本的减少,而不需要经过利润和损失账户这个中介。

第一类案例中的这些问题已经与财产清单一起讨论过了(见第4章)。企业建设期支付的利息是开办费还是一项损失,是应借记以抵减利润的事项还是代表无形资产的支付,或是至少作为递延费用,目的仍是把它当作一项资产?改善路基的花费是一项纯粹的费用,还是作为建造成本的增加因素列示在资产中?资产与损失、费用与改良,交换业务和那些影响净财富的业务,都是互斥的概念。确定一项支出是为了这些目的中的某个目的,就可以将该支出排除在其他项目之外,如此一来,这类案例中的所有问题就不过是已经讨论过的财产清单问题(见第4章)的再次阐述。

然而,第二类可供选择的方法是新问题。在这里,用来替代"将费用记入利润和损失账户"的做法是,将费用不记在资产中,而是记在所有者权益账户中。费用排除在利润和损失账户之外并不意味着它必须包含在其他类别账户中来代表资产。它意味着在净财富的减少确实发生了,而且如果该减少并不出现在表示企业净财富变化的账户中,那么它必须要出现在其他同类账户中,要么是资本账户,要么是某个不是利润和损失账户但却从属于资本账户的账户。总之,问题就是所有净财富的变化是否都要经过利润和损失账户。能不在资本已经损失时,不记录在利润和损失账户的借方?是否可能存在代表资本增长的资产净价值增加,但是并不是利润和损失账户的贷方余额所表示的利润?

这两个不同分类的令人迷惑的分录可以用最基本的会计账簿等式来解释。在这个等式中,总资产(包括固定资产和其他资产)的金额等于总所有者权益,所有者权益分为原始资本和利润两部分,即:

固定资产等 $100 000+现金 $5 000 = 资本 $95 000+利润 $10 000

在前面的段落中,所举例子的参考信息是在现金支付的时候,可以说是路基的改善。但是困境就存在于这个不确定中,现金减少了,为了达到等式的有效,就必须在资产账户做相应的增加或者在利润中记录相应的减少。在第一种情况下,其结果是:

固定资产 $101 000+现金 $4 000 = 资本 $95 000+利润 $10 000

在第二种情况下:

固定资产 $100 000+现金 $4 000 = 资本 $95 000+利润 $9 000

但是在第二种有疑问的记录中,总价值的减少是毫无疑问的。如果价值减少是固定资产的价值下降,金额达 $1 000。问题的实质就是资产负债表是否要反映如下:

固定资产 $99 000+现金 $5 000 = 资本 $95 000+利润 $9 000

还是应该表述为:

固定资产 $99 000+现金 $5 000 = 资本 $94 000+利润 $10 000

或者是等价的表述:

固定资产 $99 000+其他资产 $5 000+损失 $1 000
= 资本 $95 000+利润 $10 000

在实务中,对于这个业务还有一个不同但错误的处理如下:

固定资产 $100 000+其他资产 $5 000 = 资本 $95 000+利润 $10 000

尽管不可否认的事实是一定的价值确实消失了,但其并未反映在资产负债表中。

这个问题法院已经详细地讨论过了,但遗憾的是,不是从会计的角度讨论的。财产的终身权益给一个人,而财产本身给其他继承人,这也许最详细地解决了遗嘱问题。区分属于承租人的收入和属于其他人的财产实体是很重要的。在这个关系中,已经引入了这个概念,即,财产本身有所增长但是并不构成收入的一部分。相反地,也许会发生一部分本金的损失,但是不影响从财产剩下部分获得的收入。该理论很好地解决了房地产结算的细节问题,被认为是继承法的特例,然而会计人员关注的是其并不适合于商业会计。此外,这样的事情频繁出现在破产程序中,此时,董事或者股东对债权人的责任取决于一定的股利支付是否真的是赚得的利润。关于股东的不同分类引发的争论中,或者由收入债券持有者引发的诉讼中,还经常会产生关于什么构成了利润的问题。但是在大多数案例中,判决往往不像人们所期望的那样令人信服。判决结果常常完全取决于对公司章程或规章制度中某些特殊条款的解释,或者通过一段长时间的关于重要原则的讨论后,案件最终就一些技术问题作出判决而留下一些没有解决的主要问题;或者总的来说,最好的判决也只是关于哪些利润可以用来分配股利,而不是什么构成了利润。

英国的讨论比美国要清晰。它尤其受到了由议会公司提供的资产负债表例外格式的支持。事实上,该表格中,资本账户是独立的,正如表 73、表 73-1 的简单表格所示。

表 73

借	资 本 账 户	贷
资本资产 £95 000	股本	£100 000
余额 5 000		
£100 000		£100 000

表 73-1

借	资 产 负 债 表	贷
资本账户余额 £5 000	应收账款	£15 000
应付账款 20 000	现金	15 000
利润 5 000		
£30 000		£30 000

表 73 和表 73-1 看上去是鼓励这种观点的：资本账户，或者至少是用收到的资本购买的固定资产，跟资产负债表上所列示的利润很少或者几乎没有关系。可以很容易推断出资本资产的价值会有损失，这只会影响资本账户并使本年的利润不受影响。毫无疑问，因为习惯于在双账户中把资本作为资本本身，英国法院对一般性问题更愿意采取先进的理由。

不论会计师最终做出什么决定，但是问题至少是清楚的。确认某些资产的损失，如因火灾、船舶失事、证券违约，正常开采等原因引起的资产损失，争论的唯一焦点就是通过什么渠道可以将损失反映出来。在会计术语中，它只不过是一个特定的已确认的损失是否记入利润和损失账户借方或者记入其他表明净财富减少的账户借方，但是却与当期收入没有丝毫关系。这是一个专业术语问题，某种程度上也是法律问题。术语"净利润"是意味着任何原因导致的财富变化，还是意味着由一定交易因素导致的财富变化？法律是否允许分配的股利是来自一定的收入超过一定的费用形成的盈余，还是规定只有现有资产超过一年前的净资产的部分才能被用于分配股利？

这个问题可以通过假设一个相对简单的例子来解释：一个公司打算买一个煤矿准备开发它然后卖煤。不考虑评估煤矿价值是多么困难的事情，只假设为了购买这个煤矿花费了 $25 000，这相对于煤矿所含的百万吨煤来说是个公平的价格。在这种情况下，销售价格必须能够补偿本金，支付所有的经营费用，并产生合理的利润。每年的销售价格必须超过煤矿每年的运营成本；但是，收入超过年度支出的数额并不全是利润。在每吨煤收到的价格中，25 美分是对该煤矿原始投资额的补偿，在正确计算利润之前必须考虑该成本价格的补偿问题。有了这些假定，矿业公司不能再像商人忽视商品的成本价或者制造厂在估计其利润时无视产品的生产成本那样，合理地把每年的净收入作为净利润。再假设采矿和销售煤炭的总成本（包括所有的直接运营支出）达到了 55 美分一吨，公司在开采了 100 000 吨煤炭之后，必须在其利润和损失账户中反映，如表 74 所示。

表 74

借		利 润 和 损 失	贷	
费用	$ 55 000	销售收入		$ 100 000
矿山耗费	25 000			
可供分配股利余额	20 000			
	$ 100 000			$ 100 000

支付所有利润后,资产负债表可以表示为表 75。

表 75

借		资 产 负 债 表	贷	
矿山——成本	$ 250 000	资本		$ 250 000
现金等	25 000	矿山折耗		25 000
	$ 275 000			$ 275 000

直到所有的煤被处置掉之前,相同的过程会一直继续,资产负债表如表 76 所示。

表 76

借		资 产 负 债 表	贷	
矿山——成本	$ 250 000	资本		$ 250 000
减:折耗	250 000			
	0			
现金等	250 000			
	$ 250 000			$ 250 000

在业务过程中,净现金收入数额达到了 $ 450 000,但是因为将代表煤矿成本价格的总额记入利润和损失账户,所反映和分配的总利润额只有 $ 200 000,而财富稳定积累的总额在经营结束时等于矿山的原始成本,这将有助于恢复股本。

这样的处理符合会计师的一致意见,在 1889 年,会计界被一个发生在英国的历史性决议(见李诉讼纳沙泰尔沥青有限公司案件)所震惊。事情源于一位股东阻止一家沥青公司在没有为矿山耗费提取折旧的情况下发放股利。但是法院拒绝干预这个事情。不幸的是,因为会计师、法官和公司董事的息事宁人思想,这个决议在原则上有点模糊,在细节上有点矛盾并且难以理解。但是这个例子至少裁决了一个原则，即法律没有强迫公司对它们投资在"消耗性"资产上的资本计提折耗的规定。

这个案例很快吸引了社会的关注和批评，人们反对在书中这样讲授和会计师这样实践。在《会计师》杂志最近的讨论中，特许会计师机构受到了广泛的批评。人们宣称这个决议显示了对"会计基本原则的肤浅领会"，且"所有工作能力强的会计师和对事情有很好判断力的人的观点完全不一致"。《政治经济字典》在这个决议后不久面世，它坚持"反驳一切商业和簿记的合理原则"。帕尔默（Plamer）——一个在公司法领域非常著名的权威人士说道："对于李（Lee）的观点，其实一些有学识的法官并不赞同，总的来说他们并不将自己托付于会计师、经济学家和商人的常识。"他同时声明确认利润的方法"很明显不正确"。

面对来自各类权威的联合批评，需要一些鲁莽的观点去支持这个决议；特别是从这项决议开始，虽然这种做法经常受到英国企业的追随，而美国据说真的不存在消耗性资产的处理问题，因为矿山残余的价值事实上比为矿山特许权而花费的原始价格要高。应该铭记于心的是决议并不是通过会计术语表达出来，它也不是一个关于利润构成要素的决议，而仅仅是关于一个公司组织运营一项消耗性资产，在没有扣除矿山耗费总额的情况下分配了每年的净收入，同时没有债权人受到损害。

在前面提到的例子中，问题只关系到一个专门从事开采消耗性资产（或者称为"消耗性资本"）的公司的收入处理问题。这类企业的本质排除了其永久性。这类企业运营越成功，其寿命越短。正如南赖庭寇德（Nan Netticote）公司那样，它的成就越显赫，它结束得越早，它的管理越有效率，它的资源被消耗得越快。这样的企业从根本上不同于那些普通的工业企业，所需要的生产原料可以源源不断地提供。对于李（Lee）的决议，除了那些持有消耗性资产的企业外并不适用于任何企业。

5 年后，一个几乎同样重要的决议出现了，它极大扩展了一种观点，即企业可以遭受损失但并不影响利润和损失账户。这种情况出现在弗纳诉讼一般商业投资信托基金有限公司案件(1894)中。这涉及一家购买其他不同公司股票的公司,信托基金公司的唯一作用是进行投机性投资并把净收入作为股利分配给它自己的股东,投资于不同的公司而且只为获得收入。在这个特殊的例子中,近$5 000 000已经通过股份和债券的形式筹集到,并且已经被投资于不同的公司。但是有些投资选择得并不好,很多投资价值下跌,甚至有些已经变得基本没有价值,公司承认有超过$1 000 000的损失,差不多相当于资本的1/4。然而,利息和股利的收入却远远超过了当期费用,此时问题转向将净收入作为股利支付而不是用它们去弥补投资价值下跌造成的损失的合法性。决议认为,这样的股利分配是合理的,尽管一般法律原则认为不能用资本发放股利。

当然,这里没有消耗性资产的问题,投资的目的不是为了开发和损耗,而是为了获得持续的收益。在这个决议中,最高法官林德利(Lindley)坚持认为,法律上虽然股利不能用资本支付,但是这并不意味着在所有的案例中资本的损失必须在股利支付之前弥补。要区分固定资本和流动资本的损失。分配公司的收入,但不更新在生产收入过程中消耗掉的流动资本,是一种用资本分配股利的行为,这是被法律所禁止的。

"固定资本可能会沉没和损失,然而当期收入超过当期支出的部分可以被分配,但是流动资本必须保持在一个水平上,否则它将会进入并形成该超过额的一部分(被分配掉),却不减少资本,这是违反法律的。"

在这个决议中,宣告发放股利前资本不需要维持在一个高水平上,这一原则在李诉讼纳沙泰尔沥青公司案件中只适用于消耗性资本,但是现在已经扩展到所谓的"固定资本",该固定资本长期投资于被称为信托基金的特殊公司。在随后的几年中,这个原则扩展到维尔诉讼麦克纳马拉公司案件(1895)中,该公司商誉价值的下降并不妨碍股利的分配,其依据的是该损失也是固定资本的一部分而不是流动资本的组成部分。更甚的是金士顿棉花纺织公司案件(1896)的决议,李诉讼纳沙泰尔沥青有限公司案件和弗纳诉讼一般商业投资信托基金案件中用于有特殊特征的公司的裁决,现在也适用于普通的制造公司。

在威尔士国家银行的案例(1899)中,提出了一个影响更广泛的决议。已经发生的损失可以考虑作为流动资本的损失,因为它是由于银行贷款价值缩水引起的。但是决议赞同在某一年利润已经赚到的情况下,可以分配股利,而不论以前年度的损失是否得到弥补。之后不久,赖特(Wright)法官很可能是依据这个决议,在克赖顿石油公司案例中说:"我不认为有任何法律规定某一年交易的利润不能被分配仅仅是因为在利润和损失账户中有以前年度的损失余额。"

在霍尔有限责任公司的案例中,沃恩·威廉姆斯(Vaughan Williams)在决议中发表了类似的观点。"无论在任一给定日期你损失了多少资本,如果你的利润和损失账户显示了利润余额,那么在很大程度上对于利润的余额你有权利去分配,尽管事实上你已经损失了资本而且还没有补偿。"

在上述决议中阐明的这个原则作为一项通用规则会把每一年作为一个独立的单元,如果做出审慎的会计安排,以至于交替列示每年的净利润和损失,就可以持续分配股利,尽管企业仍有因为流动资本和固定资本损失引起的持续增长的赤字。

关于威尔士国家银行的决议的合理性已经被严肃地质疑了,尽管它受到英国上议院的支持。在最后一次会议中所做的决议完全依据技术理由,该决议与被告董事的责任有关,但是绝不担保和利润有关的条款的正确性。此外,在后一个案例中,每个人都提出观点尽力呼吁大家注意一个事实,即下议院这个决议的通过并不意味着关于银行资本损失处理的法律原则通过了。另外,在1904年时人们认为,在一家公司列示前一年赤字的情况下,在赤字弥补之前发放股利是非法的,这样的股利发放被认为是资本的支付。不幸的是,对于所涉及的原则并没有什么讨论,因为这个决议和特定股东的能力有关,而与分配股利的合法性无关。弗纳诉讼一般商业投资信托基金决议的重要性因为后来的邦德诉讼巴洛赤铁矿钢铁公司案件(1902)的重要性而有所减弱,法院接受早期决议把固定资本或者消耗性资本的损失看做约束性的,把铁矿损失和高炉以及工人住所的毁损全部看做流动资本的损失,而不是固定资本的损失。

后一个决议重点强调对法院试图区别固定资本损失和流动资本损失的做法的不满意。如果这意味着固定资产和流动资产的损失,当然存在在任何具体情况下确定到底哪一类资产已经发生损失的困难。正如首席法官在达维公司诉讼科里公司案中说的那样,"固定资本和流动资本的区别,可能很适合像亚当·斯密的《国富论》那样抽象的论文,对于具体的例子也许是不合适的"。

在亚当·斯密以来的经济学家提出的缺乏系统性的分类中,一个铁炉也会被包含在流动资本之列,正如它(铁炉)被法院包含在流动资本中一样。但是从会计的技术角度看,对这种区分(固定资本和流动资本)的反对更严重。部分资产可能会损失,但是没有特定资产是资产负债表的任何特定贷方的具体体现。实际上,这里所讨论的资产也许由股本认购支付的现金购买,或者是通过债券发行程序获得的现金购买,或者形成流动负债,或者通过投资企业利润而获得。但是这个特殊资产的毁损并不因而专门作为资本损失,或者长期债务损失,或者流动负债损失,或者是利润损失。对于会计师来说,区分资产负债表的贷方项目和资产是很重要的。两者完全代表了不同的概念且不能混淆。

美国法院的决议可能更加令人迷惑和不满意。这主要是因为法院紧紧抓住虚构的但现在已逐步废除的"公正故事"不放,认为公司的股本是一项信托基金,是为债权人的利益而持有的。其含有一项严格的法律原则就是资本不容侵犯。当然,法院严厉反对从资本中直接支付股利,但是,显然也没有在利润计算中持续地确认折旧。至于把资本损失作为不同于利润损失的特殊问题,最突出的决议就是美国最高法院在艾斯特诉讼世纪财政委员会的决议:"列示的收入超过其当期费用就是企业利润。事实上,它们是净收入,根据共识,其通常代表企业的利润。当谈及商业企业的利润时,尽管企业所用建筑物来自企业的资本投资,但公众很少会考虑到其折旧。"

确切地说,企业的净收入就是它的利润。正如企业经营的那样,其利润来自其收入,大众的观点是净收入代表净利润。

在这个例子中,企业是一家特殊的企业,类似于一个轮船公司,而且判决所依据的规则也许不同于那些普通的商业企业。在梅因诉讼米尔斯案件中,联邦法院声明:"也许在现今,没有比这更好的法律规则,即公司的股本,无论是银行、保险公司、矿业公司还是制造企业的股本,它们都被视为一个为了保证公司债务支付的信托基金并且这样处理。公司的管理层没有权利分配股利给股东,除非公司有利润可以分配,且利润超过了所有损失,因为这样做的必然结果是使公司的资本金大大减少。如果公司既有利得又有损失,那么利得必须扣除损失以保持资本金的完整。"

州法院在他们的决议中有不同的看法。最有趣的决议是在美国康涅狄格州,认为"净利润"通常意味着抵偿资本之后剩下的部分;在密歇根州,净利润被认为是现有资产实际价值与原始投资总额的比较;在爱荷华州,利润等于资产的实际价值减去负债;在加利福尼亚州和作出李诉讼那沙泰尔沥青公司案件决议的纽约州,利润被公开地用于当地矿业公司的股利分配。

第12章 利 润 （续）

关于资本损失和股利支付之间的关系可以分成三方面。第一是关于股利的合法性问题；第二是关于企业政策的问题；第三是关于正确地记录这些交易的问题。这三个问题在技术意义上又可细分为：消耗性资本、普通的固定资本和流动资本(流动资金)。

第一，股利的合法性。"损失"仅仅是消耗性资本的损耗的观念在英格兰和美国已经得到了很好的认可。在存在固定资本损失的情况下，发放股利仍然是合法的。这得到英国高级权威——但不是最高级权威和美国最高法院以及各州法院的支持。但是"所有的权威人士都同意应当把流动资本保存下来"[见邦德诉讼巴洛赤铁矿钢铁公司(1902)第一章第353段]。

第二，在存在资本损失的情况下，股利分配政策问题是独立于股利分配的合法性问题的。很容易确定什么情况下损失是第一类，即消耗性资本的损失，或者，举个典型的例子，公司的经营活动包括开发矿产时，会产生消耗性资本损失。这已经说明李诉讼纳沙泰尔沥青公司的判决已经遭到了广泛的批评。甚至皮克斯利在他最后一版的《审计师的职责》中把这种股利称为"一种自寻死路的政策，与管理良好的上市公司的做法相违背"和"明显不明智，无章法"。

然而，批评家中的高级权威举出强有力的理由来为发放股利但不对已消耗矿井计提准备的行为辩护。讨论的内容可归纳为，是把矿产公司和类似的企业作为永久性企业以保持其资本，还是根据自然资源的特点将其作为暂时性企业,其资本及利润可以尽可能快地撤回,而不损害债权人或削弱信用。持前一种观点的人声称如此多代表资本回报的收入应该由公司留存或对外投资。这样,当矿产枯竭的时候,公司拥有与股本总额相等的其他资产。

这种观点似乎完全忽视了这类公司的本质特征。矿产企业一向是投机性的企业。出资者很清楚它在本质上不会是永久的事业,大概他们也很了解它具有投机的特性。他们唯一的目标是开发某一矿床的矿产,符合逻辑的似乎是尽快地取得这些开发工程的成果,回馈给出资者。如果债权人没有被误导或利益受损害(并且有合同保障其权益),要求愿意投资到特殊投机企业的投资者组成信托公司,投资部分年度收入以防未来的会计核算问题,这种行为听起来是荒谬的。如果某人青睐一家可能有较大收益的投机企业,那么要求其投机活动逐渐变成与之完全不同的长期的低风险投资是更不合理的。除非人们认为家长式的法律应当不管投资人愿不愿意都强迫他变得保守,返回给他开发工程的收益,并允许他在他认为适当的时候进行另一项类似的投机活动,上述做法才是合适的。

此外,组织所特有的性质很可能是反对积累准备金(译者注:即计提矿产折耗)的理由。矿产公司的高层当选很可能是因为他们懂得如何开发矿产资源。但这仅仅是假设,即假设他们是持有和管理一项大的信托基金的合适人选。从各方面的观点来看,似乎让那些投资到一家有期限的公司的资本逐渐收回比要求公司积累偿债基金更合理。

美国最高法院有一句名言很贴切地描述了这次讨论,尽管该言论是在其他情况下出现的:"股东(戴维斯法官在《克里尔沃特诉讼马里弟兹案》中提到的股东)是同他的公司一起进入一份合同的。为了完成成立公司的目标,他的个人意愿也许会屈服于有关当局的指示和控制。他不同意他所投入的资本在大多数股东的意志之下改变其目的和性质,以致于先前的投资活动增加了新的责任和风险。他也许只愿意投资某一家公司而不愿意投资别的公司。"

作出这个阐述是为了分析利润是用于扩建一条铁路线还是分配给股东。如果将其应用于一家类似企业的扩张,更应认为所涉及的企业在特征上与投机性地开发一个矿井完全不同,并认为应该建立一个信托基金。

同时,存在这样一种情况:对于公司来说,保留一份与耗掉的消耗性资本价值相同的资本或是对其他相似公司的再投资是令人高度满意的。因此,一家拥有自己的煤或铁矿石的制造企业在旧的矿井枯竭时,也许会明智地向新的矿藏进行再投资。但这是一种特殊的情况,上述观点所要说明的是不应当有一般性的规则来规定必须保留收入。即使对相似公司的再投资也需要特殊理由;创造一项基金投资于具有完全不同特征的外部证券是很少受到支持的。

在存在投资资本(不是消耗性资本)损失的情况下分配股利的政策不是那么容易捍卫的。这种情况下确实存在真正的损失,而不是资本的回报;这时企业通常是永久性企业而不是即将终止的企业;企业的所有目的不是耗尽资本,然后收回来,而是在商业经营中利用它。

然而环境变化也许能证明这样的股利分配是合理的。例如,一个人的全部收入来源于 10 套价值 10 000 美元的房屋,每套能产生 10% 的净收入。如果其中 2 套房屋烧掉了,且没有买保险。一般人会认为屋主的收入因此每年从 10 000 美元降到 8 000 美元。他绝不会认为他的整个收入停止两年,直到其本金恢复。同样,对于依赖股利收入的股东来说,停止整个股利的发放直到意外的损失得到补偿,那是很残忍的行为。主要的困难在于,在一家公司中,这样的偶然事件确实需要减少名义资本,注销部分股本。繁琐的手续和法律性的费用可能对公司的信誉产生不良影响。人们都注意到当资本受到侵害时,公司董事是不情愿这样做的。在分配股利之前恢复资本(例如,增加资产直到他们再一次等于资本),批评可能不会那么多。但在分配之前,股本没有减少到与剩余的资产相一致,批评会很多。在资产比名义资本少时,分配股利似乎让所有关于减少股本的规定无效。

为什么法律规定了如此详细的限制,在一般商业信托基金中这些方法还是允许使用并遭遇同样的结果呢?连续几年完全不发放股利的艰难营业也许只能看做是对授予股东的例外特权的公平报酬。

当存在所谓的"流动资本"损失时,人们对此时的股利支付政策是没有异议的。假设"流动资本"损失是指公司的收入少于支出,且没有积存的准备金可用来支付股利。当然如果没有盈利,所有人都同意不分配股利。

第三,批评者通常都想当然地认为法院在为纳沙泰尔沥青公司和一般商业信托基金的会计报告上的错误和误导辩护。例如,帕尔默(Palmer)在他的名著《公司惯例》中说:"在弗纳诉讼一般商业投资信托基金案件中的观点涉及资产负债表没有披露公司真实情况的问题。它并没有用现存的事实来反映资产,而是用过去的历史来反映资产。它反映的是某项特定资产的成本,而不是它们的价值。因此,如果一家公司花 10 000 英镑购置了一项地产,而其价值下跌了 1 000 英镑,它很可能还是作为一项成本10 000英镑的财产记入资产负债表;尽管年复一年的消耗和其他耗费,它的价值贬得越来越低,但这个数字依然保持不变。"这说明法院认为使用本书 188页最后那种资产负债表的表达方式是合理的。许多批评者也同意这个观点。但这种观点不仅忽视了会计技术的可能性,而且很奇怪地忽视了上诉法院法官林德利(Lindley)判决中的判词:"资本损失不应像它完好无损的那样反映在账目中,账目必须说明真相,不能欺骗和误导他人。"(1894 年,第二章)同后来巴洛赤铁矿钢铁公司的案例一样,科森·哈迪法官十分明确地表示尽管资本损失不会阻碍损益账户反映可用于发放股利的余额,但同时资产负债表应当说明或暗示已发生的损失。

专业的会计人士偶尔向客户提出关于某些交易的合法性的建议,这时会计语言本身并不关心法律细节。无论法律是否允许一家公司持有自己的股票、折价发行股票和债券、抑或发放股票股利,还是在资产少于名义资本时发放股利,这些都是重要问题,但也是纯粹的法律问题。如果交易已经发生,关于交易的合法性问题与会计人员陈述的事实无关。所有的利得和损失无论是怎么引起的,都应该记入"利润和损失"账户,而不是直接记入其他所有者权益账户。这似乎理所当然,但并不是时时处处都能满足会计实务的要求。一旦法律规定一些损失不能在"利润和损失"账户的借方出现,会计人员的工作就太简单了。帕尔默法官曾说,从"利润和损失"账户排除的损失应该在其他地方反映。如果法律要求或允许减少名义股本,这样做将导致损失立刻会从资本账户上扣除。因此,一家公司的资产负债表最初如表 77 所示。

表 77

借		资 产 负 债 表	贷
厂房	$10 000	股本	$22 000
其他资产	15 000	损益	3 000
	$25 000		$25 000

接着,不幸遭遇损失后,其资产负债表如表 78 所示。

表 78

借		资 产 负 债 表	贷
厂房	$1 000	股本(减少后的)	$13 000
其他资产	15 000	损益	3 000
	$16 000		$16 000

如果减少名义资本需要的法律程序没有办好,资产负债表则如表 79 所示。

表 79

借		资 产 负 债 表	贷
不动产	$1 000	股本	$22 000
其他资产	15 000	损益	3 000
资本账户的损失	9 000		
	$25 000		$25 000

当然,某些其他描述性术语也可能用来代替"资本账户的损失",其唯一的要求是不能误导他人。使用如表 80 所示方式可能把缩水反映得更明确。

表 80

借		资 产 负 债 表		贷
不动产			流通在外股本	$ 22 000
初始成本	$ 10 000		减:资本缩水	9 000
减:缩水	9 000			$ 13 000
	$ 1 000		损益	3 000
其他资产	15 000			
	$ 16 000			$ 16 000

问题很简单——所需要的只是清晰和诚实,事实可以用多种令人满意的方式反映。当资本减少时,分配股利会令人失望,但这与真实地说明所发生的事的必要性无关。

在损失不能精确甚至粗略地估计的情况下,在资产负债表中列示资本缩水的规则也许可以得到修改。因为油井的成本代表消耗性资本,其将随着石油的消耗而顺理成章地被注销掉。石油供应的估计仅仅是个猜测,但它可能比从不试图估计消耗比率而一味保持已知成本要好。相应地,采矿企业一般不为消耗计提准备。但在有些案例中,如科罗拉多燃料及钢铁公司就是一个例子,每开采一吨矿都有定期的费用来冲减利润。当然,这样做是为了反映当前实际价值。在缩水金额已知的情况下,缩水必须反映在账上。但是,在精确的估价似是而非且唯一能够确定的价值是初始成本的情况下,在资产负债表中列示成本,并说明它不代表当前的价值,这种做法会减少其危害性。感兴趣的人会自己为资本性资产损失计提准备。

有一些问题产生于"利润和损失"账户的贷方,即,净资产的特定增加额是否应该列示在"利润和损失"账户的贷方。在这些增加额中,可能会提及股本溢价概念。很明显,这个增值(即股本溢价)与企业经营利润无关,且惯例反对将其记入"利润和损失"账户的贷方,但是洛马(Romer)大法官在霍尔公司案件(1904)中声明,认为它可以合法地用于支付股利。在银行业中,股票经常以高溢价发行,惯例的做法是将其记入公积金账户的贷方,这种处理总体上是被允许的。

债券的溢价在性质上有所不同。这种溢价所得是对已付出的高利息的补偿或是因为良好的信誉而收到的红利。它直接按债券的期限进行分摊。既然年利息在债券期内每年冲销利润，那唯一正确的做法是把溢价收入分摊一部分作为利息的抵销记入贷方。然而没有人反对把整个溢价放在某个一般的准备金账户里。当然，如果溢价收入很小，而要求把它在很多年内精确地摊销就太苛刻了。

重新发行被罚没的股票可产生溢价，因为不用支付估价费，而这被当成股票的其他溢价，也就是说，把它记入公积金账户或准备金账户，而不是当期的利润和损失账户。反对把溢价记入利润贷方是基于会计原则，而不是法律。

更有趣的问题是所谓的资本性资产的增值是否能像利润一样分配。这个问题的反面之前已经讨论得很清楚了，引入了"资本损失"的概念，以区别于"收入损失"。问题的另一面是，资本的增加（非利润）涉及相同的原则。已实现的增值和仅仅是估计的增值界线不明，使得讨论有点混乱。如果利得实际上已经实现，它理所当然应记入利润账户的贷方，但是，如果是偶发的利得，它相反地要记入某个盈余账户或准备金账户中。这无疑与李诉讼纳沙泰尔沥青公司案的理念有较少的冲突。实际上，法院支持把资本性资产价值缩水剔除出去的理由是，相反的规则意味着股利可以用资本价值增值支付，而这被认为"与所有实务和原则相悖"。

但是在已实现的利得的范围内，这个理念很快就在卢伯克诉讼英国银行案（1892）中得到认可，并被各种判例采用。然而，无论法庭多么成功地将资本和收入甚至是资本缩水和收入损失区分开，目前都难以把来自资本资产增值的已实现利得和其他收入区分开来①。

更棘手的问题是未实现的利润。第4章财产清单的讨论表明，很小的价值波动有可能被忽视；就算是永久性的资产增值，如果它属于在持续经营情况下不能实现利得的资产，也同样应该从账户中剔除。因此，厂房价

---

① 有些例外情况有可能在清算企业分配最后资产的案例中找到。

值估价增值不应该反映在账户中,尽管其估价十分确定。因而,这种禁止提高资产价值的禁令排除了将其记入利润和损失账户和其他账户贷方的可能。但是商品或是通常所说的流动资产的增值,很少有统一的规定。德国法律明确禁止记录因未出售商品价值增值产生的利润,即使产品或存货交易所有明确的报价证明该商品价值增值也不行。但是,澳大利亚法律认可记录这种利润。马萨诸塞州的一个重要案例认为:"商品交易的利润和损失不局限于买卖的结果。未出售的存货价值增减变动也应当记入账目。"(梅泽夫诉讼安德鲁斯,马萨诸塞州,1871)但是,这个案例里有火灾引起的损失,所以关于资产增值的判决不那么权威。再者,这个案例涉及合伙公司的最后清算或解散,它在重要细节上和持续经营的状况不同。会计师总是倾向于明智的稳健主义,他们几乎一致反对把未售货物的利润记在账上。

但是问题并没有解决。通常货物先售出,而货款还未收到;或者贷款和投资的利息已经发生但还没到期,或是已到期还没有支付。收到的现金很明显会记为利润,但是有时候有异议反对把未收讫的应收项目记入利润。不一致的判决令会计人员困惑,他们无法找到一个安全的指南。早期英国案例很清楚,尤其是在斯特林格案件(1869)中,法院认为资金没必要在手里,联邦政府的责任是为计算可用于分配股利的利润提供一个正确的基础。这个判决长期被认为是权威,但是,直到1902年,一个完全不同的理念在巴德汉诉讼威廉姆斯的判例里才被解释清楚。科科里奇(Kekewich)法官提出一个很明确的观点实在值得引用:"如果这仅是个特殊年度利润的问题,对于我来说,任务是搞清楚哪些款项已经收到,哪些款项延迟,如果真得那样做了,你就知道这一年的利润了。如果有一笔大额的未清偿债务,合伙人会作出估计,且不会认为这是利润的一部分。如果存在一笔大额的未决赔款,且是一笔大额的应付给顾客的款项,你就会为之做准备。但是当确定当年最终真正的可分配资金时,你会将现金账户看做其所代表的可用于分配的资金……"

"1901年，一个商人在伦敦托运一船货到外国港口去卖。假设是用3个月或6个月的汇票结算，有可能到1902年才到期。现在，他们会不会像1901年推断的那样处理该票据，会不会考虑票据到期时买方不会完全付款？在我看来，在没有达成特别协议的情况下，那完全是错误的。毫无疑问，为了编制资产负债表，他们会假设有一项他们希望实现的未偿付资产；但是为了确定利润和损失——也就是说，确定要分配什么，在我看来他们应当考虑的只是他们已经收到的金额，因为那些票据只会在1902年到期时才收款。"(86, L. T. R. 191.)

在美国，法院更普遍地认为在利润和损失账户中只有实际的收入和付款才是合适的记录。1893年美国最高法院认为，在里根诉讼农民贷款信托公司案件中应当考虑应付利息，但是，并没有涉及应收利息的问题。在同一个法院，在艾斯特诉讼世纪财政委员会案件中，区分了利润和净收款。更有甚者，在加利福尼亚州人物周刊诉讼旧金山储蓄联盟案中，应收利息（甚至是联邦政府债券的利息）在确定利润时都不能予以考虑。那段判词很值得一读，法院认为："很难理解'利润或剩余利润'怎么会包括没有收到的收益。这个术语意味着收入超过支出，没有收到的收益不能完全被称为利润。根据法规，因利息赚取的钱，无论最终的支付多么确定，在法律意义上它都不能作为剩余利润。"

相反，在新泽西州和密苏里州有观点认为利润并不局限于已收到的款项（琼斯诉讼戴维斯，1891；史莱登诉讼煤矿公司，1887）。

许多困惑毫无疑问是由于专业术语上的细微区别引起的，通常"利润"这个词在法律上的意思是"可以用来分配的利润"。法院也会对股利分配设置严格的限制，这同会计人员对利润概念的界定完全不一致。实际上，很多案例都是按照法规来处理的；像西班牙或许多美洲共和国都规定只有易变现的利润可以用来分配股利。有人认为把股利建立在未实现利润的基础上是不正确的，同样未实现的利得"不是利润，是带来利润的希望"。在杜宾(Dupin)的论证中有很好的商业稳健主义："一个人不会分配希望，无论它是多么肯定会实现；一个人不会分配一句话，而是钱。股利在从公司的财产中分配出去之前，应该首先流入这个公司。"①

但是已实现和未实现的利润之间的区别与以现金形式收到的和以其他形式收到利润之间的区别是完全不同的。只要交易完成，利润实际上就实现了。如果是商品交易，售价包含利润和一部分资本。这个价格是以现金形式、票据形式还是以与其价值一致的资产来支付都无关紧要。如果对买方的索取权是可靠的，利润就实现了；如果不可靠，损失的不仅仅是利润，还有代表初始投资的更进一步损失。确认这个售价总额中的一部分可靠而排斥另一部分是明显不合逻辑的。加利福尼亚州法院的观点是不合理的——向政府索取的1％的利息可能不计为可靠，然而100％的本金却以其全部价值列示在资产中。

关于已收到的利润的形式的讨论，经常涉及资产负债表左边和右边之间的困惑。资产是无法分辨出资本和利润的。因此，像欧尼斯特·库伯（Ernest Cooper）先生提到的那样，无论利润是否易变现，这个问题都不能合理地解决。②

再者，经常会有公司即使没有现金也发放股利。因此荷兰东印度公司经常用香料来发放股利。更激进的事例是1907年亚特兰大海岸线公司宣告用它的存单发放股利，后来又用国库券发放股利。

但是，法院强迫公司在缺少流动资产时发放股利当然是不明智的，引用的判决是基于实践中的反对而不是基于利润只存在于现金中的确认原则。甚至未结算收入有时也作为发放强制性股利的基础，例如，在普鲁士海上行动公司案例中，没有现金就发行暂时性的股票股利。并不是现金收益才是利润，但法院不会强迫一家缺乏现金及其等价物的公司支付股利，这可能会导致不利的贷款或是被迫出售资产而引起损失。

其他的判决只有用同样含糊的解释才讲得通。有观点认为，"所有的

---

① 引自巴斯蒂德：《虚构的股利》，第36页。
② 《会计师》，第14期，第746页。

债务(非长期债务)……是在利润可以确定之前偿还的"(科里诉讼伦敦德里和恩尼斯基林铁路公司,1860),后来又演变成"一个难以理解的理论,即只要存在未偿还的债务,就没有可用来分配的收入和利润"(米尔斯诉讼布宜诺斯艾利斯北方铁路公司案,1870),同样的意见不止一次被美国法院公开提出。甚至美国最高法院认为,"净收益是支付完当期费用,债务利息和其他公司要支付的债务后的剩余"(沃伦诉讼金案件,1882);后来,同样的最高权力机构把利润定义为:"支付完所有的费用(包括到期的债务和到期的利息)后的余额。"(莫比尔等诉讼田纳西案,美国,1894)

照字面意思来理解,在利润确认之前债务必须偿还,对于会计人员来说是"难以理解的"和"荒唐的"。但是,当现金消耗可能引起债务危机时,法院会拒绝命令发放股利,这是非常合理的。在一个保守的环境里,以这样令人疑惑的术语和不可信的理论为代价来规范股利发放,是令人感到遗憾的。

现金收入对利润的限制与用借款支付股利的问题有紧密的联系。如果利润真的已经赚取,通过借钱再次补充现金账户可消除会计人员对宣告股利的任何反对意见。但是林德利(Lindley)大法官描述用借来的钱发放股利的特征"在法律上是不正当的,在商人眼里是不计后果,应受指责的"。(弗纳诉讼一般商业信托基金,1894)

此外,很多判决是不一致的。有些案例中用借来的资金发放股利被判有罪(戴维斯诉讼弗拉格斯达夫银矿公司,犹他州;贝尔法斯特和木斯赫德湖铁路公司诉讼贝尔法斯特,缅因州,1885),但是在威廉姆斯诉讼西部电信公司(纽约,1883)的案例中,判词清楚地说明在盈余已投资于设备的情况下,公司"能够以其做担保借钱并用借来的钱分配股利"(192页)。

在更极端的案例中,因为改良支出冲销了以前的利润,资产负债表里暂时显示没有盈余,通过把这些支出记回收入的贷方,然后借钱分配如此建立的盈余被认为是合法的。在精益水资源矿业公司诉讼皮尔斯案中,修建一条坑道的费用记在账上冲减利润。这家公司借来相当于坑道成本的钱,然后用来发放股利。法院说:"其结果与先借来同一笔钱,并马上将其投入到坑道建设上的结果是完全一样的。超越了董事的权限,任何事都不能完成,当然,已发生的事也不例外。事实上,这次交易可能被认为是为满足一个迫切的需要而从股利基金总数中的短暂借用,这样做的好处是利用公司自己的钱,并节约了利息支付。"(加利福尼亚州,1891)①

会计人员不能忽视法院的判决,否则他会发现他已经把他的客户引入到可能引发法律责任的行为中。但是很明显,引用的案例至少在表面上与会计人员所考虑的会计行业的主要原则相反。承认法院和会计人员对商业贸易术语有非常不同的理解,可以缓解部分争议。在面对资本减少的问题时,会计人员坚信,面对争议,像他们以前一直做的那样(有时候法院允许)绝不高估利润也许可以避免一些困惑。但是要得到一个关于利润的更完美的法律意见,必须等到有一天会计行业的地位提升,会计原则被法官和律师普遍地接受。

第 11~12 章参考文献

书籍:

Bastide J. Des dividends fictifs. Toulouse, 1903.

Buckley H B. The Law and Practice Under the Companies Acts, pp. 584-592. Eighth edition. London, 1902.

Charpentier J. Etude juridique sur le bilan dans les sociétés par actions. Paris,1906.

Clark W L. And Marshall, W. L. A Treatise on the Law of Private Corporations, pp. 518-520. St. Paul, 1901.

Cook W W. A Treatise on the Law of Corporations Having a Capital Stock, p. 546. Fifth edition. Chicago, 1903.

---

① 同样在米尔斯诉北方铁路公司等案例中可见(1870)。

Dale B. How Are the Profits for the Year to be Ascertained? Second edition. London, 1897.

Dickinson A L. The Profits of a Corporation. New York, 1904. (该书也在 1904 年内圣. 路易斯举行的公共会计师国际会议的官方记录中出版,是一部简洁、全面且最有价值的著作)

Dicksee L R. Auditing. American edition, pp. 232-250. New York, 1905.

Palmer F B. Company Precedents. I. 737-768. Eighth edition. London, 1902-1903. (该书包括对一系列英国案件判决的批评和评论)

Pixley F W. Auditors, their Duties and Responsibilities. I. Chapter XII. Ninth edition. London, 1906.

期刊:

Are the Decisions of the Courts Respecting the Distribution of the Profits of a Limited Company to Sound Commercial Finance? Accountant, XXIX, 80.

Cooper E. Chartered Accountants and the Profit Question, Accountant, XX, 1033.

Dawson S S. Capital and Divisible Profits. Accountant, XXIX, 119.

Divisible Profits of Companies. A Plea for Fuller Parliamentary Recognition of Double Accounting. Accountant, XXVIII, 417. (该文认为固定资本损失应该被排除在账目之外)

James A. The Divisible Profits of Companies. Accountant, XXVIII, 285.

Welton T A. On the Profits of Companies Available for Distrbution. Accountant, XIV, 667.

关于列示资本损失的正确方法的讨论,见:

Keen F M. The Balance Sheet of a Limited Company. Accountant, XXIV, 399.

The Reduction of a Company's Capital. Accountant, XXVI, 867.

Vavasseur A. Traité des sociétés civiles et commerciales. p. 649. Paris, 1897.

第 13 章　盈余和准备金

在个体商人账户中,利润和损失账户在指定的间隔期结清,其余额被结转到业主资本账户的贷方。因此,无论在实践中还是在理论上,利润和损失账户仅仅是主要所有者权益账户的暂时细分,并在会计年末被毫无察觉地合并到所有者权益账户中。在公司会计中,将增加的财富与初始资本相分离是必要的,不过,也按照惯例进行账簿结转和年度利润的分配,这与个体企业或合伙企业账簿的会计处理相类似。此时,利润的一部分会作为红利而立即脱离公司的控制。但是,将企业的所有利润都进行分配是不正常的,董事或者股东通常会采取进一步行动以保留部分利润。从可供分配利润中预留的部分利润因此成为盈余,并构成企业资本的一个增加额。实际上,与合伙企业一样,利润余额通过结转到所有者权益账户而作为资本保留。

甚至在公司会计中,资本和盈余的相似性时常能够观察到。例如,在主计长所编制的报表里,资本、盈余和未分配利润都被包含在一个总额里,而且在对外公布的资产负债表中,资本和盈余也经常合计在一起。

在对待资本和盈余的态度上,尽管存在法律上的差异,但从会计的角度来看,盈余代表通过预留利润而形成的资本,从而与投资者直接投入的资本形成对比。

在将盈余表述为保留的利润时,会发现存在一些技术上的例外。盈余有时是公司刚成立时,在并未产生任何利润前,通过投资者直接投入的一部分所形成的。银行组建过程中溢价发行股票就是这种情况。但是这种溢价能否理所当然地被记入利润和损失账户或者收益账户受到质疑。一些会计师赞同这种做法,并且英国法院也宣布这样做是合法的。但是德国的成文法和英国与美国的一些好的惯例认为这种溢价不是正常利润的一部分,由于它们不能被记入资本账户,所以应该被记入特殊的准备金或者盈余账户。这种做法通常在没有保留利润的情况下采用,但是,至少它是一种资本超出额的储备。这种独特性即超过资本的余额正常情况仅仅通过利润产生,但在这种情况下是由投资者投入产生的。

盈余由非利润积累形成的其他情况有:企业收回股票但没有按面值全额返还给股东、在市场上按低于面值的价格购买股票和按照低于面值的价格赎回债券。有时股票持有人为了获得持有优先股的权利或其他类似好处而支付的价款同样能增加盈余,严格来说,这不算利润。有时,为了筹集运营资金,股东自愿捐赠股票也会创造盈余,但这种盈余并非来自利润。所有这些情况都是合法的,除非成文法如德国很明确地禁止将这种收入作为可供分配股利的利润。因此,所有这些情况都将被看做是这一一般表述的例外,该一般表述即盈余是从供分配的利润中扣留的一部分。

然而会计术语如此模糊,以至于并非总是很容易且总有可能从资产负债表上确定某些项目是否代表实际保留的利润,或者它们是否仅仅是计价账户(即抵减资产账面价值的账户)。这可以通过一个公司的年末账簿说明,如表 81 所示。

表 81

借	试 算 平 衡 表		贷
机器设备成本	$ 50 000	资本	$ 100 000
应收账款	50 000	销售收入	75 000
费用	50 000		
其他资产	25 000		
	$ 175 000		$ 175 000

该表反映了一项明显的收益 $ 25 000,但由于没有提取折旧,所以无法确定利润。假定折旧费为 $ 5 000,则资产负债表如表 82 所示。

表82

借		资 产 负 债 表		贷
机器设备成本	$50 000	资本		$100 000
应收账款	50 000	折旧①		5 000
其他资产	25 000	利润		20 000
	$125 000			$125 000

　　由于企业盈利较好,公司董事和股东决定在今后几年扩大机器设备的规模,为此,他们一致决定保留 $5 000 的利润以作为扩大厂房的初始基金。为了安全起见,他们决定预留 $1 000 以应对收回应收账款过程中可能发生的损失。他们还决定保留 $5 000 作为盈余或者是资本资源的一个永久性增加额,同时也决定分配 $8 000 的红利。最后剩下 $1 000 的是未分配余额。资产负债表如表 83 所示。

表83

借		资 产 负 债 表		贷
机器设备成本	$50 000	(1) 资本		$100 000
应收账款	50 000	(2) 折旧基金		5 000
其他资产	25 000	(3) 业务扩充准备		5 000
		(4) 坏账准备		1 000
		(5) 已宣告发放的股利		8 000
		(6) 盈余		5 000
		(7) 未分配利润余额		1 000
	$125 000			$125 000

　　这里所使用的术语都是常用的,但是用法并非绝对地固定,一些其他术语也经常在资产负债表上看到。目前,可明确界定其差异的常用术语如下:

　　盈余(Surplus)是保留下来的利润的一部分,其目的是永久性地增加企业有效资本。它并不暗示任何具体用途,并且可能是所有用来表明留存利润的术语中最综合的一个。

　　准备金(Reserve)通常包含这样一种观念,即为了某些特定目的而做的储备。然而,并非完全都是这样。经常可以看到某些准备金的提取是为

----

① 折旧账户故意放在贷方而非从机器设备成本中扣除,是为了强调下文所述的差异。

了某些特定目的,也可以经常看到一种更一般意义上的准备金,它就大体相当于前文所使用的盈余。一些准备金通过暗示某种特定投资而与盈余相区分,这一点在后面会列示,但是这并不是一个被普遍接受的惯例。在德国,准备金是一个普通术语,并不存在与盈余等价的术语。

未分配利润(Univided Profits),顾名思义就是没有明确如何使用的一部分利润。它并不被当作股利进行分配的事实使它构成一种盈余储备,尽管它在名义上不是盈余储备。对其进行区分的理由是企业不愿意对利润进行太密集的分配,以应对利润和损失账户出现借方余额的风险。

被使用过的其他术语:在英格兰,剩余(Rest)等价于盈余或一般意义上的准备金。准备基金或者与准备金同义或者存在不同程度的差异。特定的准备金通常用某些有区别的名词来称呼,如更新基金、偿债基金等。在美国铁路业务中,未分配利润被作为收益账户的余额。

在审查资产负债表时,如表 83 所示,最重要的事情是清楚地区分不同项目,如表中的(2)折旧基金和(3)业务扩充准备金。这在实践中更困难,因为术语名称通常比上面给出的更相似。如(2)通常被称为折旧准备或折旧准备基金;(3)可以被简单地称为准备或者准备基金。然而它们之间的实际差别是很大的,在前一种意义中使用术语"准备金"尽管在美国很平常,但肯定会遭受强烈的批评。折旧基金根本不代表利润,它不能反映除股本所代表净财富所有权之外的任何净财富所有权。相反,它是一个估价账户,暗示着必须对处在资产负债表借方资产的价值进行抵扣。而(3)业务扩充准备金是利润的一部分,它代表初始净财富的增加额,显示在资本账户中,它表明企业资产增加了。因此,恰当区分估价账户和准备金既困难又重要。

项目(4)坏账准备可能更难分类。没有发生损耗时,没有一个账户可以被认为是劣质的,甚至没有一个账户是可疑的。每个账户都是以原价反映在账簿上,可能没有一个账户会以 2% 的折扣出售。但一般的共识和商业经验表明,损失还是很可能发生,所以要计提准备,这样,损失实际发生的时候就不需要计入当期损益。从外部来看,不可能说坏账准备是否与折旧或者预留利润更相似。如果按照概率原则,损失在实际中一定会发生,对未实现但存在的损失计提减值是符合逻辑的。如果准备的提取是基于最小的确定性和最大的谨慎性,那么它代表着一种利润的储备,尽管我们并不这样称呼它。未分配利润账户的贷方余额是符合逻辑且合法的准备金,即便其专业上并不这样称呼。实际也如此,本该进行分配的利润不作为红利,而是作为准备金持有。唯一的差别是心理上的,并且存在这样一个事实:董事没有明确表达永久持有该余额的目的,而业务扩充准备和坏账准备则明确表达了其意图。

盈余,不管怎么称呼,都代表着增加的资本(通常来自利润)。提取盈余的目的可能是资本需求目的的任何一种。或者正如利润通常被用于分配股利一样,它也可能被用于分配股利。更多专门的准备金是根据以下用途提取的:

(1) 提供一个永久性的资本增加:

① 作为对债权人的额外担保;

② 为固定资产或者其他资产的扩充提供准备。

(2) 为应对非正常损失提供额外资本或者为应对其他紧急情况提供资本而无须占用名义资本。

(3) 通过保留某年一部分利润以弥补其他年份利润的不足,从而使各个年份的股利均衡化。

第一类准备金。成文法经常特意要求企业提供额外资本以保护债权人利益。最好的例子是国家银行法案,它要求将年利润的 1/10 留存于企业,直到盈余累积到企业股本的 20%。德国和法国的法律更广泛,除了要求保留某些特定收款如股票溢价外,它要求所有公司保留一定比例的利润。在这两种情况下,法律的目的可能就是为了为公司的债权人提供额外的安全保证。另外一个例子是建立偿债基金以偿还债券债务,这在美国当今的实务中就是一种保护投资者的准备,如下文所述。

通过准备金来进行业务扩展是非常常见的。一个最引人瞩目的例子是化学国家银行(Chemical National Bank),它拥有 30 万美元的股本,累积了 600 万美元的盈余。但是这种做法的起源非常古老。圣安布鲁斯银行于 1593 年成立于米兰,其在实务中仅仅分配一半的利润,从而积累了大量的盈余。早期的贸易公司同样只分配一部分利润。同样,很多铁路和工业公司反映,它们的准备金为其资本提供了可观的补充。一个引起相当大的讨论的例子就是威尔斯-法戈快递公司,它拥有 800 万美元的资本和 1 600 万美元的盈余。在国外,积累永久性准备金是可以接受的做法。所有奥地利公司的平均准备金达到其资本的 27%以上,储蓄银行更达到 105%以上。

第二类准备金。第二类准备金的提取不是为了一般的业务扩充,而是通过为特殊紧急情况提供资金以阻止企业萎缩。一个很鲜明的例子就是汽船公司提取更新基金以更换沉没在大海里的舰船。但是,更常见的目标是防备任何无法察觉的损失,不管这种损失是由坏账造成的、困难时期业务萧条造成的,还是由无数困扰企业发展的危险造成的。正是由于提取了这种准备,当 1893 年的大恐慌使一些票据的最终支付已变得不确定时,芝加哥第一国家银行才能够一下子核销上百万美元的票据。另一家公司在 1903 年牙买加的一次飓风中,财产遭受重大损失,该损失无法预计,但是用以前年度的盈余来弥补非常容易。

这种应对无法预知紧急情况的准备金可以被解释为保护债权人的一种方式。上面提到的法定准备金事实上一般被用于弥补意外损失。但是,这种准备金也符合股东的利益,在很多情况下,紧急情况准备金是为了股东的利益而非债权人的利益而提取的——如果这两种利益实际上是分离的。煤炭公司的个人伤害准备、粉末制造商合理提取的事故准备和市内电车公司提取的事故基金都属于这类紧急准备。

第三类准备金。最后一种类型的准备是为了使各期的股利均衡化。在这里,某些作者说这种准备为资本创造了增加额是错误的,因为资本并不为股利支付提供资金。这种准备金在一定程度上维持了其作为利润的初始特征。它不在当期分配,而在以后年度当企业年度利润匮乏时作为红利分配。

这是最常见的实务,在美国公司理财活动中可以发现很多这样的例子。

上面列举的不同目的并非完全有明显的区别或相互排斥。例如,非正常损失准备同时是对债权人的额外担保,也是使利润均衡化的一种手段。

盈余的目的或多或少被明确限定且专门化了。事实上,更常见的是仅仅只有一种盈余,其用途在性质上是非专用的,可以被用于上述任何目的。同时,准备金的目的可能被严格限制,如特定建筑建造准备或者某种桥梁建造准备。例如,美国钢铁公司资产负债表上显示(见表29),除了几种偿债基金外,有多达8种准备,包括计划拨款基金、核定拨款基金和在印第安纳州加里市建造厂房这一特定目的准备金。在艾奇逊、托皮卡和圣塔菲铁路公司的资产负债表(表27)上,几乎进行了同样的区分。但是,即使是特殊准备,也不能确定它一定会用于当初提取时的目的。给准备金贴上特定目的标签充其量仅仅是现存董事会当前目的的一种宣示。由于意图和董事会易于变化,也就不能保证准备金将会被用于它所表明的目的。然而,在一些情况下可以通过抵押代表准备金的特定资金来获得连续性。例如,将代表偿债基金的投资委托于偿债基金信托公司,这种信托公司只能将该投资用于收回特定债券的目的。强制性的准备金在某种程度上也能防止将其用于分配。在德国,准备金的用途有明确规定,在这个国家,其国家银行和一些州银行,盈余的提取是强制性的,可以推测,盈余没有被用于支付股利的危险。但是,即使在这种情况下,这种约束仍是有局限性的,因为,在相反情况下,一项可以阻止股利发放的损失,也可能会被记在盈余账户上。因此,一家公司如表84所示。

表84

借	资 产 负 债 表		贷
资产 ⋯⋯⋯⋯⋯⋯⋯⋯ $615 000	资本 ⋯⋯⋯⋯⋯⋯⋯⋯		$100 000
	盈余 ⋯⋯⋯⋯⋯⋯⋯⋯		10 000
	储备 ⋯⋯⋯⋯⋯⋯⋯⋯		500 000
	未分配利润 ⋯⋯⋯⋯⋯⋯		5 000
$615 000			$615 000

如果该公司遭受了5 000美元的意外损失,并把该损失记在未分配利

润账户上,就可能认为该公司处在一个不能支付股利的处境上,但是,如果把这种非正常损失记在盈余账户上,结果就会如表 85 所示。

表 85

借	资 产 负 债 表		贷
资产	$610 000	资本	$100 000
		盈余	5 000
		储备	500 000
		未分配利润	5 000
	$610 000		$610 000

这一列示使支付股利的合法性不会遭受质疑。

第一,准备金的名称经常不涉及其提取的目的,而只涉及该项盈余的来源。这可以从下面的项目中看出:旧股溢价、股票购买盈余、不动产销售、版税和债券赎回盈余等,所有这些只表明准备金的来源而非目的。

作为利润的储备,盈余必须由等价的资产代表。资产的增加创造了所有利润,也必然包含被保留下来而没有用于分配的利润。因此,谈及盈余而无等价的资产是自相矛盾的。但是,由于准备金这一术语模棱两可的用途,关于它是代表资产还是仅仅表明一些资产价值减损的问题经常出现。一些作者甚至要求不应该使用准备金这一术语,除非它不仅代表相应资产的存在,而且还要有特定特征的具体资产留出以与该准备金相对应。

该争论中涉及的专业术语的差异将在后面的段落阐述,这里可能有人要问有特定资产代表的盈余(一种有专门用途的准备或者一些人称之为准备基金)与没有特定资产代表的盈余的差别是否很大。

对处在资产负债表贷方的准备金必须由某些具体资产代表这一主张的最主要的反对意见,在于其隐含着资产负债表两侧资产账户和所有者权益账户的混淆。资产负债表的借方列示了某些具体资产,他们的价值扣除债务等于各种所有者权益账户总额。但是通常没有具体的财产与具体的贷方相对应。债券发行可能用于购买机器设备,优先股可能用于购买当前的商誉,普通股可能代表合并企业的预期超额盈利能力,但是资产负债表不对这三组资产和权益列单独的方程式。进行如此列示已经足够了:机器设备＋商誉＝优先股＋普通股＋债券。

　　事实上,不同项目的对等关系在某种程度上可通过双账户格式的资产负债表实现,一些英国公司要求采用这种格式,在这种格式的资产负债表中,发行股本和债券所收到的资金与更长期的投资相对应。尽管现代资产负债表的不同细目之间没有明确的对等关系,但也做了对照,如资本性资产和资本性负债之间、流动资产和流动负债之间。但是,即使在这样的情况下,一个特定的贷方项目和一些其他借方项目之间也不存在真实的等价关系。资产负债表上的相等关系是代表所有者权益及负债项目的总额和代表资产项目的总额相等。这些资产所细分的项目和为了方便起见所划分的所有者权益各细分项目属于不同的分类系统,不可以混淆。在连续发生在资产项目中的不同形式资产的转变过程中,确定的借方与贷方最初的对应关系消失了,而且这种联系不再能够追踪。毫无疑问,一个银行的每一个储户和股票持有者都向该银行贡献了相当于其存款或者其认股数额的某些特定资金或者其他资产。但是一旦权利转到银行,这种一致性就会立即消失,并且没有一种具体资产能够代表特定要求权。尽管为了方便,可能存在某种对照,但是存款项目和现金储备项目或者存款项目和贴现项目之间并不存在对应关系。

　　为准备金留出某项具体资产不会使准备金更安全,更可用。例如,一个资产负债表的反映如表 86 所示。

表 86

借	资 产 负 债 表		贷
其他资产	$120 000	资本	$100 000
准备基金投资	5 000	负债	20 000
		业务扩张准备	5 000
	$125 000		$125 000

债务到期时,由于资金紧张,该债务无法延期或者转换为其他项目。除非准备金投资被专门托管,该投资在这种紧急情况下就可出售以获得现金偿还债务。资产负债表就变成如表 87 所示。

表 87

借		资 产 负 债 表	贷
其他资产	$ 120 000	资本	$ 100 000
		负债	15 000
		业务扩张准备	5 000
	$ 120 000		$ 120 000

具体投资并没有使业务扩充准备金比在其他情况下更可用,尽管具体投资消失了,但准备金依然存在。而由于该项具体投资,该准备金已不再安全可靠了。假定表 86 所列示年度企业产生了 5 000 美元的亏损,这时资产负债表就变成如表 88 所示。

表 88

借		资 产 负 债 表	贷
其他资产	$ 115 000	资本	$ 100 000
投资	5 000	负债	20 000
		业务扩张准备	
	$ 120 000		$ 120 000

所以,尽管具体投资仍然完好无损,准备金实际上却已经消失了。表 89 的列示可能不合法。

表 89

借		资 产 负 债 表	贷
其他资产	$ 115 000	资本	$ 100 000
准备基金投资	5 000	负债	20 000
损失	5 000	业务扩张准备	5 000
	$ 125 000		$ 125 000

因为准备金账户显示有多达 5 000 美元的利润储备,损失项目则显示根本没有利润留存。甚至皮克斯利(Pixley)也对此做了说明,他强烈主张准备基金必须被专门投资。

最后,尽管这与公司财务而非会计有关,但是使准备金与具体资产相关联很容易导致两种错误的理论:①相对于扩充机器设备投资而言,持有外部投资更好。②当需要现金或者其他流动资产作为紧急情况储备时,这种储备不必来自资本,而只需要随利润逐渐积累。第一个观点在特定环境下毫无疑问是正确的,因为为应对紧急情况所提取的准备要求资金随时准备就绪,但是作为一般原则,它没有什么效力。第二种观点在原理上和实践中都是不健全且错误的。

在这些问题中,个人的意见或者喜好起重要作用,这里引用两位重要权威人士的话可能比较合适,一位是德国人,另一位是英国人。雷姆(Rehm)说:"一项准备基金不是一项资产,而仅仅是财产的一个技术性反映,它意味着某一特定价值的资产不进行分配或者支付,但是由于不是资产,它不能被列示在资产负债表的资产一方,相应地,它也不能被转入资产或者投资于特定的证券。"迪克西(Dicksee)同样说:"任何特定的准备基金不管是否由企业外部的有价证券组成的资产所代表或者由企业内部作为固定资本或营运资本使用的不易销售的资产所代表,这样的问题没有什么重要性,也不可能具有先进性。对任何资产负债表最随意的目测将会马上显示哪一类资产代表准备基金。"同时,皮克斯利(Pixley)、道森(Dawson)和惠特利(Whatley)反对在没有相对应的具体资产时,使用准备基金这一术语。在霍尔公司的案件中,法院上诉之前,沃恩·威廉姆斯(Vaughan Williams)法官就暗示过除非专门的资产被留出,否则就没有准备基金。但是洛马(Romer)和科曾斯-哈代(Cozens-Hardy)法官曾说过没有单独投资的准备基金。在某种程度上,英国公司法案的修订格式表 A 中,准备金更为具体。这(表 A)是公司章程的模范格式,它适用于所有公司,除非它们特意采用其他条款。在这里,任何目的的准备金在董事会的操纵下要么被用于企业的业务活动,要么被投资于董事会认为合适的投资项目中。

在会计实务中,可以发现很多差别。反映在资产负债表里的大多数准备金并不反映相对应的特定投资。如果有这样的投资,更可取的形式是使用 A·洛斯狄金森(A. Lowes Dickinson)所推荐的名称"基金资产"来列示。例如,伊利诺伊中央公司将其列为"改良基金资产""盈余股利基金资产"和"养老基金资产",其中的每一项在数量上等于资产负债表贷方相对应的基金。在其他情况下,所反映的投资并不等于准备金,仅仅一部分准备金被专门投资,这一点可以通过查阅美国钢铁公司资产负债表看到。在法国,准备金具体投资于外部有价证券是不常见的。

试图区分准备(Reserve)和准备基金(Reserve Fund)的努力经常可以被看到,不幸的是这种区分并没有取得一致意见,这可以通过不同作者对准备基金的不同定义看出。

(1)"准备基金是一个资产项目,它意味着某种财富形式为了某种目的被专门留出,它可以是也可以不是反映在资产负债表贷方的准备账户的等价物。"[基斯特(Keister),公司会计,第71页]

(2)"准备基金是一个贷方项目,它表明利润已被保留并且某一特定的财产基金会在资产负债表的借方看到,它代表着准备,该准备已被投资于特定项目,该特定项目专门对应于准备。"[皮克斯利(Pixley),审计人员的职责,Ⅰ,第359页]

(3)"准备基金是一个贷方项目,表示对净利润进行了预留,从而与准备账户形成了对照。准备账户表明净利润获得之前的利润和损失账户的借记。准备基金代表实际的利润,而准备账户可能仅仅是一个减值账户。"[迪克西(Dicksee),减值、准备和准备基金,第51页]

(4)"准备基金就是用于一般目的的准备,没有明确的目的但可用于所有可能的目的。与之相对比,准备账户是为了应对明确的、众所周知的偶然事件。"[埃迪斯(Eddis),索恩的20世纪簿籍,第424节]

(5)"准备基金就是反映在资产负债表上的准备,它与秘密准备截然不同。"[雷姆(Rehm),难以改变的平衡,第534页]

在目前的专著所使用的术语名称中,与上面给出的准备基金的用途等价的术语还有如下几种:

- 投资准备(或类似名称)
- 特定支付准备
- 储备利润或储备

- 一般准备或盈余

- 公开准备

很多混淆是由这样一个事实造成的，"准备"这一术语在银行和保险业中的使用与在一般簿记实务中的使用具有完全不同的意思。因此，国家银行法案、一般银行文献，有时甚至银行资产负债表使用"准备"来表明手头的所有现金或者法律和惯例所认可的等价于现金的存放于确定银行的存款。例如，为了宣传目的而对外公布的简明资产负债表，可以列示为表90。

表 90

资源	简明资产负债表	负债	
贷款及贴现	$ 11 100 000	资本	$ 2 000 000
债券	1 500 000	盈余和未分配利润	1 100 000
准备	7 000 000	存款	16 500 000
	$ 19 600 000		$ 19 600 000

准备在这个意义上很明显与利润没有任何关系，并且准备的保持决不依赖于累积利润的存在，但是在法律上和银行实践中，它与存款而非利润成比例。同样，在保险业，准备也具有特定含义，该含义是指某些类别的资产必须保持在手头上以抵抗未清偿风险的精算价值。同样，它与某一负债项目成比例，而不是与利润成比例。在这两种情况下，准备项目最好列示在与资产本身相适应的名称之下而非"准备"项目之下。银行的准备实际上就是现金和经核准的银行存款代理行的存款，并在详细资产负债表里得到了正确的陈述。保险公司的准备实际上就是现金、债券和类似项目，而出现在负债之中的准备仅仅表明部分累积的利润没有作为股利进行分配。此时，准备并非资产本身，充其量代表关于特定资产的某种想法。银行和保险业中准备的例外使用可能时常会造成混淆，但是这个问题很简单，不会造成严重的误解。

当增加的资产被留存而非分配给股东或者业主时，准备就存在了，也就是说，当净资产的总价值超过初始资本的部分被公司保留时，准备就存在了。它是一个经济事实,且不依赖账户是否反映这种盈余的存在。在那些希望被看做是谨慎的、希望逃避税收或者希望掩盖大量利润的公司里,有目的地掩盖这种准备存在是很平常的。这种掩盖是通过低估资产或者不常使用的高估负债的方式实现的。在这种情况下,据说存在一种秘密准备。因此,一家公司的资产负债表显示如表 91 所示。

表 91

借	资 产 负 债 表		贷
机器设备等	$90 000	资本	$90 000
减:折旧	5 000	利润	5 000
	$85 000		
现金	10 000		
	$95 000		$95 000

如果再额外估计 5 000 美元的折旧,而这一折旧并不代表实际的损失或者价值下降,则资产负债表将列示如表 92 所示。

表 92

借	资 产 负 债 表		贷
机器设备等	$90 000	资本	$90 000
减:折旧	10 000		
	$80 000		
现金	10 000		
	$90 000		$90 000

尽管报表这样编制,但资产净值实际上是 9.5 万美元,超过资本 5 000 美元。由于资产负债表上没有反映利润,没有利润可宣告分派,而这 5 000 美元的现金,在相反情况下本可以进行分配,却被保留下来,作为企业营运资本的增加额。通过把实际上代表购买新资产的付款操纵成费用或者直接借记利润和损失账户也可以产生这种情况。如果 5 000 美元被用于一些毋庸置疑的改良或者增加机器设备,则普通分录应该在机器设备或者类似账户上借记这一数额。资产形式由现金转变为机器设备,不会影响利润或者盈余。但是,如果付款被作为费用处理,虽然其仅仅是一项费用,则当以现金支付以后,总资产会明显减少,也无法反映通过购买获得的新资产。

无论起初是借记费用然后间接减少利润还是直接减少利润和损失账户或者借记某些特殊或一般的准备账户,结果是一样的。以这样或者那样的方式低估持有资产的价值,则累积利润所反映的数额会低于实际数额,其差额等于资产低估数额。

那些怀着掩盖损失而不想将损失披露给公众目的的公司无疑倾向于这种实践。因此,纽约第一国家银行据说掩盖了 69 万美元的财产侵吞,原因在于它有非常大的秘密准备。通过将足够数额的代表秘密准备的资产带入资产负债表以抵销非正常损失,这种掩盖得以实现。

铁路公司尤其是那些渴望获得谨慎性名声的铁路公司也有过类似的做法,它们要么大肆低估铁路的价值,芝加哥西北铁路公司在 1893 年就这样做过;要么将大量增加的有形财产的支出记入营运和维护费用,也是这一公司在 1900—1906 年连续 7 年间每年这样操作了近 500 万美元。更引人瞩目的是,宾夕法尼亚州于 1906 年将隧道建造费用的一部分(1 300 万美元)借记在特殊盈余账户上。

证明一种会计实务虽然与会计原则格格不入,但不是没有某些实际优点的例子再一次出现了。夸大资产的价值在很多实例中曾导致不光彩的结果,为了逃避夸大资产价值这种比较盛行的诱惑,谨慎的财务人员更赞同一种同样是错误的,但或许风险较小的低估倾向。它可以作为拒绝支付实际已经挣得的股利的一种手段。对收益性债券持有者或者非累积优先股持有者而言,使用这种手段将带来无法弥补的损失。在没有上述利息分配的情况下,它甚至可能导致那些毫不知情的、认为资产负债表是正确的股东以低于实际价值的价格处理掉他们的股票。

州际商业委员会所采取的、反对将实际具有改良性质的支出计入营业费用的立场显然是正确的。这种立场已经遭到新闻报道的攻击,并且被看做是将许多美国铁路公司所吹嘘的谨慎性财务的整个体系抛到九霄云外。奇怪的是这种观点来自注册会计师组织,它的委员会曾坚持认为秘密准备的存在使资产负债表产生犯罪层面的错误。把错报等同于谨慎性财务是一个危险的先例,因为出于正当理由而作假可能导致一种错误的观念,在该观念下,虚假会变得积习难改并且根深蒂固。很难相信财务谨慎性会出于如此正当的理由以致于需要误报和欺骗这样邪恶的盟友。

这里列举一个秘密准备的极端类型,该秘密准备与伯明翰小型武器公司有关,该公司董事被授权花费无须向股东报账。公司章程授权董事从利润中提取一种"内部准备基金",这种准备基金不需要在资产负债表上进行披露。只要公司董事认为能增加公司利润,他们就可以随意使用这种准备基金而不用向股东提供有关这种准备的数额和用途的信息。在讨论这一条款的过程中,巴克利(Buckley)法官说:"在目前情况下,这种特殊决议规定资产负债表可以不披露内部准备基金,因此,必须删除资产负债表资产一侧的部分资产,删除金额应等于负债一侧的这种基金和抵销项目的贷方金额,即基金的贷方余额。结果是资产负债表所反映的公司财务状况没有实际情况好。如果资产负债表列示未披露资产,这种资产的存在将使得企业的财务状况比不列示该资产的资产负债表反映的财务状况好,那么根据我的判断,这种资产负债表不一定就与议会法案不一致。由于谨慎的原因,资产通常被估计和被要求估计的比实际价值低。资产负债表的目的主要是反映公司的财务状况至少跟报告显示得一样好,而不是没有或者可能没有报告显示得那么好。"

盈余只不过是累积的利润,除了法规或者规章制度禁止的以外,它可以以利润分配的任何方式进行分配。更严格地来说,盈余通常被注销而不是分配,因为盈余从资产负债表贷方账户的意义上来说,其本身不能被分配。特定有形资产可以支付,并且这可以使贷方账户注销。与这种注销有关的簿记分录则有待考虑。

为了应对非正常损失而提取的准备,逻辑上在损失发生前不能动用。这种损失可能是由火灾或其他事故造成的,或者是由销售客户违约或持有有价证券造成的,或者是由企业经营中的不利结果造成的。在持有准备时,非正常损失就可以冲销该准备,从而使当期日常经营活动所产生的利润可用于股利分配,但是在其他情况下,这种损失将被记入利润和损失账户或者资本账户。类似地,当准备被用于实际并没有赚到的股利分配时,也会导致准备的注销,就如同一般情况下支付股利将导致净利润贷方余额的注销。无论股利的分配直接来自准备账户或者准备的一部分转回到利润和损失账户,就最终结果而言,都不重要。准备作为利润的留存可以被用于注销任何损失,或者被当作现有利润来使用,或者在任何时候通过转回到利润和损失账户而注销,这仅仅意味着一段时期储存的利润不再储存,而按照通常的方式来对待。

但是,已经有证据,表明准备的提取有时——甚至经常——不是为了应对损失或者可能的股利支付,而是为了购买额外的机器设备,是一项支付交易,而不是一个利润和损失事项。

因此在如表 93 所示的情况下:

表 93

借	资 产 负 债 表		贷
机器设备等	$90 000	资本	$100 000
现金	20 000	业务扩张准备	10 000
	$110 000		$110 000

提取准备的具体目的是为了购买另一项机器设备。当有需要时,时机就来了。准备仅仅足够支付购买成本。当购买机器设备后,现金减少了 1 万美元,但是这项支出不是损失,因为在交易中会收到相等价值的机器设备。结果资产负债表就会如表 94 所示。

表 94

借	资 产 负 债 表		贷
机器设备等	$90 000	资本	$100 000
增加	10 000	业务扩张准备	10 000
	$100 000		
现金	10 000		
	$110 000		$110 000

然而,在很多情况下,会贷记现金账户而借记准备账户,结果如表 95 所示。

表 95

借	资 产 负 债 表		贷
机器设备等....................	$ 90 000	资本....................	$ 100 000
现金....................	10 000		
	$ 100 000		$ 100 000

但是,这是一种提取秘密准备的情况,这一做法已经遭受批评。将任何不能合法地冲销利润的事项冲减准备是没有道理的。购买机器设备,是一项交换业务,因此不应该计入费用。然而,对准备项目名称作些改变可能是可取的,而为已经获得的项目计提准备可能有点荒谬。因此业务扩充准备的贷方可能被注销(记借方),相应地,贷方或者记入通常的利润和损失账户,或者记入盈余账户,或者如果期望更具体,可以加入虽累赘但比较准确的短语:因购买机器设备而从利润中提取的准备。这两种记账方法都是完全正确的。将准备账户贷方转回利润和损失账户是合理的,但是它表明了一种政策的变化,因为如果记入利润的贷方,那么同等金额的红利就可以支付,机器设备就不再是由留存的利润支付而是由资本支付。毫无疑问,简单的转移到盈余或者一般准备账户将显得更为可取。

债务支付就像资产购买一样,不是一项损失业务,因此记入准备也不符合逻辑。所以,为债务支付而计提的准备的处理方法与上面所描述的业务扩充准备的处理方法是相同的。

需要注意的是不管是否有资产与准备相对应,记账方法是相同的。当持有具体投资时,它们也可能被卖掉以为支付提供现金。因此资产负债表反映如表 96 所示。

表 96

借	资 产 负 债 表		贷
机器设备等....................	$ 90 000	资本....................	$ 100 000
投资....................	10 000	业务扩张准备....................	10 000
现金....................	10 000		
	$ 110 000		$ 110 000

当业务扩充准备建立时,公司可能会打算增加机器设备。无论款项的

支付来自手头的现金还是来自投资出售所实现的 1 万美元,就其对资产负债表剩余项目的影响而言都不重要。在两种情况下,机器设备项目都是增加了 1 万美元,并且对准备的处理是相同的。后者的金额保持不变,尽管在资产负债表上所显示的专业术语可能会按照前段的建议作出改变。甚至当持有具体投资与准备相对应时,其结果可能是由于投资市场的波动而使得该项投资不适宜出售,从而只能用手头已有的现金或者通过贷款来购买机器设备。在指定的最后一种情况下,资产负债表会变成如表 97 所示的哪样。这再一次强调了这样一个事实:准备的记账实际上独立于具体资产的存在。

表 97

借	资 产 负 债 表		贷
机器设备等	$ 100 000	资本	$ 100 000
投资	10 000	应付票据	10 000
现金	10 000	准备	10 000
	$ 120 000		$ 120 000

保险准备项目经常可以在资产负债表上看到,当公司的资产分布比较分散,在一次大火中发生重大损失的可能性比较小,从而决定不购买任何保险时,为了抵御大火发生所造成的损失,公司一般会提取保险准备。在这种情况下,一般认为,节省的保险费将会多于所发生的损失。为了执行这一政策,每年都要从收益中提取一定金额的相当于定期保险费的年度费用,同时相等金额会记入保险准备的贷方。这种准备可能有也可能没有具体投资与之相对应。这种准备是否是利润的一部分,在确定时稍微有点困难。如果公司进入清算或者公司改变政策,并通过定期购买保险来为未来的损失做准备时,那么保险准备的贷方余额将毋庸置疑地代表利润的增加项,它可以作为股利进行分配。但是只要公司维持其业务并且拒不投保,那么这种准备就非常类似于减值账户或者坏账准备。如果企业的机器设备规模比较大,而且比较分散,根据概率原则企业将在某时发生损失是确定的,如果通过准确估计显示每 10 年平均损失为 2 万美元,那么会计人员

应当每年提取 2 000 美元(不考虑复利)作为这种损失恰当分派到每年业务中的份额。这种准备的累积与其说是净利润的一部分,不如说代表着理论上将发生但还没有实现的损失。

第 13 章参考文献

Dawson S S. Reserves and Reserve Funds. Article in Encyclopedia of Accounting, V, p. 482.

Dicksee L R. Depreciation, Reserves, and Reserve Funds. London, 1903.

Meade E S. The Management of the Surplus Reserve. Publications of the American economic Association. 3rd series. V. p. 245.

Neukamp E. Der Reservefonds der Aktiengensellschaften. Goldschmidt's Zeitschrift f. d. gensamte Handelsrecht. XXXVIII, 10.

—Das Dogma von der "Bilanzwahrheit", Goldschmidt's Zeitschrift f. d. gensamte Handelsrecht. XLVIII, 450. (该文强力支撑秘密准备)

Pixley F W. Auditors, Their Duties and Responsibilities. I. 358-362. Ninth edition. London, 1906.

Rehm M. Loc. cit., 542-642. (该文强调真实准备与虚假准备的差异)

Simon H V. Loc. cit., 227-283.

第 14 章　偿　债　基　金

严格地说，偿债基金是通过每年的年度缴款筹集的资金，其目的是为偿还公司长期债务提供途径。这个名词频繁地出现在会计中，尤其是出现在美国铁路公司的资产负债表中。但是，不同的公司对它的使用并不是一致的，对大量铁路公司报表的调查显示：在一些公司的报表中，偿债基金仅出现在负债的那边，另一些报表则只把它列入资产中，其他的一些报表既把它记入借方又记入贷方。在以上这些不同的方法中，其会计业务的记录分别如下：

（1）每年都有一笔钱支付给基金管理人，或者采用复利计算法，单独存起来，直到债券到期。这笔支出并不被认为是损失或费用，确实也不是，因为债务的偿付并不是一项费用，为偿付债务而提前预存的基金当然也不算费用。假设一个铁路公司的资产负债表为表98。

表 98

借	资 产 负 债 表		贷
铁路成本等	$ 99 000 000	股本	$ 50 000 000
现金	2 000 000	长期债券	50 000 000
		收益账户余额	1 000 000
	$ 101 000 000		$ 101 000 000

每年分期支付 500 000 美元给偿债基金受托人，则形成表 99 的情况。

表 99

借	资 产 负 债 表		贷
铁路成本等	$ 99 000 000	股本	$ 50 000 000
偿债基金受托人手中的现金....	500 000	长期债券	50 000 000
现金	1 500 000	收益账户余额	1 000 000
	$ 101 000 000		$ 101 000 000

在这种情况下,偿债基金从一般的资金中分离出来,并留作以供未来偿付债券的储备。此处并没有显示偿债基金与利润有联系。在与债券持有者的合同中,只要有法定条款要求设定专项基金,并交由独立人管理,那么支付这些基金的资金是来自股东,还是贷款,或者来自未分配利润,对债券持有者来说并不是很重要。此处的偿债基金是资产类的资金,类似于存款准备金,并不是与利润相关的准备金。例如,采用这种方法的有芝加哥、岩岛和太平洋铁路公司。

(2) 其他的铁路公司习惯把分期支付的偿债基金记入收益账户或利润和损失账户。在这种情况下,通过扣留一部分累计利润形成了一个独特的准备金。采用这种方式的公司其资产负债表为表100。

表 100

借	资 产 负 债 表		贷
铁路成本等	$ 99 000 000	股本	$ 50 000 000
偿债基金受托人手中的现金	500 000	长期债券	50 000 000
现金	1 500 000	偿债基金	500 000
		收益账户余额	500 000
	$ 101 000 000		$ 101 000 000

这种表被芝加哥-西北铁路公司及其他公司采用。在不同公司的报表中,该账户的名称有一定的差别,但最重要的是它表明准备基金(尤其是交到基金受托人手中管理的基金)已经建立,并且资产负债表的两边都反映了该偿债基金的金额。

(3) 其他一些公司的资产负债表在以上两种情况的基础上做了一些改变,并且这些改变取决于支付给基金受托人的资金的使用方式,以及对该业务的记录方式。偿债基金的目的是提供途径以便在以后某个时间可以偿还长期债券,这个目的可以通过将基金存在信托公司实现,也可以把它投资在外部证券公司,还可以用它来购买公司自己的债券。第一种方案往往会遭到反对,因为信托公司的利率太低了。第二种方案具有一定的风险,因为证券公司的管理者可能会滥用这笔基金,使其安全性受到威胁,而且由于受托人更喜欢高安全性的债券,高安全性意味着低收益,因此利率也相对较低。因此,除了通常的方法外,将基金投资于公司自己的证券更具有吸引力,只要所购买的债券是正在发行债券的一部分,且其由偿债基金支付是切实可行的。在这种方法中,安全问题不会产生,因为购买公司自己的债券本身可以实现偿债基金的目的,而且还可以通过注销债券或使债券不可转让来避免基金被滥用,利息也会比投资于同类证券高。

选择将基金投资于外部证券公司时,持有的证券必须以"偿债基金受托人手中的现金和证券"或类似短语的形式反映在资产负债表的资产中;但是如果选择购买公司自己的债券,则有不同的记录方法。有时它们也通过以上的形式反映在资产中,但是在其他公司里,这些持有的债券并没有计入资产中,因而要注销列入负债的债券。这种处理方法是把为设立偿债基金购买的债券看做债务的偿还,因此被偿还部分的债券不再出现在会计账户中。假设偿债基金已经用来购买了公司的债券,这些债券就被注销了,表 99 和表 100 中的资产负债表分别变为:

表 101

借		资 产 负 债 表	贷
铁路成本等	$99 000 000	股本	$50 000 000
现金	1 500 000	长期债券	49 500 000
		收益账户余额	1 000 000
	$100 500 000		100 500 000

表 102

借		资 产 负 债 表	贷
铁路成本等	$99 000 000	股本	$50 000 000
现金	1 500 000	长期债券	49 500 000
		偿债基金	500 000
		收益账户余额	500 000
	$100 500 000		$100 500 000

上面的实例来自路易斯维尔和纳什维尔铁路公司报表,自从该公司注意到,大量的未被投资的偿债基金记在借方,并没有与之对应的贷方,就一直使用表 101 的形式;而在表 29 给出的美国钢铁公司的资产负债表中,只在贷方反映了大量的偿债基金,而没有在借方反映。

对以上四种方法进行比较发现:代表偿债基金的项目在第一张表中仅反映在借方,在第二张表中既出现在借方又出现在贷方,在第三张表中既不出现在借方也不出现在贷方,在第四张表中,只出现在贷方。在第一种情况下,一定的单独反映的资产可以给债权人安全保障,但是并不能确保公司总资产增加。在第二种情况下,预留的资产同时构成了公司总资产的增加项,因为这部分资产主要是从利润中计提的,它至少可以确保在利润首先被足额计提用来为偿还债务做准备前,股东不能分红。在第三种情况下,没有专门的资产从利润中预留,总资产可能会下降,但是债务也减少了,所以安全边际增加了。在第四种情况下,也有与第三种情况类似的负债的减少,但是在这种情况下还可以保证当用利润支付债务使净资产增加时,总资产至少可以保持不变,这种保证是第三种情况中没有的。

偿债基金的理论还包括对分期付款的投资采用复利计算法。将偿债基金对外投资的公司,由于将投资收到的利息交给受托人管理,所以相关的利息计算很容易处理。如果购买了本公司债券,就涉及所有发行债券的利息支付,包括偿债基金所持有的债券利息,不论该债券是否被注销并从负债中扣除。在上述两种情况下,通过对该偿债基金的投资取得的利息都不贷记公司利润,而是贷记偿债基金。因此假设在以上实例中,分期支付的 500 000 美元以 5% 的利率立刻被投资,不考虑其他的变化,其资产负债表如表 103 所示。

表 103

借	资 产 负 债 表	贷
铁路成本等 $99 000 000	股本 $50 000 000	
偿债基金受托人手中的现金和证券	长期债券 50 000 000	
.... 525 000	偿债基金 525 000	
现金 1 500 000	收益账户余额 500 000	
$101 025 000	$101 025 000	

随着时间的推移,由于对分期支付的基金采用复利计算,通过连续几期的积累,贷方"偿债基金及增长"和借方"偿债基金受托人手中的现金和证券"同步增长。

关于采用偿债基金政策对经济的影响,在公共和私人融资领域中都展开了激烈的讨论。关于这种间接的、麻烦的偿还债务的方法是否是进步的方法,产生了激烈的争论,但是目前的议题与这个讨论无关。利息才是这个主题中纯会计方面的问题。

在抵押贷款中,偿债基金的分期支付几乎是强制性的要求,因此,它们经常和利息支付一样作为固定费用处理。从芝加哥-西北铁路公司的报告中发现的实例如表 104 所示。

表 104	净利润计算表		
总收益			$ 55.7
营业费用和税费			38.6
净收益			$ 17.1
其他费用:			
利息		$ 7.0	
偿债基金		0.2	7.2
			9.9
加:其他收入			0.5
			$ 10.4

而宾夕法尼亚州的 R. R 公司,通过惯常的方式计算收益,只扣除了利息费用,没有扣除偿债基金求得净利润,然后从净利润中扣除偿债基金、专门准备金和分红。这三个项目被看成是同类的,都是对净利润的分配,而不是与收益相抵的费用。

从理论上说,后一种方法是对的,前一种方法是错的。对债务的偿付无论如何不是一项费用或损失,它可以完全不反映在损益账户中,正如前面被认可的方法所展示的那样;但是,把它看成是为从利润中支付债务而计提准备也是合法的,正如为保证企业能扩大,法律要求从利润中提取准备金一样;但是两种方法中,该事项的本质并没有改变,在会计中,把偿债基金的支付看做是利润的分配正确地反映了其本质。

同时,也可以引用芝加哥-西北铁路公司副主席 M·M·柯克曼的观点:

"偿债基金是未兑现的资本。与其他资本性支出相比,它更不应冲销损益账户。我们之所以经常在损益账户中发现它,是因为所有者保守谨慎的态度。它是所有者巩固其财产的另一种方法。实际上,它类似于对净收益的调整。它被精明的、有远见的、有经验的商人所使用这个事实本身就有力地证明了这样做是更合适的。"①

但是上面的类比并不准确。在对净收益的调整进行记账时,这个项目完全从资产负债表中消失,形成一个秘密的准备金。但是如果考虑了偿债基金,这个问题就绝不会出现。该项支付行为没有消失,它要么反映在资产中,要么从未支付的负债中扣除。就偿债基金在资产负债表中的列示而言,可供选择的方式是,收益账户保留一个未分配的余额(即偿债基金不冲销损益),并增加一个特殊准备金账户(反映偿债基金),而不是形成秘密准备和公开准备。偿债基金记入收益账户会减少未分配利润,毫无疑问也会减少额外分配股利的要求。当收益账户余额增加时,该额外分配的股利会出现,但是当该金额作为偿债基金时,额外分配的股利明显地减少。记入总收益账户而不是净收益账户只会影响当期收益账户,不会影响资产负债表的累积利润,但是,按照比可供分配利润更大的金额列示每年的利润有时是令人为难的。例如,虽然芝加哥-西北铁路公司的净利润毫无疑问要比账户显示的大,但是账户显示的可供分配的利润并没那么多。这和偿债基金强制性的特点多少有一点联系,但是国家银行和外国企业并没有把强制性建立盈余作为低估每年净利润的原因,因为他们没有把提取的这部分利润看成费用,而是作为利润的分配。所以偿债基金的强制性特点,只减少可供分配的利润,而不应该减少实际反映的利润。即使是法院裁决利润应该在偿债基金支付后确定,与第 12 章中关于支付债务本金的类似判决一样,不应该被解释为对利润本质的科学界定,而应解释为一项反对强制性分配的裁定。

通常的对偿债基金投资取得的利息的处理方法是不准确的,该利息是

---

① 《铁路科学》,Ⅲ,第 104 页。

公司收入的一部分,尽管它被立刻指定为专门的准备金,但是并没有改变它是公司收入的本质。因此,它可以也应该出现在收益账户中。但是在实务中,将偿债基金记入专门准备金账户中的公司,并没有将偿债基金投资取得的利息记入收益账户,而是直接贷记入偿债基金账户或附属账户,如"偿债基金附加"。所以,尽管资产负债表中反映的实际利润包括了偿债基金占有的那部分储备利润,每年的利润还是被低估了。

在正常情况下,随着时间的推移,当债券被偿债基金全部抵销的时候,偿债基金贷方金额将等于债券的总金额。在列示偿债基金的具体投资时,其资产负债表如表 105 所示。

表 105

借	资 产 负 债 表		贷
铁路成本等	$99 000 000	股本	$50 000 000
偿债基金受托人手中的现金和证券		长期债券	50 000 000
	50 000 000	偿债基金	50 000 000
现金	1 500 000	收益账户余额	500 000
	$150 500 000		$150 500 000

此时,债券交付给偿债基金受托人并由其偿还,资产负债表如表 106所示。

表 106

借	资 产 负 债 表		贷
铁路成本等	$99 000 000	股本	$50 000 000
现金	1 500 000	偿债基金	50 000 000
		收益账户余额	500 000
	$100 500 000		$100 500 000

既然债务已经清偿了,继续保留偿债基金这一项好像不太合理。该项目的所有金额可以转回收益账户——偿债基金最初的来源。但是对大部分会计人员而言,把它继续作为专门的准备金账户似乎更好,可以把它计入类似于迪克西(Dicksee)提出的"为赎回贷款提供准备金的收入积累"这样的账户,或者像会计中已经存在的做法那样,将其资本化,即以股票股利

形式发放给股东。从经济上来看,这意味着,以前只能从资本中取得一半的收益的股东,通过长期对股东分配利润的限制,用累计利润或储备的一部分偿还了长期债券,买下了债券持有者 50 000 000 美元的利息。

将偿债基金投资于自己公司债券(如表 102 中显示的方法)的公司,这些债券从资产负债表中冲销并消失了,最终的情况将和表 106 一样。

那些不在负债中反映专门偿债基金的公司,最终偿还债务将不对资产负债表做任何进一步的改变,因为不论是分期还是一次支付债券,都没有记入损益账户,因此没有必要再多设一个本来就是空的账户。

下面介绍与偿债基金金额相关的计算。主要问题是确定在偿债基金的利率为 i 的情况下,为了在 n 年后偿还掉债券本金 P,每年末需多少可支付金额。在该计算中,因为每年应支付给债务人的利息是一个固定的支出,所以对其不予考虑,只对分期支付的偿债基金单独处理。

在第一年末支付的一美元以复利方式增长,直到 n 年后,它的积累值将是 $(1+i)^{n-1}$,第二笔的积累会少一年,以此类推,倒数第二年只获得一期的利息,最后一年的分期支付就是债券到期的时间,没有产生利息。所以,最终总积累值为 $(1+i)^{n-1}+(1+i)^{n-2}+\cdots+(1+i)+1$,其简化形式为 $\dfrac{(1+i)^n-1}{i}$。用债券本金 P 除以该值,得到分期支付的年偿债基金,偿债基金分期支付额 $=\dfrac{iP}{(1+i)^n-1}$。

在上述计算过程中,会计人员和投资者必须明白,任何延长的期间(n)肯定会使再投资延期,时间越延长,该系数会有减小的趋势。

然而,使偿债基金的终值等于债券本金是必需的。永续公司(如铁路公司)仅提供长期借款的 80%,60% 或者其他可接受的比例的准备金,就可以给债权人足够的安全保障;要证明铁路公司在未来能够偿还没被偿债基金保障的那部分负债,假定铁路公司今天能借到 100 000 000 美元,则可以推断 20 年后铁路公司毫无困难地借到这笔钱的一半。在那些非永续公司,提供充分的偿债基金则更重要,因为如果没有实现预期的利息会对债券持有者造成重大损失。

偿债基金与折旧的关系,是一个延伸的讨论,尤其在市政借款受到法律限制的情况下。英国要求政府如果要借款修建公共设施,不仅要提取偿债基金以保证在借款到期时能够偿还,还要提取折旧,以保证设备耗尽后可以重置。但设备寿命和借款期限一样,会导致从收入中提取双倍的准备金。虽然这可以制止盲目的开发市政工程,但是却不能正确反映工程盈利能力。会计人员更能理解偿债基金与折旧之间的关系。例如,负责美国海德皮草公司报表审计的注册会计师发表以下意见:"我们认为,从利润中提取的偿债基金足以取代折旧的准备金。"

第 14 章参考文献

Dickinson A L. Interest and Sinking Funds. Accountant, XVII, p. 715.

Dicksee L R. Depreciation, Reserves and Reserve Funds. pp. 57-65. London, 1903.

Sprague C E. The Accountancy of Investment. New York, 1904.

Turner S H. Depreciation and Sinking Funds in Municipal Undertakings. Economic Journal, XIV, pp. 47-56.

Walton S. Sinking Funds and Reserve Accounts. Journal of Accountancy, VI, p. 394.

第 15 章 交易账户、生产账户和收益账户

每一年的利润不用一系列详尽的账簿就能精确地核算出来,仔细编制每年的财产清单就够了。牧人在清点他的羊时,守财奴在数他的财物时,都会对比前期的数字并得出每次增长的数额。复式记账法对会计科学的贡献主要在于它引入了独立的利润和损失账户,尽管该账户可能没有更准确地反映净损益,但实际上其对损益呈报更详尽。利润和损失账户的简单形式甚至列示诸如商品收益、费用数额、支付与收到的利息、工资、租金,以及其他收入来源与费用支出的细节。随着商业机构复杂性的增强,产生了对利润与损失项目进行更具逻辑性或者更实用的分类的需求。当前的会计实务将旧的利润和损失账户细分为几个部分或者单独的分类账户,这种方法不仅仅反映了总利润而且还将各项目分类以反映包含在企业运行过程中的每一部分或步骤的结果。交易账户、生产账户以及高度发达的铁路业收入账户或收益账户都不同于简单的利润和损失账户,在这里将进行适当的讨论。

交易账户,作为常用的术语,是一种借以将直接通过交易获得的收益与商业企业通过其他来源获得的收益区分开来的技术手段。一开始研究就遇到了困难,就像会计的其他领域一样,专业术语不完全具体化,用词不是很精确并且有不同的含义。甚至还很难说利润和损失账户是否是一张综合报表,而交易账户只是其中的一部分,或者它们是否是独立的账户,再或者说它们是没有明确命名又无所不包的经营成果报表的交易部分和损

益部分。此外，虽然关于交易部分在逻辑上应该与损益的其他部分的列示分离已经达成普遍一致，至于什么项目应该包括在交易部分中还没形成一致的看法。这些令人困惑的差异通过一个样本表格举例说明，该表是由莱尔(Lisle)在他的《会计》一书中提供的，书中特别详尽的说明可用作基本的比较。这个表格只作了一些文字上的改动，在第 198 到 199 页(表 107)中予以介绍。

首先应该注意的是，该表作为一个整体称为利润和损失账户，其第二、第三和第四部分就是具体的利润和损失账户，以与被称作交易账户的第一部分进行对比。其他会计人员在第一部分与其他部分之间做了更大的区分，仅仅是在后半部分应用了利润和损失账户。在分离了交易账户之后，对损益进行细分时又发现了差异。莱尔将损益细分了三个类别，一是业务交易类，其余额反映在"一般业务利润"细目下；第二类包括与资本投资有关的记录，其余额反映在"净利润"项目下；最后一部分是利润的分配。如表 107 所示。

表 107　　　　　　　　　　**利润和损失账户**

第一部分——交易账户

借	贷
所耗用的商品成本(包括进货运费并完全扣除商业折扣)⋯⋯⋯⋯⋯ 与销售相关的直接支出或已销售商品价格的减少，例如： 　巡回推销员的佣金、薪金及业务费用⋯⋯ 　销售人员工资⋯⋯⋯⋯⋯⋯⋯⋯⋯⋯ 　勤杂工工资⋯⋯⋯⋯⋯⋯⋯⋯⋯⋯⋯ 　发货运费⋯⋯⋯⋯⋯⋯⋯⋯⋯⋯⋯⋯ 　销售现金折扣⋯⋯⋯⋯⋯⋯⋯⋯⋯⋯ 毛利润余额转出⋯⋯⋯⋯⋯⋯⋯⋯⋯⋯	销售收入转入(完全扣除商业折扣)⋯⋯⋯⋯

续表 107　　　　　　　　第二部分——一般业务利润和损失账户

借　　　　　　　　　　　　　　　　　　　　　　　　　　　　　　　　　贷

与销售无直接关系且不随营业额变化的固定费用转入，例如： 　租金,税费等................ 　修理费用和其他办公费用................ 　办公和管理人员薪金................ 　折旧 经营损失,例如： 　坏账 　挪用公款 一般业务利润余额转出	毛利润余额转入................ 与销售无直接联系的收入,例如： 　商店或房屋租金................ 　版税收入................

续表 107　　　　　　　　第三部分——净利润账户

借　　　　　　　　　　　　　　　　　　　　　　　　　　　　　　　　　贷

与资本相关的费用,例如： 　贷款利息................ 净利润余额转出................	一般业务利润余额转入................ 与资本有关的收入,例如： 　投资收益................ 　利息收入................ 　随业务资本金额而定的现金折扣........

续表 107　　　　　　　　第四部分——利润和损失分配账户

借　　　　　　　　　　　　　　　　　　　　　　　　　　　　　　　　　贷

利润分配： 　资本利润................ 　资本利润的分配................ 未分配利润结转................	净利润余额转入................

对利润和损失账户进行如上表所示的如此详细的细分在会计实践中很少见。实践中的利润和损失账户常常没有明确地划分成几个部分。对表内项目的分组,以及主要栏目中的小计使人能够从中分辨出莱尔所提出的一个事实,即通过表中不同部分的实际余额可以更正式地呈报真实情况。可以说还没有任何被普遍认可的利润和损失账户的形式;的确也不应该有,因为会计系统应该是灵活的,如果它最清晰地反映了理解特定企业

所必不可少的事实，就不应受束缚于任何固定的模式。这种观点得到了会计人员的公认，不仅因为其他作者所使用的利润和损失账户格式不同于上表所列的格式，而且莱尔最有价值的著作也表明，存在许多格式的交易账户及利润和损失账户，但没有两个在命名、具体项目的分类与再分类方面是完全一样的。

一个适合广泛应用的更简单的格式，由洛斯·狄金森（A. Lowes Dickinson）在会计代表大会上提出，如表 108 所示。

表 108　　　　　　　　　　利润和损失账户

总收益(商品销售收入、运输收入，专业服务收入等)		$
减:生产或营业成本		
(a) 生产成本(生产型企业)	$	
人工		
材料		
一般生产费用		
(b) 营业成本(非生产型企业)		
(根据企业性质使用适合的标题)	$	$
总利润		$
其他收益		$
减:		
销售费用(生产型企业)	$	
管理费用(不同于营业成本)		
		$
经营净利润		$
减:		
债券利息	$	
其他固定费用		
		$
本年盈余		$
营业外利润(明细)		
期初盈余转入		
		$
减:		
非本年的营业外支出	$	
股利与利息支出		
		$
盈余结转		$

生产账户是企业交易账户的更进一步扩大,其与生产而不是采购部分或全部存货有关。交易账户包括了作为其第一项的采购商品的成本;而生产商品时,则是由生产账户详细反映商品的制造成本,然后把它们记入交易账户并当作已购买的商品处理。难点与前面交易账户所面临的问题一样,在于决定什么项目应包含在生产账户中。在这两种情形下,在实践中都确实地发生了分歧。生产账户的例子如表 109 所示。

表 109　　　　　　　　　　　　生　产　账　户

所有直接生产成本,例如:	所有生产成本的抵减项,例如:
原材料	购货折扣
人工	存货
监督	结转至交易账户,例如:
包装材料	代表已销产品生产成本
热能与电力	
制造费用	
进货运费	
进货搬运费	
设备保险费	
机器与工具折旧	
厂房税费准备金	

铁路公司的收入账户或收益账户与已经描述过的扩大了的损益表是一样的,只要业务交易中的差异被允许。该账户的两种格式如表 110、表 111 所示。

表 110　　　　　　　　　　　　收　益　账　户

总营业收入	
减:营业费用	
营业收益	
损失	
持有股票的股利	
持有债券的利息	

（续表）

杂项收入	———
其他收入	———
总收入	
损失	
从收入中抵减的项目:	
应计长期借款利息	
带息流动负债利息	
房地产抵押借款利息	
道路租赁租金	
税费	
永久性改良支出	
其他抵减项	———
收入抵减项小计	———
净收入	
损失	
股利——百分比,普通股	
股利——百分比,优先股	
净收益中的其他支出	———
合计	———
1907 年 6 月 30 日营业盈余	
1907 年 6 月 30 日营业损失	＝＝＝
1906 年 6 月 30 日盈余(来自 1906 年普通资产负债表)	
1906 年 6 月 30 日损失(来自 1906 年普通资产负债表)	
本年增加	
本年减少	———
1907 年 6 月 30 日盈余(记入普通资产负债表)	
1907 年 6 月 30 日损失(记入普通资产负债表)	

表 111　　　　　　　收 益 账 户

总营业收入	
营业费用	———
净营业收入——贷	
借	
税费	———
净营业收入,减税费——贷	
借	———

外部经营——净贷方余额 ....

应记租金——净贷方余额：

  (a) 设备租赁 ....

  (b) 共享设施 ....

  (c) 其他租金 .... ———

租赁铁路收到的租金 ....

附属线路营业收益——净贷方余额 ....

收到的利息和股利：

  (a) 持有的股票 ....

  (b) 持有的债券 ....

  (c) 其他证券、票据等的收入 ....

其他收入 .... ———

   公司总收入 ....

外部经营——净借方余额 ....

应付租金——净借方余额 ：

  (a) 设备租赁 ....

  (b) 共享设施 ....

  (c) 其他租金 .... ———

道路租赁租金 ....

附属线路经营——净借方余额 ....

带息流动负债应付利息 ....

长期债务应付利息 ....

偿债基金利息 ....

其他抵减项 .... ———

    超过固定费用的公司净收入——贷方余额 ....

            借方余额 ....

   公司收益分配：

宣告发放的股利——

  (a) 普通股——百分比 ....

  (b) 优先股——百分比 .... ———

准备金划拨 ....

扩充及改良 ....

其他 .... ———

   转入当年利润和损失账户贷方的余额 ....

   转入当年利润和损失账户借方的余额 ....

	借	贷
6 月 30 日余额——		
从收益账户转入的余额		
当年的其他增加项:		
当年的总增加额		
宣告分配股利:		
(a) 普通股——百分比		
(b) 优先股——百分比		
当年的其他扣除项:		
当年的总扣除额		
6 月 30 日余额——记入资产负债表		

　　表 110 被美国铁路公司大量使用,表 111 是依照州际商业委员会的建议改良后的格式。

　　此时,专业术语使用上的分歧再次产生,特别是关于减去扣除项后的余额的名称。"营业收入"项目通常被铁路公司称为"净收益"(net Earnings)。"净收入"(net income)项目又分别被铁路公司称为"可供分配股利的收益""超过固定费用的余额""盈余"或者归集在一起不予命名。关于特定项目到底应该放置在账户的哪个部分也没有达成一致,尤其是折旧和税费的放置。

　　在讨论实践中的变化时,一条主要的原则要被一直铭记。对利润表的形式应该适用于特定企业的需要,而不能做任何硬性的规定。其目的就在于更好地了解企业的运营,最终能够使管理者限制浪费并防止企业亏损,损益的细分以及关于某个项目应该列示在利润表的哪个特定部分,主要取决于管理者渴望获得的特定信息是什么,以及企业本身的业务和组织结构。因此,两个生产企业,一个可能认为增加设备或从其他制造商采购一部分商品以供销售相对可取;然而,另一个没有机会去购买产成品,可能会考虑是该继续扩充销售部门还是把整个产品转向批发部或代理部门。在第一种情况下,列示具体的生产成本是可取的,以将其与在其他地方购买商品的价格做比较;在第二种情况下,强调的重点是与销售有关的成本。可以相信,能完美呈报出一套数据的会计系统在第二种企业里可能难以最经济地提供管理者想得到的信息。

再者,组织性质本身就是一种确定会计形式的因素。工厂、办公室以及仓库的位置是在一个或多个地方,是分开或合并,在某种程度上员工专职与否,分支机构的数量等,都是考虑项目适当分组问题的例子。所期望的是能指出某些要点并说:"这里存在相对的低效率。"如果将生产与交易(销售)分开,两者在账户上的分离看起来有助于责任的界定;如果将两者合并,但是有单独的工厂分别生产和销售,分离的界线显然是不同的。正如所有的会计问题一样,当某些普遍准则仍然有效时,主要的困难就是这些准则如何应用于个别或可能独一无二的特殊问题。

很明显,前面部分介绍的内容有一定的局限性,还有些问题有待思考。下面就一些普遍关注的问题继续讨论:

第一个问题与产成品估价有关,在生产部门与销售部门分离的情况下,产成品按该估计价值结转到销售部门。关于这一点,两种不同的原则被提出来。一种是产成品应按净生产成本结转到交易账户。这体现在表109中。另一种原则认为产成品应按公允的市场价格而不是其实际成本从生产账户结转到交易账户,即按从其他生产商购买产品所支付的价格而不是按企业内部生产产品花费的成本结转。支持后一种观点的理由是,这样做可以清楚地反映生产效率所创造的利润,这可将其与因熟练交易而产生的利润区分开来。

这可用以下例子说明，假设一个工厂生产产品的净成本为 100 000 美元，而该产品在市场上的价格为 110 000 美元；这些产品以 145 000 美元销售出去，销售费用为 15 000 美元。如果产成品是以市场价格而不是成本价转入交易账户的，则账户反映情况如表 112 所示。

表 112

借		生产账户	贷	
生产成本	$100 000	转入交易账户		$110 000
生产利润	10 000			
	$110 000			$110 000

借		交易账户	贷	
按批发价计价的商品成本	$110 000	销售收入		$145 000
费用	15 000			
营业利润	20 000			
	$145 000			$145 000

以上账户反映了企业的生产利润为 10 000 美元，营业利润为 20 000 美元，然而，如果采用生产成本结转产品，则只能反映一项 30 000 美元的利润。

区分利润的这两个要素的优点是毋庸置疑的，尤其是那些所售商品一部分外购一部分自己生产的企业。但是，只要生产的产品当年未全部销售出去，这种方法会出现一个问题，即存在于未销售的那部分产品中的未实现利润（甚至很可能是虚构的利润）会被记入账户中。可用以下例子说明，假设前例中工厂生产的产品只有一半被销售，获得 72 500 美元的收入。产品按成本转入交易账户时，净利润列示为 7 500 美元（72 500 － 100 000/2 － 15 000）。但是，产品以市场价格结转时，账户反映情况如表 113 所示，反映的总利润是 12 500 美元（生产利润 10 000 ＋ 营业利润 2 500）而不是 7 500 美元。差别当然是因为有一半的产品未售出，所以当采用第二种方法结转成本时多计了 5 000 美元的生产利润。

表 113

借	生 产 账 户		贷
生产成本 $100 000		按市价结转交易账户 $110 000	
生产利润 10 000			
$110 000		$110 000	

表 113-1

借	交 易 账 户		贷
生产账户转入 $110 000		销售收入 $72 500	
减:库存存货 55 000			
已销产品成本 55 000			
费用 15 000			
交易利润 2 500			
$72 500		$72 500	

该问题与对商品存货进行盘存时出现的问题是一样的,即:库存存货应以成本还是市价计价? 正如第 5 章中提到的,采用更高的市场价格计价被批评为开了虚增利润之门。该批评同样适合于此处假设的生产利润以及反映在已购买但未销售产品中的利润。但是将生产利润区别于交易利润确实是有好处的,它可以为未来管理提供信息指导。而且,反对在账户中反映未实现利润的问题,并不是不能解决的。可以将这些利润反映在一个专门的准备金账户中,这样就可以将它们从可供分配利润中转移,并降低高估利润的风险。实际上,按当前市价计价在会计中是一个符合逻辑的过程,但是,在一般情况下,逻辑一致性被作为防止高估的实用的权宜之计被牺牲掉了。在处理生产账户时,采用将生产利润从交易利润中区分开来的方法,其优势是如此巨大,以至于会计人员往往放弃保守的谨慎态度,而重新恢复估价的逻辑体系。这也是迪克西(Dicksee)和"会计百科全书"所推荐的。这种情况下,需要权衡区分生产利润与交易利润的优势与风险。

第二个问题与交易账户应包含的项目有关。不考虑细节差异,一般有两种不同的习惯做法。一种方法是将所有与交易相关的不同于一般管理费用的支出全部计入交易账户。这是前文所述的莱尔(Lisle)表格(表

107)所使用的原则,该表中佣金、送货人员的工资、销售人员的工资、搬运人员的工资都记入交易账户部分。第二种较为严格的方法,只包括代表直接成本的生产价格和商品销售净价,排除了交易账户的所有其他项目。后一种方法中,两者的差额被称为交易毛利润,尽管严格地说,这种表达并不准确,该差额也缺乏逻辑意义。准确来说,它并不是利润,只是销售价格减去了一部分,并非全部,也非成本或销售费用。但是,将成本与销售价格做比较还是有很大好处的,因为这些数据很方便地提供了统计结果。企业一般是以生产成本为基础来定价的,要么直接用生产价格加上一定的百分比,要么直接加上一个固定值,所以生产成本与销售价格的差额是销售价格的一定比例。例如,一件商品以 1.2 美元买进,其价格可能会定为 1.5 美元,以便获得进价 25% 的利润(1.2×25%=0.3 美元),或者说销售价格的 20% 即为毛利(1.5×20%=0.3 美元)。以主要成本为基础制定销售价格是必须的,因为,交易费用在定价时是未知的,而成本通过发票很容易确定。因而,保持账户与实际业务流程一致在实务中是很有优势的。但是,看看会计人员选用的不同的账户格式,马上就会发现实务与统一的格式相去甚远。

如果除了直接成本外的其他项目也被记入交易账户,选择这些项目的标准又成为一个新的问题。最常用的标准是只包括那些与产品销售量成比例的支出,但是其划分的界线是很模糊的,而且惯例只将销售人员工资和佣金列入交易账户,排除了记账人员的工资,但记账人员工资有时也会随业务量变化而变化。

销售价格由什么构成是另一个问题,因为有时很难确定某项特定费用是作为销售价格的扣减项还是作为销售费用或者一般管理费用的一部分。销售折扣就是一类难以确定的项目。习惯上喜欢把商业折扣从销售价格中扣减,即将销售价格减去折扣作为成交价格。但是,根据莱尔的观点,为了使对方早付款而做出的折扣,不应从销售价格中扣减,应该被看成支付给银行的利息,该折扣是取得急需的流动资金付出的代价。所以,名义销售价格与实际收到的现金间的差异可能出现在利润表的三个部分中的任何一个部分。在第一个部分中将会作为销售价格的扣减项,在第二部分中将会作为销售费用,在第三部分中则作为借入资本的使用成本。

第四个问题是对税费的处理问题,该问题更偏向理论性。以铁路公司为例,一些铁路公司如南方铁路公司和伊利诺伊中央公司,将税费作为营业费用,从总收益中扣减,其他一些公司将它们看做固定费用,类似于利息,从净收益而不是总收益中扣减。由州际商业委员会提出修正的利润表中,将税费进行了特殊的分类,如表 111 中所示,还有一些其他会计人员认为应将税费看做净利润的一部分。

上述任何一种观点都不能说是绝对的和相互排斥的。税收体系也会影响会计中对税费的处理。一个有说服力的观点是赞成将税费看成是利润的一部分,而不是在确定利润前作为收益的减项。一直以来,股东关注的有两件事:一是铁路公司上交的税费是否可以豁免股东的其他税费;二是资本家是否可以规避其在其他投资中的税收。如果股东的股息因税费支付而减少,但如果投资到公债、抵押贷款,可以不交税,那么从股东角度看,税费并不是利润的分配。但是法律强制征收所得税,铁路公司支付该税费是对收益的部分扣除,将它看成是经营铁路获得的利润的分配也是符合逻辑的。

更重要的问题是关于折旧的处理。前面章节已经指出,尽管折旧与习惯做法和权威做法相矛盾,但还是一项不可避免的费用。此处的问题是,折旧应该列示在利润表(广义)的哪个部分。在相对少的列示折旧的账户中,几乎所有可能的排列都存在。有些情况下,它从总收入中扣减,因此,像费用一样列于净收入之前。如国家松饼公司采用该方法。还有一些公司,如芝加哥城市铁路公司,直接将折旧包括在费用中。更常见的做法是将它从净收入中扣减,在这种情况下,它可能与股息列在一起,或者被看做固定费用;因为在许多账户中,固定费用、折旧、股利和准备金是同时从净收入中扣减的,没有其他中间过程,一步计算得到净利润,在国际商业海运公司的账户中可以发现这种做法。还有一些其他公司是从净利润中扣除,即在扣减固定费用后得到净利润,再从净利润中扣减股息和折旧,这种方法被共和国钢铁公司公司采用。最后,钻石火柴公司和许多其他公司是从支付股利后的盈余余额中扣减折旧。所以折旧处理的方式多种多样,可以被看做费用、固定费用、利润储备,或者放置在盈余中。在铁路公司里,折旧几乎从不专门计提。但是,州际商业委员会最近做出的与上述要求相关的规定中指出,至少设备的折旧应该包含在营业费用中。

那些赞成该做法的人认为,除了将折旧在利润计算前扣除的方法外,其他做法都犯了激进的错误,可以允许所使用的术语有变化,但是必须保证它在计算净收入(net income)前列入收益账户。但是在公开的报表中,不论折旧被称为什么,只有 1/3 的计提折旧的公司允许在取得可供分配的利润前扣除折旧。州际商业委员会提出的这种观点是正确的,因为折旧确实是一项费用。在生产型企业正式的报表中,设备折旧应该列示在生产账户中,办公室和存储设备折旧列示在交易账户中,而不是作为固定费用从净收入中扣减。

尽管把折旧看做固定费用比把折旧看做可供分配的利润已经很进步了,但还是不合理的。折旧代表一项费用,其不仅优先于股东利润,还优先于整个资本收益,不管该资本是负债还是股本。如铁路成本为100 000 000美元,该资金不论是通过发行100 000 000美元的股票筹得,还是发行一半的股票、一半的债券筹得,其投资的资本(经济意义上而非会计意义上的"资本")是一样的,该项投资取得的收益同样计入收益账户。资本形式的改变并不影响收益。利息费用可能会增加,但在其他条件不变的情况下,净收益并不会改变[译者注:此处的净收益(net earnings)是指总营业收入扣除营业费用后的余额,可参考表 110 和表 111 以及第 204 页对净收益的解释。而"固定费用"则是指利息、租金等,它在计算净收益(net earnings)之后、计算净收入(net income)之前扣除]。但是折旧并不如此,更小的费用实际上意味着更大的净收益。因此,把折旧看成与利息费用一样是不合理的。

　　把固定费用先于折旧扣除更是错误的。毫无疑问,存在一种关于利息费用的强力主张,该主张在某种程度上对董事具有一定的吸引力,认为有一项被误称为"纯粹的记账费用"(译者注:即不需支付)没有被考虑。但支出的强制性与其在收益账户中的位置没有关系。必要的修理可以推迟几年,附带期票的支付是不可避免的。但是费用中包含修理费是毋庸置疑的,而期票的支付并不影响利润,不需反映在收入的账户中。因此,完善的账户系统不应该仅仅因为固定支出的必要性而使其优于折旧。

　　最后,把折旧放在净利润之后,不仅理论上不正确,且以净利润为基础确定折旧会导致做出错误的折旧决定,甚至会因为没有净利润可冲销折旧而不提折旧。

第 15 章参考文献

Broaker F, Chapman R M. The American Accountants' Manual, I, pp. 131-148. New York, 1897.

Champness C H. Form and Arrangement of Profit and Loss Accounts. Accountant, XXIII,1904.

Lisle G. Accounting in Theory and Practice, pp. 55-63. Edinburgh, 1906.

Manufacturers' Accounts. Article in Encyclopedia of Accounting, V, pp. 1-5.

Profit and Loss Account. Article in Encyclopedia of Accounting, V, p. 366.

Revenue Accounts and Balance Sheets. Encyclopedia of Accounting , VIII, pp. 249-326. (该文对英国公司收入账户进行了有趣的收集)

第 16 章　成 本 账 户

　　利润要素的划分,主要是由于工业和商业活动的发展分别形成了生产账户和交易账户的结构。现代商业的压力以及激烈的竞争需要更准确的分析和更接近的估计。不仅要知道总生产成本,还要分析每个产品的成本,每个生产步骤的成本,甚至为了更精确,要知道每个产品各个组成部分的成本。为了更好地获得这些信息而设计的系统就是成本账户。

　　关于这方面的研究近期才开始。查尔斯·巴贝奇(Charles Babbage)在 1832 年出版的《工业经济》一书中最早提出这个设想,但是直到半个世纪以后,工厂的经理们才开始在一定范围内引入了成本账户系统。自此以后,特别是在工程师的影响下,很多人开始关注这个课题。成本会计的开创和发展的荣誉也许应归功于工程师,而不是会计师。

　　成本会计的具体目的有以下几点:

　　(1) 表明产品最可能的实际成本,以便制造商确定可以盈利的销售价格。这在工程中尤其重要,因为在签订合同上所做的工作比为市场生产产品所做的还要多。因此,保持一套准确的成本账户系统应该能让造船商估算一艘船的成本,而不仅仅是猜测。

　　(2) 指示制造商该不该生产市场竞争者已经定好价了的产品同样是成本账户的价值所在。如果没有这些信息,制造商毫无疑问会继续生产销售一些至少对他们来说毫无利润甚至亏损的产品。也许有些竞争者有独特优势使得他在定价的时候在价格中包含了利润,但对其他的竞争者却不利;又或者也许有些竞争者制定了价格,以为自己能够获利,事实上却是亏损的。清楚地了解制造商该不该生产,以目前价格能不能实现合理的利润,这不仅对个体,对整个社会也有很多好处,因为它避免了对资本投向的误导和必须重新调整生产而带来的巨大损失。

(3)成本账户还有一个优点,就是确定引入新工序,或者购买机器代替人工的可行性。例如,成本账户显示,快速使用钻头,即使在一天之内就报废,也比放慢速度使它可以在报废之前钻两倍数量的孔,赚取更多利润。它们也表明,以什么价格的机器和技工代替工序上可以由一名技工在一台成本较低的机器上交替操作的自动化机器,才是可盈利的。因此,在产业革命过程中,成本账户用事实和智力代替了经验法则和盲目猜测。

(4)最后,成本账户设计了一个检查工作管理效率的便捷方法。如果它表明生产某个特定形状小齿轮的成本已经上涨,成本账户能让经理立刻找到原因。也许由于原材料和工资的上涨,变化是不可避免的。但是,调查也可能显示,有一部分是由于工头的粗心,人工不恰当的重新分配,材料管理的浪费引起。当这些不利事项未得到纠正时,成本账户马上可以反映出来。只要研究一般结果,就能很好地避免这方面的微小损失;或者某个部门的损失可以很容易地通过其他部门新的经济制度得到补偿,但没有办法避免。账户的细分可以更容易发现变化,激励工头和主管降低成本。

由于使用了含糊且多样的专业术语,成本会计的讨论更加困难。从不同的角度,可以将成本分成不同种类。用来表明不同成本的专业术语有——直接成本、制造成本、总成本等,但不管是经济学家还是会计师都没有对这种划分进行统一的界定。可以用鞋厂计算一双鞋的生产成本的例子来说明。为生产一双鞋,要包括以下要素:①使用的原材料;②雇用的直接生产鞋子的员工工资;③运营整个工厂的费用,该费用不只分摊到这双鞋上,如厂房的修理费,监工的工资,为各个部门的提供的电力成本等;④工厂外机构的费用;⑤利润的正常比率,无论其是否与所投资资本的正常利息率分离,该比率都存在疑问。从广义上看,利润是行业持续发展的必要成本;因为,如果平均利润都不能保证,新的工厂就不会建立,价格最终就会重新调整,那么利润和工资就会包含在销售价格里。

有些作者把上述的第一和第二个项目合起来称为直接成本,而前面三个项目合称为制造成本。其他作者把直接成本等同为制造成本使用,而没有使用专门术语表示材料成本和直接人工成本的总额。上述前四项有时也被叫做总成本,或"制造及销售成本"。会计师普遍把利润从成本中排除出去,但是使用综合术语,上述五项合起来即为"销售价格"。除了这些专业术语的区别外,某些特别项目的处理上还有分歧,如利息、租金、税收等,涉及一些已经在第4章和第15章讨论过的原则。

每种用法都有权威支持,因此也不能说哪一种用法是错的,我们也并没有尝试决定使用哪种用法,但真正要面对的问题是:当生产多种产品的时候,总费用的分摊比例是多少,是分配到某一产品上呢,还是某一道工序上呢? 对于工资和材料这两个项目,分配原则毫无疑问在实际中没什么困难。实际使用的材料和雇用的直接用来生产产品的人工工资,显然是构成产品生产成本的必要部分。可以清楚地看到使用直接成本来描述这两项最基本的、最容易确定的成本要素是有关联的,从某种程度上说是有道理的。

第一个难点来自要在不同产品中分配间接制造成本。所使用的原则多种多样,以下提到几种:

间接制造费用,包括一般劳动中雇用的员工工资,如监工、清洁工、司炉工等,工头和主管的工资、电能、热能、租金、工厂及其设备的修理费、折旧费等;这些费用按比例要分摊到不同的批次和不同的工序中去。但是选择的比较基础各种各样,可能选择的分配基础有:

a. 支付的直接工资

b. 耗用的工时

c. 耗费的材料

d. 直接工资加原材料成本(直接成本)

e. 产品产量

还有其他基础,其中机器运转比率,还要做进一步的讨论,但是以上提到的五点是最常用的。

表 114 所提供的是纯粹主观假设的数据,从中可以看出,每一种不同的方法会有不同的结果,最后一栏的数据表明总额 12 000 美元的间接费用会分别根据上面提到的五种基础分配到特定的作业中。

表 114 **分配制造费用**

使用的分配基础	制造费用总计	该作业耗用	单位分摊额
a. 支付的工资	$ 24 000	$ 100	$ 50.00
b. 人工工时	60 000	400	80.00
c. 耗费的材料	16 000	50	37.50
d. 工资加材料	40 000	150	45.00
e. 产量	400 000	4 000	120.00

毫无疑问,在实务中使用不同方法所造成的结果差异不会这么大。但是要清楚的是除非所有的工作实际上具有统一的特征,否则所得到的成本必定因选择的分配基础不同而变化。不幸的是从科学和精确的角度,不可能选出一种方法称得上逻辑正确或一律准确。第一种分配基础,根据直接人工费分配制造费用,可能比其他方法使用得更频繁。然而,当工资比率有很大差别的时候,或者在不同的工序中使用自动化机器的程度存在差异时,这种方法显然不正确。但是它运用简单,可能也说明了其被广泛使用的原因。

人们喜欢按照工时分配而不是按照劳动成本分配的原因在于很多间接成本,如监工的工资、电能、热能等,主要依赖于工作时间,其他一般费用,如租金、折旧等,与时间也有直接关联。但是它遭批评的地方是,一个男孩操纵一台 50 美元的机器和一个成年男子操纵一台 1 000 美元的机器,按这种方法计算的成本是一样的,这种荒唐的结果若用其他方法分摊是不会造成的。不管是在材料或是工资加材料的基础上分摊间接制造费用都遭到反对,因为耗费的材料成本的上涨和增加的间接制造成本之间没有什么逻辑上的联系。按产量分配对某些产品来说是最方便的方法,也被频繁地用于铸造业。这个系统使用上的便捷性抵销了认为该方法理论上缺乏严格的逻辑准确性的反对意见。

前面提到的方法都认为工资和材料是唯一直接分配到特定产品或营业活动的费用，而把其他所有的间接费用看成是与工资和材料相关的。另有一种不同的概念认为，在现代工厂生产中或多到或少还有第三个成本要素，即耗用的机器成本。这种理论已经在很多地方得到应用。在有些地方只是确定机器的直接成本，包括利息、折旧费、修缮费，用这些总费用除以估计的机器总工时就得到小时费用率。当然，这种方法只是分摊了间接制造费用中的一部分，可能还有更大部分有待分摊。此外，当机器有一部分时间闲置时，其计算结果就不准确，因为分配率是以机器运转了假定的小时数为基础计算的。有时这种方法直接用总间接费用除以机器运转的总小时数或假设的运转总小时数，因此得到一个统一的小时费率，而未区分不同类别机器在小时费率上的差异。这和根据人工工时分配间接费用到特定运营程序上相似，不同的是一个以劳动工时为分配基础，另一个以机器运转工时为分配基础。

这里明显要反对的是，很多间接费用与机器运转成本并没有多大关系，而与工资和原材料成本更相关。例如，在一家都是手工完成的工厂里仍然有间接制造费用，包括工厂管理成本、监工、电能以及冬天保暖所必须的燃料。这些当然不是机器成本，在没有使用任何机器的现代工厂，部分类似费用同样与劳动力相关，而不是与机器相关。另外，有些间接费用与耗费的材料相关，如当材料昂贵又轻便，容易被盗，那么就需要额外的监工。钻石抛光企业的间接费用和机器的使用可能就没什么大的关系。

在获取机器小时费率的改进方法中，人们开始尝试确定与特定的机器运转相关的全部费用，而不是部分费用，然后计算出能准确分摊成本的小时费用率。换句话说，成本系统扩展到个别机器的运转，以便能科学确定每部机器每个小时的工作成本。

A·汉密尔顿·彻奇（A. Hamilton Church）极力提倡这个系统，他概述如下：

"首先，我们把每一台机器看做一个独立的生产中心，全面考虑生产中的各因素，把所有根据合理分析认为可作为综合租金或机器费率记入某生产中心账上的所有费用都分配到各个中心去。第二，我们把所有工厂所发生的一切费用记到每月工厂费用账户中去，包括机器费率各组成部分的具体项目，当然也包括不能体现在机器工作率中的一般项目，最明显的项目的就是经理或工头的监督工作。"

"然后，因为每台机器都有自己的作业，后者(作业账户)借方记录按机器小时费率计算的各项费用，在月底，将机器所获得的费用总额从总工厂费用中扣除，剩余的余额根据补充费率分配到相同的作业中去。补充费率与根据机器费率分配的金额的比率形成了一个变化的晴雨表，其变化情况就是工厂工作效率的索引。"

"显而易见的是，若所有的机器一直都在运转，那么补充费率只包括一般费用，例如与特定机器无任何关系的工头的工资。这样，车间的工作效率将达到最高。相应地，如果不是所有的机器都在满负荷地持续运转，该比率就会上升。如果任何一种一般费用增加，该比率也会上升。"①

为了确定一台特定机器所采用的小时费用率，彻奇(Church)提倡下面这个方法。第一，确定工厂的建造成本。这包括利息、保险、折旧、建筑修缮费、土地租金，如果有的话，还应加上房产税。所有这些费用要根据设备所占面积分摊到不同的机器中去。该比率要通过区分设备所占用建筑物的不同部分的面积而做进一步变化。第二，确定照明成本，一般照明费用根据机器占用面积分配，还有特定机器单独照明的费用。第三，动力成本，包括燃料、锅炉和发动机、司炉工和工程师的工资等，所有这些费用归纳为每小时马力的费率，然后根据估计的每台机器耗费的动力记到每台机器的账上。第四，机器本身的成本，之前已经提到，包括利息、折旧等，所有这些

---

① 《工程杂志》，21期，第909页。

都要根据估算的年工作时间来分摊。[1]

以上所列举的几种因素提供了机器小时费率,每种类别的机器都不同,并假设在某种精确程度上,包含了该机器的全部运营成本,且机器全负荷运转。但是仍有两个间接成本要素没有分摊。一个是没有任何理由可将其作为机器运营成本组成部分的工厂一般费用,另一个是因为机器没有按照其估计产能全负荷运转而未分配的费用。

显然,彻奇提出的机器成本的详细计划也不能完全解决分摊间接制造成本的所有问题。然而,他让这个问题在实务中变得不是很重要,不是把工资和材料成本以外所有的费用作为间接费用,并将该间接费用根据一个粗略且不科学的比率分摊,取而代之是,大量的一般工厂费用可以通过机器费率成为可直接归属于特定作业的费用,只剩上一段落所提到的两种费用要素作为未分配费用,它们究其本质而言不能分摊到机器费中,而是应归于设备闲置。

不可分摊费用的处置相对不重要,因为它不会在总费用中占很大比例。彻奇建议可以根据在不同作业上所花费的时间来分摊。但是,若是存在相当大幅度的因设备闲置产生的不可分配费用,这种分摊也只具有某种程度上的理论意义。

彻奇所提供的例子:假设一个工厂有 4 台机器,且每台机器工作 200 小时,每台机器的小时费率分别为 40,30,20 和 10 美分。如果每台机器都完整地工作了所假设的工作时间,那么总间接费用为 200 美元,正好分配完毕,但是由于有闲置生产能力,未分摊费用余额还有 58 美元,每台机器的费用如表 115 所示。

在这个例子中,作者论证了 58 美元既可以根据所耗用时间计算的补充比率 9.33 美分来分摊,或者根据机器费用计算的补充比率 40.8%(译者注:58/142=40.8%)来分摊(同前,《工程杂志》,第 22 期)。不管是用哪一

----

[1] 《工程杂志》,第 22 期,第 31 页及其后。

种方法,其结果都是因机器闲置而使生产成本增加。

表 115   **分摊机器费用**

机器	所耗用的时间	每小时费率	应分摊的费用
A	120	$ 0.40	$ 48.00
B	134	0.30	40.20
C	169	0.20	33.80
D	200	0.10	20.00
合计	623		$ 142.00

很多批评者都极力反对这种做法。如果该成本要作为估价、竞标的基础,将导致不合逻辑的结果。因为如果工厂闲置,最可取的是寻找新业务,但是账户却显示这个业务不可能获利,除非定价高于正常价格。而且,惠特莫尔(Withmore)在《会计日志》中也极力主张,这些代表闲置时间的成本不应该计入产品的成本中。他认为应该把这项成本计入单独的账户,作为一般管理费用,而不是作为直接制造成本。但是,补充费用不管是照惠特莫尔所建议的做法,还是将其全部分摊到产品成本中去,其实际结果是一样的。只要代表机器闲置的要素反映在补充费率中,注意力很显然地会被吸引到因设备闲置而产生的损失上,不管损失是反映在制造成本中还是单独反映在企业一般费用中。

在估算成本的各方法中,很关键的一个区别在于分配到不同作业中的间接制造费用是实际在某一时间段运行过程中产生的费用,还是根据过去运行情况的经验判断。例如,在一个特定的工厂可以把间接成本以一定百分比加到直接成本中。这可以通过过账完成,即把每月底的所有费用过账,准确地分摊到作业中去。但是其他人如欧柏林·史密斯、尼斯比特(Oberlin Smith Nisbet)则建议根据前一年或前几年的经验估算增加的成本,这样费用就可以随时计算出来,而无需等当期数据出来。

有些人认为采用当期数据,能获得更大程度的精确性。但不要忘了为了特定目的,最需要的不是生产某一产品的实际成本,而是为了估计生产更多同类产品的成本。在承诺了专门合同的情况下,尤其如此。只是什么样的经验能对未来成本给出最好预示还很难说。但以当月的经验为标准并不就会比以上一年的经验为标准要好。

企业一般费用的分摊也产生了相似的困难。这些费用包括办公费用、销售费用以及整个企业的财务和管理费用。把这些费用分摊到各产品中的方法有按费用占下列各要素的比例分摊：

（1）人工成本；

（2）制造成本，如工资成本、材料和间接制造费用；

（3）制造产品所耗费的工时；

（4）销售价格。

第二种方法看起来最具逻辑性，因为它包含了一个企业存在的所有成本要素。但是彻奇提倡以工作时间为分摊基础，以修正不同类别的商品的费用率。

上文已经讨论了分摊间接费用的普遍问题。在分摊某些专门成本时又产生新的问题。其中需要特别提到的一项是样品成本。不仅存在一些普遍问题，如设计和制造样品的费用中有多少计入费用，有多少计入资产成本，还存在更大的难题。在确定了特定的金额确实为费用后，该费用是分摊到根据样品所生产的特定产品中去，还是作为工厂的一般费用？很显然，总是会产生不成功的样品或设计。那么，这些失败的样品或设计是全部计入根据后来符合要求的模型所生产的产品成本中，还是作为初期尝试阶段的费用计入工厂一般费用？有一点相似的是：为合同产品生产的专门样品的成本是作为完成合同的成本呢，还是有一部分剩余的价值代表了该样品对将来可能签订合同的适用性而不计入合同完成成本？

最好的成本会计系统有三点不确定性。第一，为获得这些信息所花费的成本究竟是否值得。尤其是偶然引入了非常详细和昂贵的成本核算系统的，这个问题更值得怀疑了。举一个臭名昭著的案例，政府印刷办公室所引进的成本系统，其成本无疑超过了其所值的价值。在这个实例中，调查该系统的委员会报告称该系统"遭受批评的主要原因是试图获得各类详细信息的记分,为了记录必要的事实,劳动量牵涉每一个雇员,随后的表格所需要的劳动量太大以至于整个系统几乎禁止"。①

第二,可获得的准确程度值得怀疑,且可能产生把一些仅仅是假定的数据当成事实的风险。事实表明,制造账户与利润和损失账户的其他部分很难区分,也不可能被认为是绝对的价值。还有比这更真实的是,费用详细分摊到不同的工序或不同的商品在一定程度上是估算的结果。为确保报告编制好,虽然困难大、开销多,仍然要把花的每一分钱都分摊到某个单位产品。但要记住这种估计永远都不可能精确。例如,很难确定一个工厂动力的精确成本。煤炭和工资也许可以知道,但是厂房的折旧仅仅是估计而已。但是,还是承认动力总成本的准确性,其可以按某个机器费率系统分摊到最后一分。但是,这种准确性只是徒有其表。粗略的估计充其量只是把马力分配到不同机器中去,最后结果的精确程度永远不能克服这种基本的缺陷。确定机器费率的整个系统依赖于对机器运转时间的不准确估计。正如波顿(Burton)所说:"建立在每台机器的各自费用基础上的成本账户都是假定的。"

第三,结果的运用问题。这些结果要被用来决定资本是否应投入到每个工厂吗? 如果是,那么显然人们所需要的是对净利润的准确估计,要扣除资本利息以及其他一些不包括在成本账户中的项目。这表明一个企业最终是否成功和一个企业是否应该继续经营的信息是不同的。但人们所编制的成本账户却将这两点混淆了。所以惠特摩尔(Whitemore)批评将机器闲置成本包括在成本中并不能表明一个新的企业从事特定工作是否可取。他认为,机器闲置成本对新企业的建立而言只是伴随发生的附属问题,在估计制造的产品以某一特定价格出售能否赢利时,不应将其考虑在内。但是,他在估计机器成本时也将机器及建筑成本的利息也考虑在内,而这与一个已经成立的工厂的产品生产成本是不相关的。众所周知,在铁

---

① LX cong. 1. Sess. H. Doc. 974. p. 11。

路实务中,如果一条铁路已经最终建造完成,运输时收取不包括利息的运费总比拒绝运输要好。当然同样的原则也适用于工厂。以讨论闲置机器成本的观点来看,设置成本账户的目的是用数据表明已成立的工厂可以承受的成本,那么显然把利息考虑在内是不符逻辑的,因为利息只是影响企业最终的获利,而与签订某个合同的可行性是无关的。

关于成本会计的技术问题,这里谈得很少。想建立一个适用于每个具有不同特点的企业的成本会计系统框架是不可能的。生产单一形式的 U 形钉的铁器厂,生产新标准级别布料的工厂,每个企业都包含一系列独立的工序,制造专门机器的工厂以及签订专门合同的造船厂等,想要了解整台机器的成本以及每个部件的成本,每一家企业都需要截然不同的成本账户系统。不可能概括出一种可以应用于所有企业的一般性的成本模式方案。也不可能有哪种方案可以具体应用于某一类企业中不同的个体企业。正如迪克西(Dickee)所说:

"必须要指出的是,就算是开展类似业务的企业,它们的要求也不可能是统一的。必须要考虑特别的、局部的情况,只有全面具体地询问企业特殊环境和条件后,才能确定每个特定企业的最可行的成本系统。"

甚至在描述一个系统对某一个特定的企业是否适用时,尽管它具有说明和提示价值,由于要求的处理方法太广泛,以致于要将其从有关现代会计一般原理的专著中排除出去。

能做的最有效的事是把注意力引导到成本会计技术中最基本的事项中去,给读者更广泛的关于成本会计的专著参考,如本章后面所附的参考文献,以获取更多详细信息,或者强调聘请技术专家设计一个能满足特定企业需要的成本系统的必要性。

成本会计,如上所述,需要:①准确地记录直接支付的工资;②耗费的材料;③系统分摊与每个合同、工序或产品相关的企业间接费用。为了记录直接工资,显然需要有日志记录每一个雇员的工作性质。只有通过这样详细的系统,才能确定代表特定合同或工序直接工资成本的每个独立账户的确切金额。根据这些日常的个别记录单据可以编制工资汇总表,反映每个人或每个部门的直接工资总额。工资表分栏细分为不同部分将为这样的记录提供最大的方便。

耗费的材料也需要类似的处理方法。但是这里要强调详细记录的必要性,因为材料的记录一般不如工资那样准确。奇怪的是,会计人员要求工资支付精确到分,却很少关注材料耗用账户的准确性。库存现金发生差异会立刻引起注意,但是重要材料以及完工产品却经常被粗心地处理,不要期待库存和账面记录能够平衡。因此,首要的是,要像对库存现金一样仔细记录材料,对耗用材料金额的准确性要求要与对工资的准确性要求相同。

如果材料是为某个合同而专门购买的,这种情况比较简单,其准确性也高于材料从仓库中提取用于相似目的时的准确性。同样,现金直接支付方面的虚构比其他资产受会计方法影响所产生的类似价值的虚构更重要。

存货的处理方法已经得到了最大的改进。在任何适当的成本会计系统中,都承认有必要保持所进入仓库的货物、不同作业耗用的所有货物,以及改变用途不再用于某种作业而返回仓库的货物记录的准确性。通过这种方式可以:①在任何时间核实在库存货的数量,以免侵吞公物和浪费;②记录每项作业实际耗费的材料。关于存货记录表的模板以及领料单见表 116 和表 117。

表 116　　　　　　　　　　　**存 货 记 录 表**

								（物品）		（描述）					

储存位置:　　　　　单位:　　　　　最大数量:　　　　　最小数量:

订购			入库					发货				库存	
日期	数量	订购单编号	日期	采购单编号	数量	价格	价值	日期	订购单编号	数量	价值	数量	价值

表 117　　　　　　　　　　　　领　料　单

领料单号：
日期：

库存总管：
请发以下材料。
产品订购单编号：　　　　　　　　　　　　　　　　部门编号：

数量	物品名称	价格	价值	

检验：　　　　　　　　　　　　　　　　　　工头：

根据记录耗费的工资和材料耗用的单据和有关机器小时费率的相关记录，可以在每项作业的分类账中进行适当的记录。这些分类账用活页账记录是最方便的，其设置类似于表 118。

表 118　　　　　　　　　　　　成 本 分 类 账

作业编号：　　　　　描述：　　　　　用途：　　　　　价格：

工资		材料			机器费用		摘要	
日期	金额	日期	订单号	金额	日期	金额		
							工资	
							材料	
							总计	
							机器费用	
							总计	
							补充费用	
							总成本	
							价格	
							利润	

上面所给的表格尤其适用于那些期望确定特定合同成本的企业。例如，有些企业生产机器是为了库存(而非合同)，或把生产的诸如布料这样的商品也同样作为库存存货，那么成本账户上相关栏目设置显然要改变。

已完工机器的成本账户可能并不把劳动力、材料和机器费用作为一个整体反映，而是反映组成该机器的几个部分的总成本。布料的成本可能不是划分为工资和材料，而是分为产品生产的各道工序的成本。在每一种情况下，各个要素必须组合，以最方便地提供特定工厂所需要的信息。

在使用的很多表格中，通过使用复制方法得以实现极大的节约。例如，存货的三联订购单填写，可以提供订单联给存货保管员，一份副联给签发订购单的工头，一份副联给成本岗会计记录相关分录。

第 16 章参考文献

Arnold H L. The Factory Manager and Accountant. New York, 1903.（该书对不同工厂的成本会计系统进行了描述）

The Complete Cost-Keeper. New York, 1900.

Bean B C. The Cost of Production. New York, 1905.

Burton F G. Engineers' and Shipbuilders' Accounts. London, 1902.

Church A H. The Proper Distribution of Expense Burden. New York, 1908.（该书详细介绍了改进"机器成本"系统和对其他成本会计系统的批评）

Day C M. Accounting Practice. New York, 1908.（有价值的技术著作，包含大量表格）

Eddis W C, Tindall W B. Manufacturers' Accounts. Toronto, 1904.

Garcke E, Fells J M. Factory accounts. Fifth edition. London, 1902.（关于该主题的开拓性著作，且备受推崇）

Hall H L. C. Manufacturing Cost. Detroit, 1904.

Hawkins L W. Cost Accounts. London, 1905.

Webner F E. Obtaining Actual Knowledge of the Cost of Production. Engineering Magazine, XXXV-XXXVI.

Whitmore J. Factory Accounting as Applied to Machine Shops. Journal of Accountancy, II, pp. 248, 345, 430, III, p. 20, 106, 211.

进一步的参考文献见：

Encyclopedia of Accounting, II, p. 299.

Engineering Magazine, XXVII, p. 645.

伦敦会计师图书馆,有 40 卷探讨成本会计的系列书籍,提供了很多适用于不同类别企
业特定需求的表格。

第 17 章　合伙企业账户

　　合伙企业会计是会计系统不可分割的部分。无论所有权是归属于一个人还是多个人,复式簿记(即所有者权益账户总额等于财产账户总额)的一般原理都是适用的。所有权仅仅细分为各种账户,并没有引入新的原则。

　　所有权的本质问题是与合伙关系的本质特征有关的问题,涉及损益、资产和负债的适当分割。如果在每种情况下,都清楚地理解已经订立了什么合同,账户设置通常就没有困难了。但是,不幸的是,合伙协议的条款有时是不明确的,甚至法庭并不总是赞同这些条款的解释。因此,即使在危急关头可能没有真正重要的会计原则,在某些情况下出现的困难对于会计人员来说却是重要的。

　　第一层次的困难与企业的建立有关。当一个人最初设立一套账户时,了解他投入了多少资本并不困难,或者,如果有疑问,就财富的最终分配而言也不是什么大问题。如果 A 用 5 000 美元现金和某些不动产做生意,他在估计他的净财富时当然应该尝试对不动产进行正确的计价。但是,如果他不能这样做,他也没有明显地让自己遭受损失。但是如果两个人加入一个合伙企业,一个人提供现金,另一个提供房地产,那么明确房地产的价值就是很有必要的。无论是在单个投资者账户中还是在合伙企业的多个投资者账户中,都要确保初始记录是一样的,无论哪种情况下,都应借记房地产账户,并贷记该房地产投资人的资本账户。这可以通过如表 119 的例子来说明:

表 119

借		资 产 负 债 表	贷
现金	$5 000	A资本账户	$5 000
房地产	5 000	B资本账户	5 000
	$10 000		$10 000

在这个例子中,A 投入了现金,B 投入了房地产。房地产的任何其他估价本身不会影响 A 资本账户的贷方;在没有特殊协议的情况下,也不会影响利润分配,B 被授权享有一半的利润,无论他投入的价值是多少。但是,在合伙企业中投入财产以什么价值被企业所承认仍然是至关重要的,因为一旦企业接受了该财产,随后房地产价值的缩水是一项损失,该损失需要在两个合伙人之间分配,而不是由投入该房地产的合伙人独自承担。相反,房地产以 10 000 美元销售,A 和 B 都享有增值额的一半,即 2 500 美元。很明显,在会计领域很有必要理解每一合伙人投入资本的本质,以正确地解释合伙协议的条款,因为"在没有特殊协议的情况下,一个合伙企业的固定资产或房地产价值的增加或减少像任何其他事情一样作为合伙企业的盈利或损失"。(鲁滨逊诉讼艾什顿案,1875)

在这种关系中,区分利润分配和合伙人的资本份额是很必要的。这可以通过一个例子加以说明,一个单一投资者的资产负债表显示如表 120 所示。

表 120

借		资 产 负 债 表	贷
商品	$5 000	资本账户	$5 000

如果 B 投入 6 000 美元,该投资者允许 B 加入并给 B 一半的利润,之后资产负债表显示如表 121 所示。

表 121

借		A 和 B 的资产负债表	贷
商品	$5 000	A资本账户	$5 000
现金	6 000	B资本账户	6 000
	$11 000		$11 000

这里利润分配的基础不同于各人资本投入的比例,这是合法的,在实践中也不罕见。但是如果协议规定 B 投入 6 000 美元授予他一半的企业权益分享权,那么这个账户就需要进行不同的处理。通过投入 6 000 美元可以得到一半的权益,这意味着 A 也享有同样的 6 000 美元的权益,因此接受了价值正好为 5 000 美元的商品,可以理解为他投入了 1 000 美元的商誉和这些商品,这样的情况如表 122 所示。

表 122

借		A 和 B 的资产负债表	贷
商品	$ 5 000	A 资本账户	$ 6 000
商誉	1 000	B 资本账户	6 000
现金	6 000		
	$ 12 000		$ 12 000

如果希望同样的关系用消除商誉后的资产负债表反映,那么情况如表 123 所示。

表 123

借		A 和 B 的资产负债表	贷
商品	$ 5 000	A 资本账户	$ 5 500
现金	6 000	B 资本账户	5 500
	$ 11 000		$ 11 000

同样地,如果合伙协议详细规定 B 投入 6 000 美元会得到 3/5 的权益,而不仅仅是利润的 3/5,商品仍然以 5 000 美元的价值投入,B 应当被理解为给公司经营带来了客户关系或者商誉的其他要素,他投入的价值总量是 A 投入商品价值的 1.5 倍(译者注:即 0.6/0.4=1.5),则资产负债表如表 124 所示。

表 124

借		A 和 B 的资产负债表	贷
商品	$ 5 000	A 资本账户	$ 5 000
商誉	1 500	B 资本账户	7 500
现金	6 000		
	$ 12 500		$ 12 500

或者消除商誉后的资产负债表如表 125 所示。

表 125

借		A 和 B 的资产负债表	贷
商品	$ 5 000	A 资本账户	$ 4 400
现金	6 000	B 资本账户	6 600
	$ 11 000		$ 11 000

在合伙企业会计中要确定的第一点是合伙协议的确切性质、实际上投入的是什么以及合伙人之间的权益分配是怎样的。

比如,对从企业成员手里买了1/3权益的人与用1/3权益投入企业的人进行区分是很必要的。因此如果 A 和 B 合伙经营,其资产负债表反映如表 126 所示。

表 126

借		A 和 B 的资产负债表	贷
各项资产	$ 60 000	A 资本账户	$ 20 000
		B 资本账户	40 000
	$ 60 000		$ 60 000

如果达成一致意见,C 可以从 B 手里买 1/3 的企业权益,因此支付了 20 000 美元,这时新企业的资产负债表如表 127 所示。

表 127

借		A,B 和 C 的资产负债表	贷
各项资产	$ 60 000	A 资本账户	$ 20 000
		B 资本账户	20 000
		C 资本账户	20 000
	$ 60 000		$ 60 000

但是如果他被允许加入这个企业,拥有 1/3 的权益,假如他按账面价值投入了他拥有的份额,资产负债表则显示为表 128。

表 128

借		A,B 和 C 的资产负债表	贷
各项资产	$ 60 000	A 资本账户	$ 20 000
现金	30 000	B 资本账户	40 000
		C 资本账户	30 000
	$ 90 000		$ 90 000

这个重要的区别并未总是被作者观察到,这一点在迪克西(Dicksee)关于商誉的著作中可以看到。

以合伙人资本为基础的利息补贴①为意见分歧提供了机会,这主要发生在当补贴的确切性质在章程中没有被明确说明的时候。如果资本利息分配是基于全部资本,那么问题就简单了。因此,假定合伙人的投入情况如下:A投入100 000美元,B投入60 000美元,C投入50 000美元,给定的利息率为5%,且享有的利润份额均等,则所涉及的几个账户如表129所示。

表 129

借	A 资 本 账 户		贷
给予利息的 1/3 ……………… $3 500		现金 ………………………………… $100 000	
余额 ………………………………… 101 500		$100 000 按 5%的利息率获得利息 5 000	
$105 000		$105 000	
		余额 …………………………… $101 500	

借	B 资 本 账 户		贷
给予利息的 1/3 ……………… $3 500		现金 ………………………………… $60 000	
余额 ………………………………… 59 500		$60 000 按 5%的利息率获得利息 3 000	
$63 000		$63 000	
		余额 …………………………… $59 500	

借	C 资 本 账 户		贷
给予利息的 1/3 ……………… $3 500		现金 ………………………………… $50 000	
余额 ………………………………… 49 000		$50 000 按 5%的利息率获得利息 2 500	
$52 500		$52 500	
		余额 …………………………… $49 000	

借	利 息 账 户		贷
根据合伙人资本份额认可的利息:		根据 A 账户 …………………… $3 500	
A ……………………… $5 000		根据 B 账户 …………………… 3 500	
B ……………………… 3 000		根据 C 账户 …………………… 3 500	
C ……………… 2 500 $10 500			
$10 500		$10 500	

注意:这些账户所反映的仅仅是利息业务的影响,利息账户已直接结转资本账户,而不是转入利润和损失账户,且间接反映了利润和损失账户转入合伙人账户的余额。

———————————

① 译者注:利息补贴法是合伙企业利润分配的一种方法,该方法根据各合伙人投入资本的数额参照市场利率计算各合伙人应得的资本利息,可分配收益扣除资本利息后的余额再按合伙协议约定的比例分配。

就合伙人的余额而言,通过借记或贷记资本余缺利息(所谓余缺,即将每个合伙人的投入与平均资本相比较形成的差额)可以得到相同的净余额。上述三个合伙人一起提供了 210 000 美元,平均就是 1/3 或 70 000 美元。A 收到超额投入的 30 000 美元的资本利息(译者注:即 $30 000×5% = $1 500)记(A 的账户)贷方,B 少投的 10 000 美元的资本利息(译者注:即 $10 000×5% = $500)记(B 的账户)借方,C 少投的 20 000 美元的利息(译者注:即 $20 000×5% = $1 000)记(C 的账户)借方。这可以得到与表 129 所反映的几个合伙人贷方余额相同的余额,但是没有将费用转入利息账户或利润和损失账户。在这种情况下,通过下面的日记账分录可以得到正确的簿记记录:

(借)B .... $ 500

　　C 1 000

(贷)A .... $ 1 500

需要说明的是,利润分配的基础如果不是每个人 1/3,而是其他的比例,比如说,2∶1∶1,比较的基础(合伙人的超额投入也根据这个基础计量)也要相应地改变。因此,A 的投入同 210 000 美元的 2/4 或 105 000 美元相比,他少投的 5 000 美元的资本利息,即 250 美元,要减记在其账户上;与 52 500 美元(即 210 000 美元的 1/4)相比,B 超额投入了 7 500 美元,会收到 375 美元(译者注:7 500×5=375 美元)的资本利息;C 则支付 125 美元(译者注:C 少投入 2 500 美元,相应的利息为 2 500×5% = 125 美元)。这些分录产生的结果与将利息记在全部资本的贷方并将总利息 10 500 美元按前面确定的比例分配给合伙人相同。

如果利润按照几个合伙人投入资本的比例分配,那么为区分营业利润与资本投资产生的利润,资本投资利息可以被测算出来,但是贷记每个合伙人账户的金额并没有因此改变。因此,即使利润与资本成比例,预先扣除利息仍然是可取的,但是,如果不通过利息账户结转,这样做也是无效的。

由此可见,每个合伙人资本的利息收益可以估计,要么以全部投入资本为基础估计,在这种情况下必须通过利息账户进行记录;要么仅仅通过资本余缺计算利息(与利润分配的比例相关)。在前一种情况下,分录必须通过利息账户记录;在后一种情况下,分录直接被记入所有者的资本账户,不在利息账户出现。前一种方法不仅用来调整合伙人之间的差额,而且同时用来区分资本投资按照推测的正常利率产生的利润与营业利润。第二种方法仅仅调整合伙人之间的差额。

当合伙协议没有要求全部资本的利息收益,而是要求超过或少于协议金额的资本利息时,其处理非常相似。因此,如果合伙人已经达成一致意见按照下面的方式投入:A 投入 100 000 美元,B 投入 60 000 美元,C 投入 50 000 美元,但是事实上各自支付了 70 000 美元、73 000 美元和 25 000 美元,利润平均分配,利息账户将显示为表 130。

如果利润按照资本投入数量的比例分配(例如,在这个例子中比率为10∶6∶5),账户将反映为表 131。

表 130

借	**A 资 本 账 户**		贷
(少缴) $30 000 资本的利息........	$1 500	现金....................................	$70 000
余额....................................	69 200	收到利息的 1/3	700*
	$70 700		$70 700
		余额....................................	$69 200

借	**B 资 本 账 户**		贷
余额....................................	$74 350	现金....................................	$73 000
		超额缴入资本 $13 000 的利息.....	650
		收到利息的 1/3	700
	$74 350		$74 350
		余额....................................	$74 350

借	**C 资 本 账 户**		贷
(少缴) $25 000 资本的利息........	$1 250	现金....................................	$25 000
余额....................................	$24 450	收到利息的 1/3	700
	$25 700		$25 700
		余额....................................	$24 450

借		利 息 账 户		贷
属于 B 的 $13 000 资本的利息	$ 650	A 的未缴资本利息		$ 1 500
各合伙人的余额:		C 的未缴资本利息		1 250
A	$ 700			
B	700			
C	700 2 100			
	$ 2 750			$ 2 750

*译者注:在这种情形下,少缴的协议金额=210 000－(700 000＋730 000＋250 000)=$ 42 000,按照合伙协议,少缴资本的资本利息=42 000×5％=$ 2 100,平均每个合伙人的资本利息=2 100/3=$ 700。

表 131

借		A 资 本 账 户		贷
少缴 $ 30 000 资本的利息	$ 1 500	现金		$ 70 000
余额	69 500	收到利息的 10/21		1 000*
	$ 71 000			$ 71 000
		余额		$ 69 500

借		B 资 本 账 户		贷
余额	$ 74 250	现金		$ 73 000
		超额缴入资本 $ 13 000 的利息		650
		收到利息的 6/21		600
	$ 74 250			$ 74 250
		余额		$ 74 250

借		C 资 本 账 户		贷
少缴 $ 25 000 资本的利息	$ 1 250	现金		$ 25 000
余额	$ 24 250	收到利息的 5/21		500
	$ 25 500			$ 25 500
		余额		$ 24 250

借		利 息 账 户		贷
属于 B 的 $ 13 000 资本的利息	$ 650	A 的未缴资本利息		$ 1 500
各合伙人的余额:		C 的未缴资本利息		1 250
A 10/21	$ 1 000			
B 6/21	600			
C 5/21	500 2 100			
	$ 2 750			$ 2 750

*译者注:此处利息计算同表 130,少缴的协议金额=210 000－(700 000＋730 000＋250 000)=$ 42 000,按照合伙协议,少缴资本的利息=42 000×5％=$ 2 100,则 A 合伙人的资本利息=2 100×10/21=$ 1 000。合伙人 B 和 C 的资本利息计算同理。

但是在后一个例子中,如果直接在资本账户中做分录而不通过利息账户,调整会更简单。不过,在使用这种简化方法的时候,利息被借记或贷记每个合伙人账户的金额又不是取决于合伙人的投入资本与他同意提供的金额的对比,而是他投入的金额与全部投入的资本的比例(该比例与其利润分享份额一致)。因此,在上面的例子中,A 实际投入的 70 000 美元不是与名义金额 100 000 美元相比较,而是与全部投入资本 168 000 美元的10/21(他分享利润份额的比率)相比较,即与 80 000 美元(译者注:168 000×10/21＝80 000 美元)相比,短缺 10 000 美元。B 的实际投入与 168 000 美元的 6/21 或 48 000 美元相比,超过了 25 000 美元,C 的投入与 168 000 美元的5/21 或 40 000 美元相比,短缺 15 000 美元。因此账户如表 132 所示。

表 132

借	A 资 本 账 户		贷
少缴 $10 000 资本的利息	$ 500	现金	$ 70 000
余额	69 500		
	$ 70 000		$ 70 000
		余额	$ 69 500

借	B 资 本 账 户		贷
余额	$ 74 250	现金	$ 73 000
		超额缴入资本 $25 000 的收益	1 250
	$ 74 250		$ 74 250
		余额	$ 74 250

借	C 资 本 账 户		贷
少缴 $15 000 资本的利息	$ 750	现金	$ 25 000
余额	$ 24 250		
	$ 25 000		$ 25 000
		余额	$ 24 250

总的来说:当利息是以全部资本为基础分配的时候,分录可以通过利息账户记录,或者根据各合伙人投入资本余缺分配利息,并直接在资本账户之间直接调整。但是,当利息以投入资本余缺为基础计算时,仅当利润和假定资本投入是成比例时,简便方法才能够使用。否则对超过的部分的调整必须通过利息或其他类似账户使用更长的表格来进行调整。

第三个问题关系到清算时资产的最终分配。但这里存在很大的混乱，甚至在法院裁决中也存在。举例说明，假定 A 和 B 是合伙关系，A 提供 2 000 美元，B 提供 500 美元，利润平均分配。但是损失发生了，全部资本量仅为 1 000 美元，资产负债表显示如表 133。

表 133

借	资 产 负 债 表		贷
现金	$1 000	A 资本账户	$2 000
损失	1 500	B 资本账户	500
	$2 500		$2 500

一些观点认为在这样的情况下，可供分配的现金要么根据利润分配的基础来分配，即每人 500 美元；要么以投入资本为基础分配，即 800 美元给 A，200 美元给 B。从会计的观点来看这两种处理方式都不是正确的。1 500 美元的损失应按照合伙协议等额分配，账户将显示为表 134。

表 134

借	资 产 负 债 表		贷
现金	$1 000	A 资本账户	$1 250
B 损失	250		
	$1 250		$1 250

所以 A 不仅有权取得现金，而且 A 拥有对 B 的 250 美元的有效要求权。除此之外，没有其他方法可将损失平均分配，这是诺维尔诉讼诺维尔案 (1869) 的法律原则。

更复杂但是在原理上相似的情况是三个合伙人，他们的资产负债表如表 135 所示。

表 135

借	资 产 负 债 表		贷
现金	$2 200	A 资本账户	$2 000
损失	4 800	B 资本账户	500
		C 资本账户	4 500
	$7 000		$7 000

损失分配如表 136。

表 136

借		资 产 负 债 表	贷
现金	$2 200	A 资本账户	$400
B 损失	1 100	C 资本账户	2 900
	$3 300		$3 300

如果现在 B 被发现破产了,(A 和 C)对他的要求权就没有价值了。关于 A 和 C 之间剩余资产的合适的分配方式有各种各样的观点。因此有人说 A 有权获得其投入资本一半的现金,即 1 000 美元,还有一些人说 A 有权获得 20/65 的现金,即 676.92 美元。还有一些人的推理没有必要在这里给出,但是或许可以被各种各样的读者推断出,认为应给他 1 661.54 美元,2 113.04 美元和 266.66 美元。

对会计人员来说,解决办法很简单明了。只有 2 200 美元现金用于支付应付 A 和 C 的 3 300 美元,这两者合在一起就要遭受进一步的损失 1 100 美元,根据合伙协议,该损失将被平均负担。因此,针对 B 的无价值的要求权应以相同金额记在 A 和 C 的账上,在资产负债表里反映为表 137。

表 137

借		资 产 负 债 表	贷
现金	$2 200	C 资本账户	2 350
A 损失	150		
	$2 350		$2 350

因此,A 没有收到 676.92 美元至 2 113.04 美元中的任何一笔金额,反而不得不向 C 支付 150 美元。

尽管这种解决办法所涉及的理论上的正确性得到会计人员的认可,但是法庭对这个问题的看法没有如此统一。然而,这完全可以用雷蒙德诉讼帕特南的案件(1862)的例子来说明,而且最近在惠特科姆诉讼匡威的案件(1875)和韦尔费尔诉讼汤普森案件(1899)中已被进一步证明了。不幸的是,最近一个英国案例(加纳诉讼默里,1904),依赖法律的说法,却支持了另一种解决办法。①

前面的讨论表明,关于资产的分配基础和损失分担比例的问题,其无效性被频繁提到。这个问题涉及的错误想法或其他误解,是纯粹无理由的。如果所有的损失根据达成一致意见的比例分担,几个合伙人的资本账户反映的是他们各自收到或支付的数额。很显然,通过最基本的簿记原理,一个以资产等于资本等式开始的企业,如果所有的缩水都从最初的贷方减掉,那么最后资产仍然等于资本账户的余额。

但是,在一些情况下,有一个资产分配的问题会明显不同于损失的分摊。当清算发生,在净损失被确定之前,期望尽可能快地按照资产的可实现价值分期地分配资产时,这种情况就发生了。目的就是按照这样的比例分配资产,即在任何可能的情况下,没有哪个合伙人支付多于其份额的资产。这可以通过举一个合伙企业的例子说明,在这个例子中,损益分配按照下面的比例:A 是 50％,B 是 30％,C 是 20％,在清算之前资产负债表显示为表 138。

表 138

借		资 产 负 债 表	贷
资产	$ 25 000	A资本账户	$ 10 000
损失	5 000	B资本账户	10 000
		C资本账户	10 000
	$ 30 000		$ 30 000

根据已经论过的原理,损失在合伙人之间分配,因此,A,B 和 C 的

---

① 会计人员已经充分讨论了加纳诉讼默里的判决。关于这个问题的一系列观点可以在《会计师》(1904)中找到。迪克西的《高级会计》第二版第 66 页也讨论了这个问题。迪克西支持这里给出的解决办法,但是在试图设计出一种与法庭的决定相适应的解决办法时,他似乎误解了后者。

法庭记录提供了许多其他有关这个难题的有趣的例子,法律思维在解决这个问题时发现需要会计知识。令人惊讶的是,除了计算上的错误外,许多判决涉及原理上的错误。这方面的例子是:冈纳尔诉沃伯德、奥克利诉讼柯克雷特、舒尔特诉讼安德森、巴特勒诉讼巴拉德。其中,最后一个案例被乔登(W. C. Jaudon) 在《银行法》杂志第 11 期第 342 页中引用和批评。

剩余要求权分别是 7 500 美元、8 500 美元和 9 000 美元。如果资产已经是现金,分配的问题就解决了。但是如果资产只能通过逐渐销售而转化成现金,收益在连续的期间分别是 10 000 美元、8 000 美元、6 000 美元,之后没有剩余,那么关于如何在每个期间进行适当的分配就是一个重要的问题。当第一期收到 10 000 美元,应该如何分配呢?不应该按照最初资本投入的比例分配;也不应该按照利润分配的比例,即 5：3：2;也不应该按照账面资本的比例,即 75：85：90。正确的方法如下:事先知道剩余资产会产生多少收益是不可能的,因此有必要均衡各合伙人的地位,以便于如果没有收到更多的现金,实际损失将按预定的比率分担。如果资产价值没有实现,每个合伙人的净损失将分别是 7 500 美元、8 500 美元、9 000 美元。但是如果 A 损失 7 500 美元,B 按照合伙协议应该仅损失 4 500 美元[译者注:A 的损失承担比例是 50%,B 的损失承担比例是 30%,因此 B 应承担的损失＝7 500×(30%/50%)＝4 500 美元,后文 C 的损失计算同理],C 仅损失 3 000 美元。因此进一步向 A 支付之前,应该先支付给 B 4 000 美元(译者注:8 500－4 500＝4 000 美元),支付给 C 6 000 美元(译者注:9 000－3 000＝6 000 美元)。因此,10 000 美元的现金应该在这个基础上进行分配。这里列举的这个例子通过假定第一期足以使三个合伙人的地位均等且不考虑费用和利息将问题简化。但是如果可以得到一些小额的股息,相似的推理也可决定分配。

合伙人之间的调整一旦完成,所有后续期间收益将按照损失分担的比例进行分配。这并不是因为资产的分配与损益分配是完全相同的,而是因为这种方法把所有未实现的资产看做是潜在的损失,防止任何合伙人过多支付。在三期分配之后,账户将如表 139 所示。如果资产不能产生更多收益,损失仍然按照预定的比率分配。①

---

① 这个问题涉及前面讨论过的原理,在迪克西的《高级会计》(第 69 页)和布洛克(Broaker)和查普曼(Chapman)的《美国会计人员手册》中被提出。前者给出的解决方法是正确的,但是后者,尽管作者显然承认了这种正确的方法,但是没有严格地应用它,以至于结果有一部分错误。

表 139

借		A 资 本 账 户	贷
损失	$ 2 500	原始资本	$ 10 000
第二期现金的 50%	4 000		
第三期现金的 50%	3 000		
余额	500		
	$ 10 000		$ 10 000
		余额	500

借		B 资 本 账 户	贷
损失	$ 1 500	原始资本	$ 10 000
第一期现金的 40%	4 000		
第二期现金的 30%	2 400		
第三期现金的 30%	1 800		
余额	300		
	$ 10 000		$ 10 000
		余额	300

借		C 资 本 账 户	贷
损失	$ 1 000	原始资本	$ 10 000
第一期现金的 60%	6 000		
第二期现金的 30%	1 600		
第三期现金的 30%	1 200		
余额	200		
	$ 10 000		$ 10 000
		余额	200

除了合伙关系的特有问题之外,这一章的讨论没有声称处理任何其他问题。虽然在合伙关系的簿记过程中,会产生使用最简便的方法记录特定交易的问题,但是通常这些仅仅是一般簿记技巧的问题,而不是合伙企业的特有问题。或者,一些问题也会出现,如利润分配的金额,但是这些都是在别处讨论过的会计原理的问题,比如计价、减值或利润;所有这些问题适用于公司账户、个人账户和合伙企业账户。合伙企业的问题通常涉及对合伙协议的正确解释,也许是含糊其辞地制定了合伙协议或甚至停留在一个模糊的口头协议上,因此,合伙企业的问题主要与以下问题有关:个体合伙人之间的本质关系,使合伙人联合起来的条款、利润的分配、未支付的据以

获得收益的投入资本的调整,以及资产的最终分配,所有这些都是交易必须遵守的合伙协议的规定。

第 17 章参考文献

Child P. Partnership Accounts. Third edition. London, 1904.

Dicksee L R. Advanced Accounting. Chapter XIII. Third edition. London, 1908.

Lindley N. A Treatise on the Law of Partnership. II, pp. 396-403. Amercan edition. Jersey City, 1888.

Lisle G. Interest on Capital in Partnership. Article in Encyclopedia of Accounting, III, pp. 432-438.

第 18 章　清算式资产负债表和清算损失表

这些报表虽然有点脱离了账户的日常框架,却是非常重要的,足以引起注意。清算式资产负债表是当企业无力偿债时所编制的,以告知债权人在清算中可实现金额的报表。清算损失表是对清算式资产负债表的补充,用来解释清算式资产负债表中反映的损失是如何引起的。

这些表格的使用源于英语发源地,依据是公司法对表格制定格式的描述和规定。美国关于簿记格式的法律不够精确,提交给法院的报表通常不是以严格的会计表格提交。但是尽管缺乏法律授权,清晰且正式呈报所涉及企业的状况所产生的优势是如此明显,以至于美国会计人员也频繁地使用清算式资产负债表和清算损失表。

这些表格的使用可以通过举例说明,这个例子较典型,但是仅包含几个项目,且没有复杂的情况。

A 公司和 B 公司发现自己面临财务困境,被迫于 1908 年 11 月 30 日进入清算,在这天根据账面记录编制的试算表如表 140 所示。

对公司情况的进一步检查发现了下面的事实:

在投资中,全部投资都是良好的,其中 100 000 美元被抵押以取得 85 000 美元的票据,15 000 美元被抵押给了一张 20 000 美元票据的持有人。

应收账款中,有 5 000 美元被认定为坏账,另有 3 000 美元估计只能收回 1 000 美元,其他的都是良好的。

表 140

借	试 算 平 衡 表		贷
不动产	$ 70 000	A 资本	$ 35 000
投资	140 000	B 资本	$ 30 000
商品	100 000	应付票据	204 500
应收票据	21 250	应付账款	125 000
应收账款	14 250		
A 提款	12 000		
B 提款	10 000		
坏账准备	15 000		
费用	10 670		
现金	1 330		
	$ 394 500		$ 394 500

应收票据估计价值为 15 000 美元。

商品估计价值为 60 000 美元,不动产估计价值为 50 000 美元。

除了账面上显示的负债外,还有 2 500 美元的工资、1 000 美元的薪金和 250 美元的税费即将到期,所有这些都对资产有优先要求权。

根据这些事实和估计,清算式资产负债表和清算损失表如表 141、表 142 所示。

然而,这种表的结构安排有很大的不同。从上表(表 141)中,可注意到负债列示在左边,和负债在英式资产负债表中的列示一样。这种列示顺序被一些会计人员颠倒(译者注:即资产列示在左边,负债列示在右边)。同样,在实践中关于清算损失表结构安排也有一些分歧:有的把损失和资本项目放在借方,贷方项目则反映损失是如何发生的,如上例,然而其他人反对这种做法。相应地,就有四种不同的组合,所有这些组合都有权威的支持。这些组合如表 143 所示。

这些不同的格式中,第一种格式符合英国公司法的规定,在英国被广泛的应用,并在布洛克(Broaker)和查普曼(Chapman)的《美国会计师手册》和华盛顿·丹尼斯(Washington Dennis)的《实用会计》中被使用。第二种形式被莱尔(Lisle)采用。第三种形式在蒂普森(F. S. Tipson)的《会计理论》和里奥·格林德林格(Leo Greendlinger)的《会计杂志(月刊)》中备受青睐。第四种形式得到普拉特(A. G Platt)的赞成,并列在拉希尔(Rahill)的《公司会计》附注中。

表 141

清算式资产负债表

负 债		总负债	预计普通负债	资 产	账面价值	估计可实现价值
				现金	$ 1 330	$ 1 330
无担保债权			$ 224 500	应收账款:		
部分担保债权	$ 20 000	$ 224 500		良好		
减:持有证券	15 000			$ 6 250		
		20 000	5 000	不确定(估计可实现 1 000 美元)		
全部担保债权	85 000	85 000		3 000		
作为抵减项从资产中扣除			0	坏账		
				5 000	14 250	7 250
优先要求权——工资	2 500			应收票据		
薪金	1 000			投资 $ 140 000	21 250	15 000
税费	250			减:债权人持有金额 100 000		
作为抵减项从资产中扣除	3 750			剩余投资	40 000	40 000
				商品	100 000	60 000
				不动产	70 000	50 000
			$ 229 500			$ 173 580
				减:作为抵减项的优先要求权		
				可用于分配的资产,等于一般债权人的		3 750
				要求权的 74%		$ 169 830
				短缺		59 670
						$ 229 500

表 142

借	清 算 损 失 表		贷
190×年 1 月 1 日的资本........ $65 000	各种交易损失.................		29 420
根据清算式资产负债表计算的短缺	资产缩水,根据清算式资产负债表,即:		
59 670	应收账款...............	$70 000	
	应收票据...............	$6 250	
	商品..................	40 000	
	不动产...............	20 000	73 250
	合伙人提款..............		22 000
$124 670			$124 670

表 143　　　　　清算式资产负债表和清算损失表的不同结构

	清算式资产负债表		清算损失表	
	左列	右列	左列	右列
Ⅰa	负债	资产	资本和短缺	资产缩水等
Ⅰb	负债	资产	资产缩水等	资本和短缺
Ⅱa	资产	负债	资本和短缺	资产缩水等
Ⅱb	资产	负债	资产缩水等	资本和短缺

上述提到的一些作者都在不同程度上支持这样或那样的结构安排。资产和负债在清算式资产负债表中的符合逻辑的结构安排反映出一些独创性。但是,这种没有在英国以外的地方遵循的资产负债表的结构,从历史的角度看必然会出现。可能还需要进一步指出,Ⅰa 和 Ⅱb 两种格式中,清算式资产负债表中的(财产)短缺账户结转到清算损失表中的相反方向,正如任何账户的余额结转到另一个账户的相反方向一样。但是Ⅰb 和 Ⅱa 两种格式中,短缺项目列示在两个表(即清算式资产负债表和清算损失表)的同一边。可能习惯上大多支持上述Ⅰa 的结构。鉴于上述分歧,不能说这种格式完全具有约束力。人们可能接受盛行的习惯而不同意那些在结构安排上符合逻辑和惯例的格式。

这些报表为的是简明地向全体债权人呈报企业的现状,最好的结构安排是消除所有有担保债权和用以保护债权人要求权不受净资产和认可的负债数字损害的财产(译者注:即担保财产)。最终的总数比较提供了一般要求权的预计偿还比例,不用考虑清算费用。凡由某些特定的抵押品担保的要求权,这两个项目应相互抵销,这反映在表 141 所列的全额担保债权的处理上。但是,在优先要求权没有被具体担保物担保的情况下,其应从总资产中扣除,就如上例中的工资和税费。一些会计人员反对扣除没有担保的要求权,但是大部分实践都这样做。

在上例给出的清算损失表中,企业已经出现经营亏损,这反映在"各种交易损失"项目中。清算损失表中的列示尽可能完整,无疑是大家所期望的,因此它可能包括好几年的经营,在一边列示原始资本和所涉及年度的利润,在另一边分别列示这些年度的净损失。如果是一个公司,股利的支付应像上例中的合伙人提款一样列示。

第 18 章参考文献

Broaker F, Chapman R M. The American Accountants' Manual. I, PP. 109-130. New York, 1897.

Dicksee L R. Advanced Accounting. Chapters XIV - XV. Third edition. London, 1908.

Gottsberger F. Accountant's Guide for Executors, Administrators, Assignees, Receivers, and Trustees. New York, 1902.

第 19 章　会计实务的技术进步

在帕乔利(Pacioli)的专著中,簿记的本质原则一直没有改变,然而实务技术在过去的 400 多年中却没有静止不变。会计实务沿着两条线发展。一条沿着技术设备的方向发展,这些设备用于减少簿记员乏味的日常工作——作为节省劳动力的设备,其或者在保证结果可靠性的情况下减少部分工作,或者帮助会计人员执行一些必要的操作。第二条线是簿记工作及其所得的结果适应不断变化的经济环境和由此产生的商业活动的改变。

更多的技术进步根据产生的影响可分为:

1. 经济事项序时记录与分类记录之间的关系。

2. 分类账簿的结构和格式。

3. 必要的数学计算由机器劳动代替人工劳动产生的绩效。

众所周知,复式记账最主要的特点就是把经济事项分类计入分类账。到目前为止,分类账被认为是主要的账簿。的确,分类账在早期威尼斯会计中被作为唯一的账簿,在 1660 年被利泽特(Lizet)作为自己最重要的发现。然而,人们几乎普遍认为时序记录和分类记录商业活动实际上是必不可少的。

但是,为了减少不必要的重复和节省劳动,序时记账的形式和将原始记录誊写到分类账的方法已经发生了很大的改变。帕乔利认为三重记录是比较合理的。第一是备查账,这个术语仍被德国运用,包含对交易的描述,通常以非技术性语言表达。第二是日记账,重复记录但是用专业术语描述货币资金账户的价值减少,并很清晰地表明哪些分类账户应借记,哪些分类账户应贷记。最后,从日记账中正确地过账到分类账。

这些复杂的程序最初也许是必要的。正如罗福戈(Row-Fogo)所指出的,在现代商业初期没有统一的货币制度,把经济事项转化成适合过入分类账的专业术语通常是一项困难的任务。然而,马上进行初次记录,让所有者随后再决定业务最终以何种形式出现在分类账中是可取的。这样处理也许更有必要,因为习惯上会计簿记的用途不仅是对交易进行记录,而且核实证人的签名还可作为合同的法律证据。这样的记录可在会计账簿中找到,该账簿是五百多年前的商人汉姆伯格(Hamburg)的:

"贝托尔德·斯科罗德(Bertold Scroder)和他的牧师儿子约翰(Johann)先生,一起借钱 24 马克买两块布,即:一块红的,一块蓝的,他们在收获节后一天买布,然后付款。由赫伦·约翰·斯特武卡(Herren Johann Stuveke)和卢克(Luke)以及阿尔伯特·阿尔贝克(Albert Albecke)作证。"

但是,记录的精密性已经不必要且不受欢迎,因为商业变得更系统化。合同证据更方便地被保存在其他地方而不是将它们塞入交易记录中;统一货币的使用使简明的分录不再困难;备查账、日记账、分类账三重记录准则即使不被完全抛弃也会逐渐过时。

特别是在美国,会计实务趋于简化。备查账,用英语说就是日记账,用于与日记账区分是一个非常不恰当的术语,它们两个有相同的意思,备查账在大部分个别账簿中已经消失。在需要详细描述经济事项的情况下,仍然需要将其(备查账)直接写成日记账本身。但是,不满足于备查账或日记簿的消失,现代簿记已经进一步和不得不考虑扩大日记账的范围,上一辈簿记员认为,在交易出现在分类账中之前,至少需要进行正式和严肃意义上的日记账记录,而且,这些正式的记录中每一项目能够分别转录(过账)。

这产生了分栏记录,在分栏记录中相同性质的项目,如现金、折扣、商品等列在不同的专栏,这些专栏的结算总额而非个别项目,被过入分类账。

这种方法以不同的形式出现,可用分栏的现金日记账来举例说明,如表 144 所示。

表144　分栏式现金日记账

日记账和现金账簿合并

月份

银行存款 存取	检查号码和备忘	现金 收到	现金 支出	折扣 借	折扣 贷	日期	账户名称	√	应收账款 借	应收账款 贷	应付账款 借	应付账款 贷	……	……

……	商品销售收入 借	商品销售收入 贷	购买商品 借	购买商品 贷	……	私人账户 借	私人账户 贷	一般费用 借	一般费用 贷

这里只有几个专栏的结算总额(如应收账款、应付账款等)过入到分类账。但是,很少发生以致于不需要一个独立专栏的项目,可记入最后一栏,该专栏命名则以特定记录即将要过入的账户名称命名。

结转到逻辑上的终端后,该分栏式账户马上变成日记账和分类账,描述性文本的那一栏提供序时记录,而将金额分配到不同的专栏——为每个账户提供的独立专栏——代替了分类记录或分类账。这就是第64页表1所做的。在那个例子中,日记账和分类账的完美结合别具匠心,因为账户体系只有三个账户。显而易见,这样的系统有大量的账户是不可能的。甚至在未试图摒弃分类账的情况下,分栏式日记账只是被用作获得结算总额以过账的手段,专栏数量的增加就变得令人反感。账簿本身变得笨重,不节约纸张,把分录计入错误专栏的风险增加。尽管分栏系统有明显的缺陷,它仍被广泛的接受,特别是在美国,但在欧洲不怎么普遍。

废除备查账和日记账之间不必要的重复的同时,过账到分类账的账簿数量也在增加。在帕乔利(Pacioli)的框架中,所有的记录都通过日记账过账到分类账,在现代会计中,有很多账簿的结算总额被过账到分类账。随着交易数量的增加,这使得一个人记录所有流水业务变得不现实,现代会计中的这种做法也就成为必要。通过对原始记录的账簿进行分类,使得不同类别的交易记入不同的账簿,许多职员可以同时记账,然后再根据总额过入到分类账。这种分类的第一个部分就是分离所有涉及现金支付的业务。独立的现金账户并不被帕乔利所知,直到16世纪才出现。现在不仅仅是现金,而且很多其他业务,如采购、销售、折扣、贷款等业务也都独立地记入各自的账簿,并从那里过账到分类账,通常不需要通过日记账,但个别记录的总额仍通过日记账过入分类账。

在一些原始分录的调整账户和日记账中,分栏管理的原则仍在应用。有意思的是,这种方法最早出现在1796年威廉·米切尔(William Mitchell)出版的第一本美国簿记教科书中。在这部有价值但较少人知道的著作中,现金账的每一边都为商品、应收票据或应付票据及其他杂项提供专栏。

很明显,与序时记录和分类记录有关的记账技术一直在提高,因此分类账更接近于原始分录,其避免了重复,进行总额记录而不是不必要的详细登记,创造了比旧的方式能处理更大数量业务的工具。但是,在这一切中,没有任何与复式记账原则相违背的地方,不论在哪里,资产和权益的等式都是成立的。

第二个改进的方向是分类账簿本身的结构和格式。总体上,分类账的传统规则保留下来了,仍然有两栏为借方项目和贷方项目而设置。一些小的变化在于两栏之间相互的位置关系和文字描述一栏,有时加上第三栏以记录余额。后一种设计产生一些额外的写作工作,但是其优点是能够快速得到关于账户状况的信息。尤其是与私人账户有关时,这种账户结构尤其具有价值,特别是在银行保存其客户私人账户的情况下,及时的信息是很必要的。这个设计还有一个更大的优点在于消除一些累赘的划线隔开的表格并结出某个账户的余额,在这方面节省了时间和空间,在某种程度上抵销了因为每一笔交易后结出新的余额所产生的额外劳动。

还有一个趋势就是消除分类账记录中不必要的细节,在分类账中偶尔提及某个其他账户比详细的描述所有细节更经济。年长的会计学者坚持这样的规则,即每一个分类账记录应该虔诚地在套话"To"(译者注:to 表示结转到×××账户)或"By"(译者注:by 表示由×××账户结转而来)之前提供对应账户的名称——在该账户中列示对应分录,由于只将总额过账,该规则就变得不可行。该规则现在被认为完全是不必要的。但该惯例毫无疑问曾经是有用的。以前的记账技术验证分类账的准确性,不是通过试算平衡表而是通过核查每一个借方和与其对应的贷方。这样做有助于从一个账户查阅另一个账户,而且可以很方便地提供每一个分类账记录的账户名称和对应账户的页码。会计人员早就发现参考包含原始分录的日记账页码比参考包含余额的分类账分录页码更有用。但是登记分类账账户名称的惯例一直存在,即使是现在教科书中也极力主张这种做法。当该惯例要求分类账应该包含没有意义的杂项账户,对应账户不是一个而是很多个时,坚持这个惯例是很荒谬的。但是提及对应账户也只是大陆国家的做法,毫无疑问的,这种做法在这些国家频繁出现,而美国会计人员却认为这样做没有必要。从这方面讲,美国会计实务在减少乏味的记账工作,却不降低其业务记录对所有者的价值方面是很有见识的。

分类账在格式方面的更大提高是卡片或活页代替订本式账簿,其优点是:

- 减少呆账。

- 容易检索,账户有自己的索引。

- 很好地适应不同长度的账户,不过多也不浪费空白账页。

- 易于随业务的增加而增加账页。

- 账户容易细分以便于许多簿记员可以同时工作。

不幸的是,由于该账页格式易产生舞弊,反对改革的偏见仍然存在。的确,依据一些法律,如法国商业法规定,与连续编页码的订本式账户有关的法律效力要由政府官员证明,该规定的影响已经成为引入卡片式分类账的重要障碍,卡片式分类账在其他一些地方已经很少被保守主义者绝对地反对和存有偏见。

然而,支持者特别是活页系统制造商激烈地否认订本式分类账比活页账更安全,他们的观点看起来有点夸张。分类账不是最权威的记录,这是事实,然而分类账弄虚作假不是掩饰错误的通常方法。即便保留分类账,除了篡改账户之外,副本已经被那些希望掩饰自己错误的人保留。当然,在每个账户只有一个单独的账页或卡片的情况下,这样的操作很容易完成。但是,那些用于预防订本式账簿舞弊的措施也应当用来预防活页系统的舞弊。每一个例子都说明,没有谨慎的审计系统就没有可靠性,有错误的地方就有预防,因为错误总能被发现。当然,自 1889 年被任职于圣福朗西斯节能工会的兰斯特罗思(J. A. Langstroth)引进以来,卡片式分类账的应用取得了很大的进步。其优点远远超过任何可能的对该系统的反对意见。

有大量的关于卡片和暂时绑定的活页的优点的争论。这些争论通常不会偏向两者中的任何一个。在存在大量不经常有发生额的账户的情况下,如在一个大的储蓄银行,采用独立的卡片更有利。在另一些例子中,活页式分类账则更容易处理,翻页比拿出和放进卡片更节省时间。所以,储蓄银行可能采用卡片保存储户的账户,但总账账户采用活页式分类账。保存活页的不同工具的相对优点不需要在这里讨论。有兴趣的读者能够很容易地获得关于这个主题的无限多的广告。

在会计的其他方面使用卡片比将其作为分类账更有用,特别是跟踪到期票据、应付利息、保险、持有合同、未发货订单等。它们(卡片)也用于连续记录或盘存库存商品或材料,每一类物品都列示在一张单独的卡片上。它提供存货数量的记录,与分类账账户提供的价值类似,并构成了一项关于存货准确性和有偷窃倾向员工的最有价值的核查。从严格意义上说,在账户系统之外使用这种辅助记录,卡片是必不可少的。

会计要做如此多的计算,以至于用机器做这些计算工作将极大地提高记账技术。有三类这样的工具:①加法机;②计算器,主要用于乘法和除法;③制表机。

首先,这些工具是进行加法计算的机械设备。这三类工具可能被提及:①由操作人员为每一个被加的数字移动工具的一部分,移动部分经过的距离依据数值的大小确定;②通过按键进行加法运算并显示结果;③和按键操作类似但是同时列示被加数字。

由于其可靠性和廉价,第一种工具最流行。为达到目的,使用了各种机械设备,如轮子的转动、有很多环的环形链条的旋转和滑竿等。这些机器进行数几十万的数据自动运算。市场上有许多这样的加法机,价值从1美元到25美元不等,每一种都受到不同人的喜爱。但是加法机和键控机相比效率较低。

键控加法机每按一个键产生适合的数字进行正确的加法,当然操作速度和价格都比简单的加法机高很多。键控机的使用是很大的进步。在一些大型企业,有专门的操作员,他们的主要职责是在需要时从一个办公桌到另一个办公桌进行几个部门的所需要的加法运算。然而,由操作员操作加法机时,加法机加计已经列示在某一栏的数字的速度可能并不比熟练的记账员的速度快,但是机器运算的成本低得多,因为更低级别的劳动力也会操作该机器。

列示被加数字的机器和无列示键的机器实际上处于同一水平,只是前者兼带同时打印被加项目的装置。市场上有许多这种类型的机器,在外观和操作上大同小异。

考虑列示被加数字加法机和不列示被加数字加法机之间存在的竞争。事实上它们之间没有真正的竞争,每种类型都提供特殊的服务。不列示被加数字加法机比列示被加数字加法机的操作快很多。因此,列示被加数据加法机最适应于需要列示被加数字的情形。在使用列示被加数据加法机的情况下,因为项目可从清单上核对,据推测唯一反对该机器的理由是更容易检查出错误的机器的出现。但是两种类型机器都不经常犯操作性错误。用不列示被加数字加法机重新操作一遍以验证加法运算比用列示被加数字加法机核对打印清单与原始项目确实要慢。但是需要做列示被加项目的情况下,很明显不列示被加数字加法机根本不是列示被加数字加法机的对手。但是不列示被加数字加法机在做简单的乘法运算方面有优势,除法运算方面两者操作程序类似,但速度更慢,比加法运算在速度方面的劣势更大。

第二种类型的机器是计算器,更精确地说是进行乘法和除法运算的设备。最早的计算器是计算尺,很早以前被引入工程领域的一项工具,但是其被会计人员所应用则相当缓慢。不同形状的计算尺,不论是简单的尺子,还是循环、螺旋、圆柱状的尺子都是尺度的度量,也就是说,刻度如此精确以至于用乘法代替加法。例如,给定的刻度 3 在距尺子左端一英寸某个点显示。但是一英寸长的点的值的显示不是 6 而是 9,在尺子上第二个一寸的点并不是加 3 而是乘以 3。类似地,用简单的减法来表现除法。这个原则的应用非常广泛,特别是在计算百分比时。计算尺是计算数值的所有工具中最方便的,这也是计算尺仍被用的一个因素。例如,把价格表从一种货币转化为另一种货币。在这里仅需要设置一下机器,不同价值就被读出,不需要进一步操作计算尺。这是计算器的一个很大的优点。主要的缺点就是读取精确的数据需要练习,精度最大不超过 5 位。对于习惯加到最后一位即显示 10 位数据的会计人员来说这似乎是第一个障碍。然而,应当注意用来计算的原始数据精确度很少超过 3 位,因此计算尺的精度足够了。

乘法运算仅仅是更大规模的加法,键控机主要是为加法运算设计的,实践证明尽管有局限,但用于乘法运算很有用。例如,如果 123 乘以 321,用键控加法机比其他机器能更快地计算出来。所要做的就是按出 123,然后从"1"的位置移动手指到左边按这些键两次(也就是说 1 230 乘以 2 等于 123 乘以 20)。这不需要设定机器,读出结果不需要技巧。当两个数据特别大时缺陷就出现了,因为操作数目很大的键比在计算器中设定计算更困难。

后者有几种模型,主要是海外产品。在最高级的模型中,被乘数通过移动滑动标志设定,乘法运算通过将指示器移动到连续乘数的每一个数字进行,每个数字转动一次手柄。这些机器设计的乘数和被乘数容量是 8 位数,商数是 16 位数。运算后在刻度盘上显示乘数和被乘数,同时进行错误检验。也能进行除法运算,但是不太方便。这种计算器的优点在于能够精确到最后一位,甚至适用于包含很多数字的乘数。与商业会计的需求相比,这样的精确程度更适用于天文数字的计算需求,尽管如此,这种计算机正越来越多地用于大型企业,如铁路和工厂,主要用于计算百分比。

提到的最后一种类型机器是机械制表器。这种机械最先被美国人口普查办公室用于普查结果制表。该机器所使用的方法是在卡片上打孔,孔的位置代表一定的统计事实,如工作的数量、工作的人数、工作完成的日期和花费的时间等。通过电子设备运行这些卡片进而打孔,并表明每一项工作或每一个操作部分的不同费用,该设备运行的方式则是通过电路连接所有打孔的地方。这一系统已经用于一些铁路和一些大的制造企业,如纽约中心铁路等。

到目前为止,已经描述了一些比较重要的减少簿记劳动的技术进步。与这些技术进步相比,且在逻辑上部分地隐含在技术进步本身之中的是,通过持续的进步,会计实务更接近于与变化的经济环境相协调。确实,系统的簿记最先出现在意大利共和国商业巅峰时期不仅仅是一种偶然。只有商业繁荣,会计系统才变得重要,因此,在那个时候,商业最先出现的地方就自然而然地出现了会计。从本章描述的少数技术进步可以看出,它们(即技术进步)是适应于经济环境的变化而产生的。例如,建立统一的货币制度导致废弃了货币制度混乱状态时所采用的会计记录方式。

然而,对正规会计推动最大的是最近经济环境的变化,其中两个明显而又紧密联系的因素特别重要。即,机器生产的引进和工业生产的公司形式的发展,其中机器生产归功于以铁路和蒸汽机为中心的伟大发明。这两个因素联合起来使会计真正成为必要,有三个理由:①企业所有权很大程度上已经与企业经营管理分离,并迫切需要会计体系向股东披露其(股东)委托给董事(经营)企业的状况;②企业进行大规模的交易使得会计更加复杂,因此需要更系统化的会计方法;③固定资本的使用(假设固定资本的使用比例是伟大发明以来闻所未闻的比例)使得会计方法变得必要,因为会计方法长期关注资本变化的企业与资本变化在中期就被忽视的企业截然不同。

信用体系发展对会计发展的影响不太重要,很少被提及,但信用体系发展使得密切监督企业交易成为必要;反对利息的旧偏见消失,随之而来的是在存货盘点和成本会计中承认利息计算。

本书中讨论的当今会计问题和上文提到的经济变化密切相关。讨论的大多数问题与公司资产负债表和股本问题有关。关于利润,最令人困惑的问题与投入资本价值变动和机械的折旧确认有关。成本会计的新问题，是对会计文献的最新贡献，其完全是工厂生产系统的派生产品。

因此，很明显，会计从不是一个静止的艺术，而是随着环境的变化而变化。完全错误的是诺斯(North)在 1714 年的颂词中写道的：

"我不知道，除了会计，人类实践中还有哪种艺术能达到明确的至高点。众所周知，发明没有尽头，通过发明，其他的艺术得以改善。但是，簿记艺术虽然无比有用，多种多样，却是彻底无能的；在规则和方法已经约定并如此受限制的情况下，以至于没有缺点，但也没有什么可以从中取消或者加进去。"

确实，虽然会计仍然停留在一些简单明确的原则之上，虽然哥伦布发现之旅仍然在进行中，但是，由"谦逊神圣的神学教授"所制定的简单规则中需要加进许多必要的东西，会计艺术才能达到如此的先进，而且，现代会计仍处于不完善的阶段。

第 19 章参考文献

Dicksee L R. Bookkeeping：Its Adpatability to the Reqyirements of Every Class of Undertaking. Article in Encyclopadia of Accounting, I, pp. 496-301.

Gaines M W. Tabulating Machine Cost Accounting for Factories of Diversified Product. Engineering Magazine, XXX, pp. 364-374.

Kerr W H. Calculating Machines. Article in Encyclopadia of Accounting, II, pp. 1-14.

Riswue F W. Loose Leaf books and Systems for General Business. St. Louis, 1907.

Row Fogo J. History of Bookkeeping. In "A History of Accounting and Accountants," edited by R. Brown. Edinburgh, 1905.

Seward G H. Card System and Mechanical Aids in Accounting. Series of articles in Business World, 1902-1903.

Sprague C E. The Philosophy of Accounts. New York, 1908, pp. 82-129.

Sweetland C A. Loose Leaf Bookkeeping and Accounting. Fourth edition. New

York, 1905.

Thompson E W. Bookkeeping by Machinery. New York, 1906.

Thoren W W. The Abolition of the Trial Balance. Detroit, 1906.

——Twentieth Century Bookkeeping and Business Pratice. Detroit, 1904. （这两本书中包含很多关于形式和方法的实用建议）

会计经典丛书已出版著作目录

书　　名	作　　者
《簿记论》	卢卡·帕乔利
《连环帐谱》	蔡锡勇
《银行薄记学》	谢　霖
《无形资产论》	杨汝梅
《高级商业簿记教科书》	潘序伦
《改良中式簿记概说》	徐永祚
《会计理论》	埃尔登·S·亨德里克森
《公司会计准则绪论》	W·A·佩顿，A·C·利特尔顿
《中国政府会计论》	雍家源
《账户的哲学》	C·E·斯普拉格
《会计中的经济学》	约翰·B·坎宁
《1900 年前会计的演进》	A·C·利特尔顿
《1925 年前成本会计的演进》	S·保罗·加纳
《会计理论——兼论公司会计的一些特殊问题	W·A·佩顿
《现代会计学》	亨利·兰德·哈特菲尔德
《稳定币值会计》	亨利·惠特科姆·斯威尼
《会计中的真实性》	肯尼斯·福赛思·麦克尼尔